考古学と精神文化

金関　恕　著
桑原久男　編

雄山閣

目次

第Ⅰ部

日本と世界の考古学

第1章　「遺物の考古学」・「遺跡の考古学」

研究室は、中庭をとり囲む古い灰色の建物の西北の隅近くにあった。一番北の少しは明かるい角の部屋が実習室で、整理中の遺物が作業机の上に並べられたり、雑然と置かれた模型が埃をかぶっていた。その南に薄暗い研究室があり、中扉を隔てたさらに南には、いつもブラインドが下ろされているせいか、一そう暗い図書室と教授室が一つづきになっていた。夏は扉が開け放たれても涼風が吹き込むことはなく、西日が射しても熱だけがこもって、研究室が明かるく照らし出されたような記憶はない。冬は一日中陰気で、昼間から電灯がともされていた。研究室のわずかな空間にはダルマストーブが据えられ、時折逆流する石炭の煙が部屋を灰褐色に染めていた。

研究室の会話は低声で、大きな笑いがこぼれることは稀であった。戦後しばらくして、何かの間違いでこの研究室に迷い込んだ私は、ポーの世界に踏み入ったような錯覚をさえ感じた。そして、たちまちにして、歴代の入学生中、最も幼稚で最も劣等生であることを思い知った。水洗用のブリキの缶の泥水から掬い出し、新聞紙の上に並べた土器の細片が、何を意味するのか一向に理解できずただ呆然と眺めていた。読むように奨められた一九世紀の考古学の概説書の英語は、到底私の歯牙にかかるような代物ではなかった。黄ばんで処々に染みの浮き出た頁に刷られている文章は、いくら辞書を引いても霧のように煙っていて何も語りかけてこなかった。

主任の梅原末治先生は、その頃肺を病んでおられた。私の入学の半年後からようやく大学に出られるようになった先生は、病み疲れ、灰色の顔に暗澹たる表情を湛えた長身で痩軀の方であった。ただ、特別に度の強い眼鏡、誰かがラムネ玉と表現したその眼鏡の奥から、冷く鋭い視線が照射され、一瞬にして私の無知と幼児性が抉《えぐ》られたことを感じ、強い畏怖の念に打たれた。

教授室の前の廊下のあたりから、痰を切る高い咳払いが聞こえる。鍵束が鳴り扉の開閉する音が響く。研究室の会話は凍りつき粛然の気が流れる。やがて重い足音がして中扉が開き、いいようもなく憔悴した顔が現われる。「やろうか。」という一言。暗い教授室で、先生と学年ただ一人の専攻学生であった私との、差し向かいの演習が始まるのである。短時間ではあったが、何を発表しても、君は何もわかっておらん。」「無駄だ。」「何の努力もしていない。」「書かれていることを鸚鵡のように繰り返して何になる。」と言われるだけであった。灰色の厚い固い壁を拳で敲くような毎週が続いた。こうして二年たち、三年が過ぎた。

京都大学旧陳列館

その頃私の心に何か小さな変化が兆した。「如何に学ぶかというより、如何に生きるかを考えよう。」という程の変化であったような気もする。その頃急に、梅原先生の著書も、カール・グレンの論文も、何とはなしに頭に入るようになった。饕餮《とうてつ》、蟠螭《ばんち》、夔鳳《きほう》、竊曲《せつきょく》などといった難解な用語と複雑な図象の対応も一応のみこめるようになった。三代の尊彝《そんい》を厳粛奇古と表現されたその言葉通りに、厳粛奇古な梅原先生の文章が平明にすら感じられ、私自身の文体を支配するようにさえなった。白痴的な私の脳はいつしかうっすらと灰緑の銅銹色に染み、奇怪な銅器の紋様さながらの形をした一、二条の皺が刻まれたのであろう。そしてその頃「進歩は遅いがいくらか見えるようになった。」という先生の言葉がどれだけ私を力づけてくれたことであろう。

卒業を控え最後の演習を研究室で受けるようになった曇り空の冬の午後、先生は相変らず疲れていられるように見えた。ストーブの、炎の明かりが、彫の深いお顔の半分を赤く照らし出し、私の恐怖心をいやが上にもかき立てた。「今日は口答試問をする。」という宣言に固唾を飲む。「考古学の本義は何か。」と唯一言問われる。一瞬さまざまな答案が頭の中に渦巻く。「即答しなければ、いや即答してはまずい。」焦慮で言葉は出ない。永い沈黙の後「その難しさがわかるか。」かすれた声で「はい。」と答えると、「それがわかれば及第だ。」その声に初めて先生の人間味を感じた。この禅問答の後、「本義は物だ。」と呟くように言われた。この場合の「物」は、遺跡、遺構を含む物的資料としての物ではなく、あきらかに遺物であり遺物を究めることである。

＊　　＊

梅原先生は、国内や朝鮮半島で多くの遺跡の調査に大きな成果を挙げられた。しかしその本領は遺物の研究にあった。一九二五年から二九年までの欧米巡歴の旅程中に、エジプトでギゼー第二ピラミッド近くのジョージ・ライスナーのキャンプを訪れたことも、師事されたフリンダース・ペトリーのテル・ジェメーの発掘調査に短期間ではあるが参加されたこともあった。とはいえ、欧米滞在期間中のほとんどは、資料の調査研究にあてられている。博物館、研究機関あるいは個人の蒐集品についても、特に東洋考古学関係資料を重点的に撮影し、拓本を打ち、実測図をつくり、細部に至るまで観察を記録し、夜は宿舎でその日の資料を吟味し整理する。こうした生活は梅原先生の生涯にわたたって続けられ、膨大な資料のコレクションが集成された。考古資料に対する情熱と、厳しい自己鍛練によって、その脳裡には夥しい資料が焼きつけられ、蓄積された資料の語るところが自ら結論となった。従って、恣意な解釈は極度に退けられ、事実に基礎をおかない解釈に対しては峻烈な論難を浴せられた。

梅原先生の晩年に、奈良県桜井市でメスリ山と呼ばれる古墳の発掘調査が行なわれた際、既に盗掘を受けていた竪穴式石室の主室の方から、いくつかの石製品の断片が出土したことがあった。それらを観察された梅原先生は、そのなかの小さな滑石製品の断片をじっと見詰め「この破断面には覚えがある。これは守屋コレクション（現京都国立博物館蔵）の椅子形石製品の断片だと思う。」といわれた。後に二つを合わせて見るとピッタリ接合し、旧守屋コレクションの滑石製品は、メスリ山古墳の出土品であることが証明された。

梅原先生が示されたこのような研究法は、周囲の人々に大きな影響を与え、一つの伝統として定着するようになった。つまり遺物中心主義であり技術の練磨である。そして実測図を一眼みれば、実測者の考古学者としての力量が測りうるという、判定の基準さえ一般化するようになった。

＊　＊

数年前、アナサジ・インディアンの遺跡を訪《たず》ねて、アメリカ合衆国南西部を旅したことがあった。サンタ・フェから紅葉の燦《きら》めくロス・アラモスの台地を下ると、茫漠たる荒野が広がっていた。中秋ではあったが日射しは強く、荒野の遥か彼方に頂部の平な岩山―メサ―が、シルエットになってくっきり浮んでいる。遺跡のあるメサに辿りつき、乾いた強い風の吹き通るその頂に立てば、蒼穹《そうきゅう》の下には、どちらの方角を眺めても、地平の涯まで目を遮るものはない。

一九〇七年のある日、ハーヴァード大学の学生であったアルフレッド・キダーと他の二人の学生は、エドガー・ヘウイット教授に連れられてこのようなメサの頂に立った。キダーは後に、「地球の半分が眼下に広がっているように見えた。」と語っている。教授は学生達にその地の考古学上の重要な特徴を一わたり説明した後、「君たちでこの地方の考古学調査をやりたまえ。私は六週間もすればまた来て見よう。まあ馬でも手に入れるんだな。」といい遺して、さっさと行ってしまった。キダーたちは、おそらく戸惑い、途方にくれ、そして多くの試行錯誤を繰り返したことであろう。しかしやがては、そうした経験を通じて、イギリスのモティマー・ウィラーのそれと双璧をなすような遺跡調査方法論が樹立された。キダーが、その後パコス遺跡の発掘で示した層位学的調査は、今日の水準に照らしても非の打ち処がないとされるものである。一九四〇年代の後半頃から、キダーの考古学はアメリカでは否定される傾向が芽生えて来た。遺跡に密着し、編年研究を重視し、臆測や恣意な解釈を斥《しりぞ》けるキダー流の考古学に替わって、文化現象における脈絡や機能を重視する風潮が主流を占めるようになった。とはいえ、セツルメント・パターン認識に見られるように、ヘウイットに鍛えられた「遺跡の考古学」の伝統は、今もアメリカ考古学に脈打っていると思われる。

六週間後に学生たちの調査成果を査察に米たヘウイットが、その講評の最後に、同じメサの上で「考古学の本義は遺跡を究めることだ。」と風に向かって叫んだかどうかは知らないが、「遺物の考古学」と「遺跡の考古学」の伝統の違いを、ここに立った時、私は初めて鋭く意識した。

第2章　世界の考古学と日本の考古学

一　序　論

「考古学とは何か」という問題については、概説書や通論が出されるごとに論議され、多少ともニュアンスの違った定義が下されてきた。この問が絶えず投げかけられ、定義が摸索されているのは、その学問の歴史が比較的浅く、人文科学の一分野として充分熟成していないという理由に加えて、その名のもとに行なわれてきた、また現に行なわれている活動の実際が、きわめて多岐にわたっていることも、理由としてあげられるであろう。

過去を調査・研究する方法論の一つに考古学があり、考古学的活動の実態と、考古学者が心に描く理念像に応じて定義が下される。これら両者が変化を遂げることによって、定義もまた時間的に変って行く。考古学の初期の段階では、活動の実態が理念像形成を掣肘していた感があるのに対して、近年では、理念により調査・研究活動の姿勢や実態が左右されることもしばしばである。

かつて考古学は、過去の物的遺物（広義の遺物として、遺跡・遺構の概念をも含む）を研究することが目的であるとされていた。しかし、近年に至って、「物的遺物を資料とし、人類の過去を研究する学問である」と定義されるようになった。このような理念の移り変わりによって調査・研究活動の実態も変わり、特定の対象を選び、限定詞を冠した考古学の諸種目が誕生する。対象とする時代や文化段階の限定によって立てられた種目の例としては、先史考古学や中世考古学があり、駆使される技術や方法論の特殊性によって区分された種目の例に、水中考古学や分析考古学がある。あるいは、その目的を特定の宗教の起源・発展の歴史に限定した宗教考古学の種目として、聖書考古学や仏教考古学も数えられるであろう。そうした限定詞づきの考古学の種目のうちには、特定の地理的空間を対象とし、地域の名称や国名を冠した考古学の例も広く知られている。

これらの種目のなかには、その手段・範囲・目的などが慎重に考慮され、定義づけられているものもないわけではない。しかし、無造作に命名されているものも少なくない。特に、地理的空間の限定によって立てられる種目は、その対象が簡単に無機的に分割しうるために、安易に使用される傾向がある。地域の名称や国名を冠した考古学の種目の一つとして成り立つためには、その地域または国における考古学的活動の実態と、それに従事する考古学者の懐く理念が、他地域のそれらと多少とも違っている事実が指摘されなければならない。

考古学の対象は、過去の人々の遺した物的資料であり、資料を産みだした過去の人々の生活の営みは、その自然的・人文的環境に強く支配されていたはずである。その地が多雨湿潤地帯に属していたか、乾燥地帯であったかというような自然条件や、その地が文明圏の中心に位置していたか、周辺にあったか、あるいは文明圏とは隔絶した地にあったかというような人文的・歴史的条件などは、考古学の対象とする物的資料の性質を支配する。それらの条件はまた、遺跡や遺物の保存状態をも左右するであろう。

かくて、それぞれの地域ごとに考古学の調査が実施されて行く間に、各地域の特色ある物的資料の状況に応じて、自らもっとも適切な調査方式が編み出され、地域的に特色ある方法論が確立されるようになる。

一方、一地域に属し、同じ社会の成員として調査・研究に従事する個々の考古学者は、その社会からの要請を、明瞭に、あるいは暗々裡に感じとっている。それぞれの考古学者を育んだ学問的土壌や、時には広範囲に、かつ比較的永続的に影響を与えるような、その社会の偶然の事件などが作用し、共通の理念像を一つの伝統に纏めあげて行く。

ただし、一地域の考古学が、他地域のそれとは違った特質を獲得するためには、いくらかでも疎隔し、孤立した状況におかれていることも必要である。絶えざる交流が行なわれるならば、地域考古学としての特質は薄められ、時には失われるであろう。

こうして一地域考古学が形成された場合、そこで行なわれる調査・研究活動は、例えば先史時代を対象とする際には、当然、他の地域でも採用されている先史考古学的方法論が駆使されるであろうが、そのなかにあっても、考古学者の受け継いでいる伝統的な考え方の違いが反映するはずである。

このような前提に立って吟味するならば、地域考古学という種目の中で、「日本考古学」という一項目が成立することは認めてよい。ただし、日本をさらに細分した地方考古学を、独立した一項目として容認することは、例外はありうるとしても、ほとんど不可能だと考えられる。

日本考古学が、どのような条件のもとに、どのような過程を経て特殊化したかという問題は、その将来の発展を考える上にも、決して蔑《ないがし》ろにしてよいことではない。以下にこれをとりあげて論じたい。とはいえ、日本考古学の特質や伝統といったものは、それ自体が顕在化しているものでもなければ、数量化して示しうるものでもない。すなわち、思索の対象にはなりえても、論理的に解明しうる問題であるとは考えられない。したがっていわば恣意的解釈を連ねることをもって満足しなければならないであろう。

ここでは、まず旧新両世界の考古学の概観を試み、それらと比較しながら日本考古学の特質を描き出そう。

二　世界の考古学

序論で述べたように、今日、人文科学の一部門に位置づけられ、汎世界的に共通の方法論が採用されていると見られがちな考古学も、その対象が大地に刻みつけられた人間の軌跡とでもいうべきものであるだけに、それぞれの風土と大きな関わり合いをもって発展してきたことは否定できない。換言するならば、近世ヨーロッパの学問的土俵から産み出された考古学が、異なった風土に移し植えられた場合、同種の幹に、風土に応じた独特の実を結ぶとでもいい表わしてよいであろう。

ここではまず、日本考古学の源流の一つであるヨーロッパ考古学の誕生について簡単な叙述を試み、その影響を受けて結実した、新大陸——主としてアメリカ合衆国——の考古学についても、管見の及ぶ範囲で論じて見たい。

1　旧世界の考古学

ヨーロッパにおける考古学のルーツは、おおまかにいうならば、次の三つに求めうる。

第一は、一八、九世紀における好古家、古物愛好家、さらには、古いタイプの郷土史家的活動である。古美術品の蒐集や調査を目的とした古跡の発掘調査は、より古い時代から行なわれていたとしても、それらが近代考古学を産み出す上に重要な役割を果したとは考えられない。今日の考古学に直接連なる好古家の活動を可能にしたのは、産業革命による経済力の昂揚が、中産階級の形成を許したことであろう。一九世紀の中頃ともなれば、当時繁栄の中心であった英国で、余暇に恵まれ、知的活動を志した市民や郷紳達が、イングランドやウェルズに好古家の研究組織を結成し始めた。聖地の地理や遺跡に興味をもつ人々が、パレスチナ調査基金を設立し、第一回の会合を開催したのも、一八六五年六月のことであった。

それまで一般社会から軽侮の眼で見られていた好古的活動が、その後数年を経ずして、幾分尊敬のまなざしをもって遇されるようになったとも伝えられている。(1) とはいえ、当時の好古家達による活動は決して科学的・合理的方法論のもとに行なわれたものではなく、好奇心にかき立てられ、多分に娯楽的要素を含むものであった。

その頃の発掘風景の好例は、『ジェントルマンズ・マガジン』の一八五二年一二月号に掲載された木版画と解説記事にうかがわれる。すなわち、一八四四年八月、ケントのメイドストンの谷の上にある無名の丘に、トップハットをかぶった、土地の貴族や郷紳の一行が集まった。彼らが引き連れた一二、三人の労働者はローマ時代の高塚を切り通す、大規模なトレンチを掘り始めた、という記事によって解説が始まり、当事の記録を引用して、

「墳丘を完全に切り通すには、まる四日間を要した。しかし、われわれは全くのところ掘り手ではなかったので、皆が退屈しないように気を使った。……丘の上でピクニックするために、十分な食物が準備され、皆は塚の傍に立って、仕事を見守り指揮をとった。……発掘とピクニックの合い間には、いろいろなゲームや娯楽に耽って時間つぶしをした。幸い季節もよく、南西から驟雨《しゅうう》に見舞われたのは一、二度だけだった。その折に雨宿りする場所は、自分達で掘ったトレンチしかなかった。そして、城塞攻撃に進軍するローマの兵士達が楯を組み合わせて身を守ったといわれるように、われわれも、パラソルや洋傘を組み合わせ、まずは雨漏りしない屋根を頭上に造ったのであった。……」

木版画はこうした光景を如実に表している[2]。このような長閑な発掘が、当時の人々の知的好奇心の表われである。モティマー・ウィーラーは、好古家のかかる知的好奇心が母胎となり、時充ちて近代考古学がはばたいていたと述べている[3]。その頃から、より合理的な調査も、処々で独立的に行われるようになった。しかし、後述の、地質学の熟成や進化論の普及が、この分野に強い永続的影響を与えるまで、科学的・合理的発掘調査の方法論も確立せず、蒐集された遺物の組織的な分類法も完成しなかった。

ヨーロッパ考古学にとって、第二のルーツともいうべきものは、一八、九世紀における古典学の大成に求められるであろう。近世ヨーロッパにおける古典学の濫觴は、いうまでもなくルネサンスの時代に遡る。あるいはむしろ、古典学への情熱こそ、ルネサンスの原動力であったというべきであろう。

最初のうちは、古典史料の文献学的研究に集中されていた興味も、やがては、史跡の現在地比定や遺物の蒐集にも向けられるようになる。一五世紀半ばには、有名なコシモ・ディ・メディチ一世や、教皇シクスタス四世の古物のコレクションが、それぞれフィレンツェやローマで喧伝されたこともあった。当時のイタリアの建築家たちによるローマ時代の建築遺構の発掘も、最初は古代の建築意匠を見いだして、彼らが請負っている宮殿建築の設計に役立てるなどの動機から始められたにせよ、その後の発掘技術の進歩に一つの役割を果したことは否定できない。

古代における、もっとも劇的な事件の一つは、紀元後七九年八月二四日のヴェスヴィアス火山の噴火によって、ポンペイ、ヘルクラネウムの二つの都市とその周辺が、埋没したことであろう。大プリニウスはポンペイで遭難し、甥の小プリニウスは、目撃した光景を、タキトゥスに書き送っている。こうした史料によって、埋没の事実は知られていたが、一五九四年になって、水道工事の際に、ポンペイの廃墟が発見され、一七三八年にはヘルクラネウムの、一七四八年にはポンペイの発掘調査が、ナポリ王家によって、継続的に行なわれ始めた。古典文化の主要な舞台の一つであったイタリアにおけるこのような動きは、全ヨーロッパに大きな影響を与えずにはおかなかった。

一七、八世紀頃、ドイツでは、ラテン語教育に中心をおいたギムナジウムが開設され、それに続く大学の教育制度も整備されるようになった。ヨーロッパの他の国々でも情勢は相似たものであり、政府などによる教育投資が激増した。教育の中心に、古典語、古典学がおかれたことは、当時の古典尊重の機運の反映であろうが、そのために、多くの古典語教育者が育成され、この機運を一そう盛り立てた。こうしたなかから、古典美術に限りない憧憬を懐いたヨハン・J・ヴィンケルマンが現われたのである。

彼は、故郷を捨てカソリックに改宗してローマに移り住んだ。当時の法王庁やナポリ王家に渦巻く、排外主義、セクト主義、秘密主義に煩わされながらも、博物館の見学を果し、古代美術の発展を歴史的に叙述した『古代美術史』(4)を書き上げた。これこそ、古代遺物の観察に基づいて書かれた最初の歴史であり、これによって、ヴィンケルマンは、考古学並びに美術史共通の開祖だとされている。

実物の観察によって研究を纏めることが常識となっている、今日の眼から見れば、彼の方法は当然に過ぎると思われるであろう。しかし、ナポリ王から、ポンペイ出土遺物の最初のカタログを作ることを許されたバヤルディなる男が、遺跡も観察せずに、二六七七頁の序文を書きまくったという挿話を聞けば、当時の古典学の気分が察せられるというものである。(5)

古典学興隆の機運を迎えたヨーロッパの各地では、ローマ時代の遺跡が、カエサルの『ガリア戦記』、タキトゥスの『ゲルマニア』や『アグリコラ』を始めとする史料、地図などを参照しながら調査され、暦年代が与えられるようになった。

イギリスでは、すでに一六世紀頃から、ハドリアヌスの城壁などに調査の手が進められていたが、一八、九世紀、好古家活動の盛期ともなれば、踏査の足跡は全土に及んだ。考古学すなわちアーケオロジーの語は、それまで永らく、歴史、古代史、古代研究などを意味していた。イギリス内でローマ時代の遺跡の踏査旅行を精力的に行なっていたアレクサンダー・ゴードンは、アーケオロジーに対して、初めて今日的な語義を与えた。すなわち、一七二六年に、スコットランド地方の遺跡調査旅行記録として出された、その『北方巡視の旅』のなかで、次のように述べている。[6]

「理性と知識を持っていることが、人類を他の無知な動物から分かつ特徴だという見地に立つならば、もっとも進歩した学問の幾つかは、まさに最大の注目を受けるに価する。そうした学問の一つとしてアンティキティーは重要な分野を占め、なかでも、今日に遺されている遺跡や、特に碑文を研究するアーキオロジー（Archiology）は重要視されて然るべきものである。……」

古典学の隆盛にともなって、ギリシア語から発したアーケオロジーの使用頻度は高まったが、一八世紀に至ってようやく、古代遺物の組織的な研究を意味するという語義が与えられた。とはいえ、一九世紀になっても、チャールズ・T・ニュートンのように、古典古代の物的資料とあわせて、口碑や史料をも研究するのがアーケオロジーであると定義する学者もあった。[7] 口碑や史料はともかくとしても、考古学の対象はその後永らく、古典古代に限られることが多かった。こうした傾向は、ドイツでも同様であり、アルヒェオロギーが、しだいに古典美術の研究に極限されていくとともに、古代学全般を意味するアルタートゥムスクンデに隷属するようになった。

古典古代への情熱をかけて実施された、ドイツやオーストリアの学者、アマチュアの発掘調査のうちでも、もっともセンセーショナルなものは、いうまでもなく、ハインリヒ・シュリーマンのそれである。ホメロスの詩の魅力にとりつかれた彼は、ヒサルリクにトロイの遺址を求め、一八七一年から継続して行なった発掘で、ここに、堅固な城壁を続らした古代都市遺跡を見いだした。遺跡は九層が累積した状況にあり、シュリーマンは、輝かしい遺宝が出土したことを主な理由として、下から二番目の都市こそ、ホメロスの歌ったプリアモスの町だと信じた。しかし、トロイ戦争の舞台となったのは、七番目の都市であることが、後にカール・W・ブレーゲンによって訂正された[8]。したがって、ヒサルリクに営まれたホメロス以前の都市は、まさに歴史以前のものであり、古典古代以前のはるかな過去まで、文明の証跡が続くこと、換言すれば、古典古代世界における先史時代を発見したこと、それがシュリーマンの最大の功績だとされている。

このようにして、古典古代と先史世界の結びつきは確かめられるようになったが、如何に古典学が熟成しても、好古家の活躍が盛んであろうとも、まだ近代考古学の誕生には至らない。

ヨーロッパ考古学の第三のルーツは、一八、九世紀に大成された地質学と、進化論の提唱にある。地質学と進化論によって、史料の及ばない過去にも、信頼に価する年代観が樹立されるようになった。また、何よりも、それらの影響をうけて、物的資料に基づく過去の追究に、科学的方法論の武器、すなわち、層位学と型式学の二つが与えられた。

地質学以前に、遠い過去の年代観を支配していたのは、当然のことながら旧約聖書であった。その天地創造から文明に至る年代は、そのまま地球の年代を示す正しい年代だと信じられていた。一六五八年、大司教のジェームズ・アッシャーが、聖書によって、天地創造が前四〇〇四年にあたることを計算して示したこともあった[9]。

しかし、その後動植物の化石の存在が一般に知られるようになり、それらは、聖書年代の枠外にあると考えざるをえなくなった。フランスのジョルジュ・キューヴィエは、ノアの洪水の章を考慮に入れ、累層している化石は、洪水による世界の終末が繰り返されたことを示すと説明した。これに対して英国のジェームズ・ハットンは、今日でも認められる恒常的堆積が過去にも行なわれており、それによって地層が構成され、化石が累積したとする、ユニフォーミタリアニズムの説を公にした[10]。一九世紀に入って、チャールズ・ライエルは、ハットンの説を是と認め、当時の地質学的知識を総合し、今日の地質学の骨組を大成した[11]。

地球の歴史・生物の歴史の古さが認められ、地球は神によって一気に創成されたのではなく、自然の過程によって形成されたものであることが、一般に信じられるようになった時、あたかもチャールズ・ダーウィンによる進化論が提唱された、ダーウィンの進化論は、単に生物学の世界のみならず、人間社会、言語、人間の作る道具や武器にも段階的進化のあるであろうことを予測させたのである。

ローマ時代、その政治的版図の外にあり、またローマ人の知識の及ぼなかった北西ヨーロッパでは、中世を遡る過去の暦年代が明らかでなかったため、遺跡や遺物を手懸りとして、年代を推測する方法が熱心に考えられていた。

デンマークでは、地質学と博物史の調査委員会が設立され、その書記として、クリスチャン・J・トムセンが任命された。次いで一八一六年、自然史博物館が創立されるとともに、トムセンはその最初の学芸員となり、博物館に集積された膨大なコレクション整理の任務に直面した。彼は、それらの資料を、石・青銅・鉄といった三種類の材質によって分類することを思いつき、作業を進めた結果、遺物のうちでも、刃物の類は、その材質に、移り変わりのあることを認め、有名な三時期区分法を案出した[12]。その案出には、前一世紀のローマの唯物論者、ルクレチウスらの影響のあったことが推測されている[13]。

トムセンの三時期区分法は、特に英国において歓迎された。トムセンの後継者、イェンス・J・A・ウォーソーは、遺跡、すなわち墳墓や湿地などの堆積層を、層位ごとに注意深く発掘して、三時期区分法の正しさを証明した。この業績こそは、近代考古学の出発点となったものであった。三時期区分法の正しさは、その後、スイスの湖畔に営まれていた古代集落の遺跡調査を通じても例証され、一般に認められるようになった。

トムセン以後、石器時代は新旧に二分された。[14] また石器時代と青銅器時代の間に金石併用期をおくことなどが提唱され、各時代はさらに小期に分期されるなど、時期区分は整えられて来た。遺跡や遺物を分類し、その前後関係を見きわめるためには、それぞれの変化についての法則が樹てられなければならない。道具や武器などの生産品は、それらを産み出した社会や工人集団の時間的な変化を特に敏感に反映するはずである。生物学における進化論と同じく、考古学的遺物にも進化論的変化が観察されうるであろう。このように考えて、型式学の方法論を確立したのは、スウェーデンのG・オスカル・A・モンテリウスであった。[15] 彼こそは考古学における分類学の創始者である。

彼はウォーソーの方法論をより洗練し、まずスカンジナヴィア先史時代の遺物について相対年代を完成し、この方法論を全ヨーロッパに拡大した。ある遺跡で一括して出土した遺物群が確実に同時期に属していると認めた場合、彼はこの一括の遺物をフンドと呼んだ。フンドとして出土した遺物のなかには、時に他の地域で造られたものが混っている。混入した遺物のあり方をとりあげ、地域ごとに樹立された相対年代表を比較するという、クロス・デーティングの方法を用うるならば、ヨーロッパ全体を覆う相対年代表を作りうる。かくして、中世以前の年代が不明であった北欧の地にも、古典古代の文化が華開いた地中海域の世界から、暦年代を援用して与えられるようになった。

最初のうち、こうした時期区分は全ヨーロッパに通用し、全ヨーロッパは、いわば等質の先史文化を共有していたと考えた人々もあった。しかし、各地で発掘調査が行なわれるとともに、先史時代の文化は地域ごとに違った様相を示すことが明らかになって来た。三時期区分を基本として細分した時期区分法は、あるいは博物館の遺物を説明する上に有効であっても、各地域の原始・古代の文化を描き上げるために適切な方法ではないという反省もないわけではなかった。そして一方では、広く人類史を再構成する立場から、社会、経済の発展を段階的に整理した、段階区分の考案も幾つか提唱された。[16]

文化期や段階を設定するとしても、各地域の時期的・段階的変化が、基本的には地域ごとに独立した自生的現象であるのか、ある源に発して伝播して生じたものであるのかという点については、議論が分かれる所であった。ウォーソーは、デンマークでは石器時代から青銅器時代への変化が、新しい人々の到来によって惹き起こされ、鉄器文化も、次の侵入者によってもたらされたと考えた[17]。しかし、スウェーデンの、スヴェン・ニルソンらのように、幾度かの民族移動の波や侵入を認めながらも、文化変化の自生説をとる人々も少なくなかった[18]。

二〇世紀に入って、考古学的活動がますます高まるとともに、ヨーロッパ先史時代像を総合的に記述しようという気運が高まって来た。モンテリウスの方法論を継承し、基本的には文化伝播論の立場をとって、ローマ以前の汎ヨーロッパ的歴史を纏め上げたのは、V・ゴードン・チャイルドであった。彼の業績こそは、近代ヨーロッパ考古学の一つの帰結点というべきものであろう[19]。

チャイルドがこのような業績をあげえた背景には、それまでに行なわれた数多くの考古学活動の成果があった。それらのうちもっとも重要な一つは、エジプトやメソポタミアにおける発掘調査の成果である。最初、これらの地域は、旧約聖書の周辺地域として興味の対象となっていた。今世紀の初めですら、オックスフォード大学では、エジプト学の価値は、ヘロドトスの記述を否定あるいは追証することにあると考えられていた[20]。しかし、両地における発掘調査は、それぞれ比類のない古代文明の姿を印象づけ始め、ついには独立した考古学の種目と認められ、さらに、エジプト学、アッシリア学などといった学問分野が形成されるようになった。

エジプトではナポレオン一世の遠征に随行した学者や芸術家の一行が、カイロにフランス・エジプト学院を創設して以来、調査活動が継続された。その後、ヒエログリフの解読などを通じて、幾つかの王名表が知識にのぼり、古代エジプト暦が復原されるなど、その歴史の深度が認識されるようになった。最初の間盗掘に等しい乱暴な発掘が行なわれていたが[21]、ガストン・C・C・マスペロが古物局長官となった時代には管理態勢も整い、フランス以外の調査団にも発掘許可が与えられるようになった。

エジプトで活動した数多くの考古学者のうちでも、学史を飾る重要な業績をあげた一人は、W・M・フリンダース・ペトリーである。彼は、一八八四年、タニスの発掘調査に手を染めてから、ほとんど五〇年間にわたって、エジプト全土に及ぶ、三九ヵ所余りの遺跡を毎年調査し、着実に報告書を公刊し、野外考古学方法論の基礎を固めた。

数あるその業績のなかでも、特筆すべきものは、エジプト先王朝時代の文化を解明し、編年したことであろう。コプトスの対岸のナカダで、彼は従来知られていなかったタイプの二〇〇基以上の墓を発掘した。各墓には土器・石製容器・装身具などが副葬されていて、その数量は夥しいものであった。ペトリーは、それらを克明に記録した。当初、それらの墓は、古王国直後の第一中間期に属すると考えられたが、それらのうちの新しい型式と見られるものが第一王朝の遺跡から出土することによって、より遡った先王朝時代のものだと認められた。(22) ナカダの調査の四年後、一八九八年から、彼はディオスポリス・パルヴァで、同様の遺跡を調査し、さらに綿密な記録を作製した。(23) これらのデータに基づき、まず、各墓の普遍的副葬品である土器をとりあげて集成図が作られた。すなわち、変化の様相のはっきりした波状把手付土器について、型式学的な前後関係が定められ、これを基準として、他の遺物の位置が定められ、その遺物の型式学的変化を吟味することによって、全体の相対年代が再確認された。ペトリーは、エジプト先王朝時代の遺物を、このようにして相対年代に従って配列し、これに三〇から八〇までの仮数年代(24)を与えた。仮数年代はただ前後関係のみを示す数字であり、実際の継続年数や暦年代を示すものではない。またこの仮数年代方式は、その後他地域で一般には採用されなかったが、ペトリーはこれに基づいて先王朝時代の文化期を編年したのである。

ペトリーの業績として、さらにとりあげるべきものは、テル・エル・アマルナの調査であろう。(25) これに関連したカフンとグロブの発掘調査で、それぞれ先ミケーネ式土器と、ミケーネ式土器が出土していることに気づいたペトリーは、ミケーネを訪れ、これらを手がかりとして、エーゲ文明に対するエジプトの影響を確認し、原ギリシア土器（中期ミノアⅠ式終末かⅡ式初頭頃）[26]とエジプト第一二王朝の、またミケーネ土器（ミケーネⅢ式）と第一八王朝のクロス・デーティングを樹立した。[27]これによって、地中海域の先史時代に暦年代を与え、ひいては、ヨーロッパ大陸全体に暦年代の網を拡げうる端緒が開けた。

エジプトにおけるこのような経験から、ペトリーは、日常に使用された土器が、考古学の年代を決定する上に重要な役割を果すことを強く心に刻みつけた。これらの調査に先立って、ペトリーは、「パレスチナ調査基金」の委嘱を受け、一八九〇年に、パレスチナ南部、ガザ地区の近くにある、テル・エル・ヘシの発掘調査を行なっている。「パレスチナ調査基金」は聖地における最初の発掘調査として、エルサレムを選び、考古学の素養もない工兵将校を指揮者として派遣したことがあった。[28]当然ながら、その発掘調査は成功を収めたとはいい難いものであった。おそらくは、その反省もあって、終了後二〇年間の中断期間がおかれた。中断後の最初の発掘調査の企画にペトリーが選ばれたのは、当時、野外考古学者として、ペトリーの令名が如何に高かったかを物語っている。

ペトリーが発掘の対象としたヘシの遺丘は、エル・ヘシ河のほとりに位置している。その東側面は河の浸食を受け、崖面には層位の重なりが露出していた。ペトリーは、まずこの側面から調査を開始し、採集した遺物を出土地点の高さに従って分類し、上層のギリシア土器、中層のフェニキア土器（キプロス製品）など、既知の資料についてクロス・デーティングを行ない、堆積層の形成速度が一定だと仮定し、先の二点の年代から各層の年代を機械的に計算した。そして土器のように従来は顧みられなかった日用雑器が、層位と組み合わされた場合、この上なく重要な考古学的資料となりうることを実感したのであった。[29]

テル・エル・ヘシにおけるペトリーの業績は、その輝かしい経歴のなかでは、マイナーなものだと評価されるかも知れない。しかし、その経験は、その後のエジプトにおける調査に生かされ、一方では、パレスチナにおける近代考古学の出発点となり、合理的でないとはいえ、史料を考慮に入れた遺丘の層位的発掘調査の方法論が摸索された点では、学史の上に名をとどめるものであろう。

ペトリーの方法論について付け加えるならば、細部をゆるがせにしない綿密さである。出土品については可能な限り記録し、報告書に採録した。遺構についても正確な実測図を作製した。発掘状況を撮影した場合、その写真乾板の現像は現地で行ない、その成功が確認されて後、発掘作業を継続するという方法をとるべきことも述べられている。(30)「考古学者は、遺物についてあらゆることを究めなければならない。その色彩、材質、組成、器具の構造など(31)」と書いているように、土器については、胎土・焼成状況・装飾手法・器形の特色が記述され、金属器や植物遺体は、それぞれ専門の金属学者、植物学者に成分の調査や品種の同定が依頼された。自然科学者の協力を仰ぐ点では、現代考古学への扉を開いたといえるであろう。こうした、学問的な方法論とともに、ペトリーは、如何に円滑に発掘作業を進めるかという点にも慎重な考慮を払っている。すなわちその進行に重要な役割を果たす作業員を充分に訓練し、発掘のエキスパートになるように育てた。作業中の災害には特に留意し、生涯に作業中の事故を惹きおこしたことはなかった。作業員は専属とし、地元のボスによる賃金の中間搾取を許さなかった。貴重な遺物の発見者には、報奨金を支払い、遺物が隠匿密売されることを防止した。作業内容を短時間で切り替え、機械的な仕事に飽きることがないようにした。

報奨金支払いの点など、われわれの常識から見るならば、奇異な感を懐かずにいられない。しかし、当時のエジプトやパレスチナで広い発掘面積を少数のスタッフによって掘る場合、避け難い方策であったかも知れないし、最近のイスラエルの発掘調査にも伝えられている。

少数のスタッフによる広い面積の能率的な発掘は、調査が何か事業的な意味をもっていた昔には普通に行なわれていた。現在でも、破壊に先立つ緊急発掘調査の際にはやむをえず強制されることもある。しかし、発掘調査が精密になればなるほど、時間の短縮を優先する発掘法は顧みられなくなった。後年、モティマー・ウィーラーは、能率優先的なペトリーの発掘方法を厳しく批判している。(32)今日の眼から見れば、ペトリーの調査法に欠陥のあることは否定できない。とはいえ、発掘調査方法論の確立者として、もっとも大きな影響を遺した一人である。京都大学に日本で最初の考古学の講座を開設した浜田耕作は、ペトリーに師事してその方法論を伝え、浜田の後継者であった梅原末治もまたペトリーの教えを受け、一九二七年には、そのジェメーの発掘に参加したことがある。[33][34]

以上、ヨーロッパにおける、近代考古学成立の過程について、ごく大雑把な概観を試みた。限られた紙数でその全体を網羅しえないため、特に、現在の日本考古学に強い影響を与えたペトリーの出現に至る系譜をとりあげた。すでに述べたように、近代考古学の母胎となったのは、古物愛好家・郷土史家など、いわゆる好古家の情熱であり、これを学問の領域に高めたのは、古典学の素養であり、さらに、合理的な方法論を与え、考古学を成立せしめたのは、地質学、進化論など自然科学からの強い刺激であった。

古物愛好家の活動は、中国においても長い歴史を持ち、宋代に洗練され大系づけられた古典学の大成とともに、今日の水準から見ても、学問的価値の高い銅器の図譜の類が編まれた。[35] しかし、型式学的研究、あるいは野外の発掘調査活動は、欧米流の考古学が伝えられるまで遂行されることがなかった。近世日本でも、この点では相似たものであった。

旧世界、特にヨーロッパで誕生した近代考古学は、一方では汎人類誌的な解明を志しながらも、他方では、ヨーロッパの、あるいはヨーロッパ各民族の歴史を描き上げることを大きな目的としていた。チャイルドの業績が、ヨーロッパ近代考古学の一つの帰結点だとするならば、そこにはヨーロッパ原始・古代の歴史像が見事に復原されている。多くの、ヨーロッパの考古学者による概説書には、考古学をもって歴史学の一部門であることが強調されている。歴史学の方法が、特殊から一般を導く帰納的推理を基礎としているように、旧世界の考古学は、各遺跡・各遺物の語るところから歴史像を描こうとしているのである。その基底には、発掘された遺跡や遺物が、その血脈に、あるいはその文化的脈絡に繋がるものだという意識の働きがあることを否定できない。とはいえ、異教徒に対する鋭い差別意識が、キリスト教布教以前の、いわゆる先史時代の遺跡・遺物に対する情調移入を妨げていることも決して否定はできないであろう。

2　新世界の考古学

地域考古学としてのアメリカ考古学は、厳密に定義されている。その対象とする民族集団は、いわゆるアメリカ・インディアン、エスキモー、アレウトおよび新大陸に渡来したヨーロッパ人であり、その範囲は、南北アメリカ、北極海諸島、グリーンランドおよびアンティル諸島である。アメリカ考古学の推進者は、カナダ、アメリカ合衆国、中南米の各国などに在住している。ここでは、アメリカ合衆国の考古学をとりあげる。

新大陸に住みついたヨーロッパ系の人々にとって、各地に遺されている目につく遺跡と原住民との関係や、原住民の民族的系譜は、早速興味の的になった。旧大陸、特にヨーロッパで考古学者が対象とする遺跡や遺物は、主に現存のヨーロッパ人の生活とは一応断絶した遠い過去のものであった。しかし、新大陸では、廃墟で発見される遺物と同様のものが、原住民によって製作・使用され、廃滅した村落と同似構造の村落で、原住民の生活が営まれていた。したがって、それらは考古学の対象であると同時に、民族学・文化人類学の対象でもあった。考古学者の疑問の幾つかは、人類学者から即座に回答が与えられた。

アメリカ合衆国において、考古学の成立に至る過程は、ヨーロッパのそれとは多少とも違っていた。その考古学の発達を述べた好著として、ゴードン・R・ウィリーとジェレミー・A・サブロフの共著になる『アメリカ考古学史』があげられる[36]。著者たちは、その発展を推測期（一四九二～一八四〇年）、分類＝記述期（一八四〇～一九一四年）、分類＝歴史期――編年への関心（一九一四～四〇年）、分類＝歴史期――脈絡と機能への関心（一九四〇～六〇年）、説明期（一九六〇年以降）に分期している。

最初の時期は、探険記・旅行記などに基づいて、アメリカ原住民とその文化、あるいは墳墓、神像などの建造者・製作者について想像をめぐらせた時期である。なかにはイスラエルの一支族をもって、原住民の祖先とする空想も生まれたが[37]、この地は聖書や古典の世界の外にあったため、年代的には空漠たるものであった。しかし、この時期にも、年代推定の試みや、合理的調査の例がないわけではない。

例えば、オハイオ川流域のマリエッタにある墳丘では、ルファス・パトナムが測量調査を行ない[38]、マナシェ・カトラーは、墳丘上で伐採された樹木の年輪を数えて、墳丘が一四世紀初期以前に築造されたことを証明した[39]。また、一七八四年に、トーマス・ジェファーソン（第三代大統領）は、一時政界から身を引いた折、故郷のヴァージニア州の歴史を書く上で、その地の墳丘に興味を懐き、その一つを発掘したことがあった。かれは、墳丘築成層を慎重に層位ごとに発掘し、子供を混えた多数の遺骸を土で覆い、さらにその上に遺骸をおいて土で覆うという過程を繰り返して四mの高さの塚が形成されたことを明らかにした[40]。その発掘はまさに旧世界をも含め層位学的発掘調査の魁《さきがけ》をなすものである。また、遺物の獲得を目的とせず、考古学的問題の解決を目的とした点でも、時代に先んじた調査であった。すなわち、この層位学的発掘方法を継承する程、当時の学界の水準は高められてはいなかった。ジェファーソンもまた、墳丘築造年代推定の手がかりとして、墳丘上の大木の年輪を数えるべきだと書き遺しているが[41]、カトラーの場合と同様、その年輪に対する興味は、後年、A・E・ダグラスらによって基礎づけられた樹木年代学[42]の成立に、何らかの影響を遺したものであろう。あるいは、自然科学的な方法によって、考古学的遺物に年代を与えようとする考え方の萌芽を読みとってよいかも知れない。

次の、分類＝記述期は、ジョン・L・スティーヴンズとフレデリック・キャザウッドの『中央アメリカ、チャパス、ユカタン旅行記』の発刊によって幕が開かれた[43]。安楽椅子に腰を下ろして、古代アメリカ文明に想いを馳せる時代は終り、泥と汗にまみれた調査活動が活発となった。大学には考古学の研究室が設置され、研究所や博物館も設立され始めた。ヨーロッパから、進化論、三時期区分法などとともに、発掘調査方法論もいち早く伝えられ、アメリカでも、学問としての考古学が専門化し始めた。

この時期の初め頃、北アメリカでは、ミシシッピ川流域に遺されている巨大な墳丘の建造者と、現存アメリカ・インディアンとの関係が追究された。最初のうちは、墳丘建造者は、先住民であり、墳丘建造にその民族文明の栄光を遺した後、南下してメキシコ方面に移住して行った。一方現存のアメリカ・インディアンは、太古から野蛮の段階にとどまり、巨大な土木工事の能力はなかった。以上のような解釈が有力であり、アメリカ・インディアンの駆逐・絶滅に、なにがしかの理由づけとなっていた。しかし、一八四六年に創設されたスミソニアン研究所や、一八七九年設立のアメリカ民族学局などに所属する研究者達は、この解釈を否定し、上記の墳丘が、現存のアメリカ・インディアンの直系の祖先の建造に係わるものであることを証明し、学界の承認をえた。ロバート・シルヴァーバーグは、「墳丘の起源についての論争は、単に抽象的な学問上の論争であっただけではなく、一九世紀におけるアメリカ・インディアン撲滅という大規模な動きにその根源があった」と指摘している。[44]

スミソニアン研究所とともに、その後の人類学・考古学の研究活動に大きな業績をあげたのは、一八六六年に設立されたピーボディー博物館である。初代館長のジェフリーズ・ワイマンは、デンマークの貝塚調査や、スイスの湖畔住居調査に関する報告や論文から強い刺激を受け、大西洋岸や、フロリダ州のセント・ジョーンズ川流域で貝塚の発掘調査を行なった。ワイマンの後継者として、ピーボディー博物館長となったフレデリック・W・パトナムらも、学術的発掘調査を実施し、層位の確認、土器型式による時期設定などを試みた。ワイマン、パトナムにしたがって、発掘調査を学び、来日して大森貝塚の発掘調査を遂行したのが、エドワード・S・モースであった。モースの大森貝塚の発掘調査報告書[45]には、ワイマンやパトナムの調査が紹介され、その報告書の体裁も、ワイマンのセント・ジョーンズ川流域貝塚の発掘報告書[46]にならったものである。

明治の初年、日本人に進化論を伝え、科学的な発掘調査方法を教えたモースは、このように、当時のヨーロッパ先史考古学の流れを汲む学者であった。大森貝塚を遺した人々を先住民だと考えた点では、多少アメリカ考古学の考え方に左右されていたかも知れないが、同時代にアメリカ考古学に独特な方法論が成立していたわけではなかった。[47]アメリカ考古学が、ヨーロッパ考古学の影響を脱して独自の途を拓き始めるためには、なお六〇年余りの年月を要したのである。

ヨーロッパにおける層位的発掘の方法論や、型式学的な考え方は、第一次大戦勃発の、一九一四年頃から、アメリカ合衆国に伝えられた。その方法論は当然アメリカ各地における編年研究を推進した。この時期が、分類＝歴史期とよばれる。特に編年研究への関心が高まった時期である。この時期に活躍し層位的発掘方法論を洗練した考古学者のうち、代表的な一人を選ぶとすれば、アルフレッド・V・キダーをあげなければならない。かれは、ハーヴァード大学で、その頃最新の野外考古学方法論を編み出したジョージ・A・ライスナーに教えを受けた。エジプト考古学者として令名高いライスナーは、ペトリーの土器と層位についての原理、ロベルト・コルデヴァイやヴィルヘルム・デルプフェルトの遺構調査方法論を身につけ、加うるに、中西部出身者として、当時のシカゴ商業界で組織づけられた、記録・書類整理方法を考古学調査に導入して、きわめて能率的に研究を進めた[48]。一九二七年、エジプトでかれのキャンプを訪れた梅原末治は、流れるように処理されて行く機能的な記録整理方法に目をみはったと書き記している[49]。

こうして、その頃考古学の先進地域であった、ヨーロッパや西アジアにおける調査方法論は、絶えずアメリカに浸透していった。スパルタ式とでもいうべき野外調査の訓練を受けたキダーは、ニューメキシコ州ペコス遺跡の発掘調査（一九一五年以降）を、当時としては空前の規模で行なった。特に注目されるのは、その廃棄物堆積層の掘り方である。かれはまず、試掘壙を穿って、その形成、攪乱の層序を観察し、各堆積層にしたがって発掘を進め、各層ごとに土器片を分類して百分率を示す作業を実行した。すなわち、一定の厚さで機械的に堆積層を削っていくペトリーの方法を揚棄したのである。キダーは、一地域における調査方法として、次の五段階法を立案している[50]。

（1）遺構、遺物の予備調査。

（2）遺物編年のための基準の選定。

（3）各遺跡の編年試案を作成するため、基準の表われ方を比較し吟味する。

（4）遺物が層位的に堆積していると見られる各遺跡の発掘調査を実施し、編年試案を検証し、出土した多数の資料に基づいて、形態学的・系統論的研究を進める。

（5）このようにして得られた確実な知識によって、より徹底的な再調査を行ない、各遺跡の最終的編年を確立し、必要な場合には、調査中に提起された問題を解決するため、発掘すべき新しい遺跡を選定する。

グリン・ダニエルは、考古学の発達史を叙述した文中で、この原則が、半世紀余りを経た今日の水準に照らしても、非のうち処がないことを認め、そのころヨーロッパでも、一、二の例を除けば、これ程進んだ方法が適用されていなかったと述べている[51]。

層位ごとに土器片を分類し百分率を作成し、形態・系統を考える方法は、セリエーションとして知られる方法論に基づいている。ペトリーの型式学的方法は、マックス・ウーレに影響を与え、ズニの土器の編年的研究を通じて、アルフレッド・L・クローバーに百分率を利用した「頻度によるセリエーション」の原理を考案せしめた[52]。このように、ヨーロッパの方法論が継承され、改良・洗練が重ねられたが、こうした原理によって調査が進められていく以上、各地域ごとの文化の編年が立てられ、考古学は、アメリカの大地に刻まれた原住民の歴史を描き出す役割を果すことに終始せざるをえなかった。

次の、分類＝歴史期――脈絡と機能への関心の時期は、こうした考古学の役割に対して、深刻な反省が打ち出された時期でもある。編年研究を重視し、推測や解釈を斥《しりぞ》けるそれまでの考古学者の多くは、概して文化人類学的アプローチに強い関心を懐こうとはしなかった。一方、それまでの間、民族学や社会人類学の進歩は著しく、人類学における理論面の主流だと見做されていた。仮りに、考古学者が文化理論に口をはさもうとすれば、「ものをいう犬」のように驚かれる雰囲気があったとさえ伝えられている[53]。

すでに一九三〇年代の後半期には、従来の傾向に対する批判が出始めたが、考古学上の問題解決にあたっては、出土資料と、それらに随伴するすべての、自然的・文化的・歴史的背景との脈絡との関連を理解して総合的に考究すべきであるという、コンジャンクティヴ・アーケオロジーが、ウォルター・W・テイラーによって提唱されたのは一九四八年のことであった。テイラーの主張を盛った『考古学の研究』(54)は、ある意味では、アメリカ考古学に大きな転換をもたらしたといえるであろう。テイラーは、その提唱の前提として、「考古学は歴史学か人類学か」という一章を設け、これについて徹底的に論じている。その趣旨を次にに要約する。

テイラーが、ここでいう歴史は、人類の出現以来、人々の遺した痕跡のすべて、すなわち、人の形質、心理、文化、社会の発展のすべてを総合する。漠然たる総合的学問としての普遍的歴史学ではなく、またここでいう人類学も、人間とその軌跡に関する総合的科学としての人類学ではない。人間の歴程を織りなす一本一本の糸を正しい位置に綴り、それから、一枚のタペストリーを織り上げる仕事は、哲学によってこそ達成されるべきだとテイラーは考える。したがって、ここで、とりあげられている歴史学は、一般の修史の仕事に相当するものであり、その仕事は、普通次の手順で進められる。

(1) 問題を設定する。
(2) 史料や資料を蒐集し、これを批判、分析する。
(3) これらを編年的に配列する。
(4) さらにこれらを一貫した史観によって綜合し、一つの体系的脈絡に位置づけて行く。

問題の設定から史料や資料の蒐集、整理までは、好古家も行なう。編年的配列までは年代記作家でも行なう。それゆえに、(4)の、「体系的脈絡に位置づける」ことこそ、歴史家が歴史家である所以だということになる。一方、人類学における作業の手続きも、「編年的に配列する」ところまでは同様である。歴史家の史観に相当するものは、理論によって武装された人類学者の観察眼、解釈力である。人類学は、文化の静態と動態、すなわち、文化の形態や変化の様相を比較研究するのが本領であり、したがって、歴史学の「体系的脈絡に位置づける」に替って、「比較考察を行なう」が、その(4)の仕事になる。考古学も資料を蒐める。考古学の依拠する主要な資料は、意識的に記録されたものではなく、無意識に遺された常用のものを主とするという点で、歴史学が主として依拠する史料とは違うことが強調されるが、本質的な相違ではない。むしろ、資料を蒐める上で特別な方法論が確立され、高度な技術が駆使される点に、考古学の特殊性がある。このように、考古学者は資料を蒐め、吟味して編年体系に纏めるが、これらを一貫した史観によって歴史の脈絡に綴り込むのは歴史家の仕事であり、これらを比較研究して静的、動的な様相を描き出すのは人類学者の仕事となる。かくて、考古学は文化的情報を蒐集し生産するための方法論と、一連の特殊化した技術よりなる独自の学理であって、歴史学でも人類学でもないと結論づけうる。

以上が、テイラーの考古学に対する認識であり、考古学者が考古学的な仕事に自らを限定する限り、技術家に他ならないと述べている。このような前提から、そのコンジャンクティヴ・アーケオロジーが首唱されたのである。その後、一九五〇年代を通じて、テイラーの主張は影響力を強め、ゴードン・R・ウィリーとフィリップ・フィリプスの著書でも、「発掘作業は何らの理論なしに、理論的空白の状態で遂行しうるが、その結果を綜合し解釈する上には理論がなければならない。その理論は、アメリカでは文化人類学によって提供されるのである」として、考え方が継承されている。(55)アルバート・C・スポールディングもまた、「考古学者が行なうべき最小限度の責務は、遺物・遺構の形態、時間的・空間的関係を把握することに尽きる」(56)と述べている。

大局的にいえば、その後のアメリカ考古学は、テイラーの敷設した路線に沿って展開したように見うけられる。一九六〇年代ともなれば、ルイス・ビンフォードを旗頭として、いわゆるニュー・アーケオロジーの時代が開かれた。さきの区分の説明期に当る時期である。テイラー以後、人類学では進化論が復権し始めた。それに基礎をおくニュー・アーケオロジーは、テイラーの主張とは基本的には異なっているが、考古学者は人類学に従事する科学者であると考えられている点などは踏襲されている。ニュー・アーケオロジーの影響は、ヨーロッパに及び、日本でも、先史考古学者の間で関心が高まりつつある。

一九四〇年代頃を境として、新大陸の考古学は、旧大陸の方法論の羈絆《きはん》を脱し、独自の方法論を築き、明らかに文化人類学の一部門として定着した。人類学は、人間とその文化に関する科学であり、たとえその観察者が人間であろうとも、あたかも宇宙人の眼で、人とその文化を眺めるような態度が要求される。アメリカでは、その発足の当初から、考古学は、民族学・文化人類学と強い係わり合いをもっていた。しかし、その後特に傾斜を強めたのは、アメリカにおける考古学の推進者と、その対象とする文化――遺跡・遺物――との断絶であろう。アメリカの大地に刻みつけられた人間存在の痕跡は、その原住民にとって歴史資料であり、文化財であろうとも、大陸への移住者にとっては、科学的調査の対象に過ぎないものであり、情調移入を誘うものではないのであろう。第二次大戦後、自由世界の指導者としての自覚を備え始めた時期に、ヨーロッパ的、編年中心的、歴史学的なその傾向が反省され、ユニヴァーサルな考古学が創造されるようになったと考えてもよいのではないか。しかし、一方では遺跡や遺物との血脈的繋りを意識し、それらを聖地と崇め、遺宝と見なす人々の存在も無視できないであろう。科学的考古学がいかにユニヴァーサルであっても、その全面的拡大にはおのずから限界があると思われる。

三　日本の考古学

新・旧両世界の場合と同様、日本でも近代考古学の成立は、型式学・層位学あるいは進化論的な思考方法の普及が条件であった。古物愛好家の出現と蒐集活動の開始、偶然の機会による遺構・遺物の発掘に際して詳細な記録の作成を行なうことなど、考古学の萌芽は、すでに江戸時代に兆していた。徳川光圀が、一六九二（元禄五）年、那須国造碑の考証を目的とした、上車塚・下車塚[57]の発掘調査を家臣に実施せしめたのはジェファーソンの発掘に先立つこと九二年であった。光圀は発掘前に簡単ながら測量図を作らせ、出土品は画工に作図させた後木箱に収めて埋めもどし、墳形を旧状にもどすなどの処置さえとった。

古物への関心は、新井白石、松平定信らのような為政者から、藩儒、士分、さらには一般市民にも広がり、多くの図譜も編まれた。京都の以文会、近江の木内石亭を中心とする弄石社《ろうせき》などの会合も開催された。儒学・国学の興隆とともに、古典学・金石学も大成された。しかし、徳川光圀の発掘調査を例外として、近代考古学が採り入れられるまでの間、遺跡を積極的に発掘して調査する風は、ほとんどなかった。特に祖先の墓を発く《あば》行為は道徳に悖る《もと》と見なされていた。一方、古物に関しては、上古の風韻の高きを知り、言霊のさきわうをきく上に、古えの素直な道を知り、下れる世の浅ましく拙い点を裨益する上に役立つであろうとして、好古の精神が説かれた。[58]このような尚古思想は、古物に対する強い情調移入の伝統となった。

一八七七（明治一〇）年、モースが行なった大森貝塚の発掘調査は、日本考古学史の上で画期的な事件であった。同じ年に、柴田承桂は、ウィリアム・チェンバーズ、ロバート・チェンバーズの原著[59]を翻訳し、『古物学』として刊行した。野外考古学の方法論とともに、この翻訳によって、ヨーッパ流考古学が、初めて紹介されたのである。『古物学』では、その冒頭で、アーケオロジーを古物学と訳し、「この語は、近世ではギリシア・ローマの技術を論じることに限られていたが、その真正の語義はあまねく上古の事物を解明することにあるので、その広義の語義にしたがい過去の遺跡・遺物を手段として上古の歴史を研究する学問を古物学とよぶ」と定義し、論理学上の帰納法をもって方法論の基礎とすべきことが述べられている。しかしその内容は、当時のヨーロッパにおける考古学知識を概観するにとどまり、三時期区分法も、述べられてはいるが説得的でない。

この『古物学』は、一八七三（明治六）年から刊行され始めた、文部省による「百科全書」の一冊として出されたものである。文部省は、海外の諸科学を紹介する目的をもって、「百科全書」を刊行したが、その推進者は、文部大輔田中不二麻呂と、その部下の神田孝平であった。田中は、一八七一年、岩倉遣外使節の理事官して欧米を巡り、欧米教育制度の調査研究に従事し、文部大輔となってからも、再度渡米して、アメリカ合衆国の教育制度を視察している。[60]このような経歴に恵まれて、かれは欧米の学問体系にも通じていた。そして江戸以前の旧学を一新し、先進国の科学の流入を図る上で、教育行政に大きな足跡を遺した。神田孝平は、独学で洋書を通じて数学を学び、一時、会津藩で西洋式数学を教授したこともあった。このように洋学に明るく、また好古の趣味もあり、当時、新時代考古学の旗手ともいうべき、「人類学会」の初回会員としても名を連ねている。

モースによる大森貝塚の発掘調査が行なわれた際、その出土品を天覧に供すべく、神田は田中の代理として、内大臣三条実美に上申した。その折には、列品目録とともに、田中の名で書かれた『大森村古物発見の概記』が付けられている。概記は次の文章で始まる。

「考古学ノ世ニ明ラカナラサルヤ久シ曩《サキ》ニ漸ク古物学ノ一派欧米各国ニ起リシヨリ古代ノ工様ヲ今日ニ徴スヘキ者ハ普ク之ヲ採集シテ博物館ニ貯蔵シ或ハ之カ為メ特ニ列品室ヲ設ル等競テ下手セサルハナキニ至レリ……」

ここに、考古学と古物学の二語が使い分けられていることは興味深い。想像を逞しくするならば、この場合の考古学の語は、さきに引用したアレクサンダー・ゴードンのアンティキティーあるいはアルタートゥムスクンデの訳語として撰ばれ、古物学がアーケオロジーを表わすのであろうか。しかし間もなく、ヘンリー・フォン・シーボルトの著書が吉田正春によって『考古説略』の訳名で出され(61)、アーケオロジーが考古学と訳されて以来、古物学の名は廃れるようになった。ともかく、明治初期の間、『大森介墟古物編』でも、アーケオロジーが古物学と訳されているように、古物学こそ、今日の考古学を意味する語であった。

明治政府は、欧米流の学問の移入定着を計って努力を重ね、モースは、ヨーロッパの伝統をもつ野外考古学の方法論をさらに洗練して日本に伝えたけれども、それらが直ちに受け入れられ消化されることにはならなかった。洋学を学び、「人類学会」に名を連ねた神田孝平ですら、自著の図譜の体裁には、旧態依然たるものがあった。すなわち、英文の解説が付けられ、石版印刷という新しい方式で刷られてはいても、『日本大古石器考』と題したその図譜(62)には、縄文時代の石器も、古墳時代の勾玉や石製品、石製模造品も含まれている。清野謙次をして、外形では大いに洋式文化の影響を受けているがその思想的根底では多分に日本旧考古学（江戸時代の学問）が盛られている、少なくともこの書は、日本石器時代遺物図譜ではなく、洋化した、あるいは西洋趣味を多分に採り入れた日本神代石図譜である、と評さしめたものであった。[63]

モースの発掘調査方法論は、その学生であった佐々木忠次郎らに受け継がれ、陸平《おかだいら》貝塚の発掘調査として実を結んだ。[64] とはいっても、その成果はモースのそれに及ぶものではなかった。モースが正規投影図法で表現した土器の図はスケッチに後退し、さらに後の坪井正五郎の時代には、墨描きの絵で表現されるようになった。モースの大森貝塚の発掘調査報告書が、その後の日本考古学の進展に与えた影響については、近藤義郎・佐原眞の編訳になる『大森貝塚』末尾の解説に、実に簡明、的確に叙述されている。[65] すなわち、出土遺物を示す画法の変化が端的に示すように、江戸時代以来のそれにもどっていったのである。

山内清男《やまのうちすがお》は、「モースの方針を正しく継承しなかったために日本考古学は五〇年のおくれをとった」と述懐したことが伝えられている。しかし、近藤・佐原の解説にあるように、

「モースの方針をそのまま受けつがず、その刺激を間接的にうけとめて独自の熟成をまったからこそ、良い意味でも悪い意味でもアメリカのものでもヨーロッパのものでもない、日本独自の考古学が育って今日にいたっている、ともいえるであろう。」

層位学も型式学も、進化論も知識の上にあったかも知れないが、それらを武器として、過去の世界に迫る業績はしばらくの間出されることがなかった。日本で、堆積層にしたがって発掘し、層位にしたがって遺物を分類し、分類項ごとに個数を数えていく方法は、一九一九年、地質学者であり考古学者を兼ねた松本彦七郎によって始められた。[66] アルフレッド・V・キダーがペコスの発掘調査を開始した四年後にあたる。したがって、アメリカ合衆国でその原住民の起源や系統について熱をあげていた時期、進化論や型式学的研究法を学びながら、野外調査でなお充分生かし切れなかったその時期に、日本でも、民族起源論に考古学者のエネルギーが費やされていたことになる。

松本の方法論、特にその土器文様論は、山内清男に大きな刺激を与えた。[67] 語学に堪能な山内は、早くから原書

を通じて進化論を学び、時にはモンテリウスの『方法論』[68]を読破して強い影響をうけた。山内の発掘方法については、佐原眞の「山内清男論」[69]に摘記されているが、各層ごとに土器を区別し、仮説として土器型式の変遷を考え、翌日隣接箇所を改めて掘り直し、仮説が証明されるかどうか検証する、という原則のもとに進められている。キダーの五段階法を想起せしめるものがある。ただし、山内の方法で強調されているのは、土器の一片一片を手にとって観察し土器の「顔をよく見る」、発掘したその夜、自ら土器を水洗しながら「顔をよく見る」という徹底的な土器の観察である。[70]山内が、アメリカ考古学の方法論に興味をもっていたかどうかについては定かでない。時折、ウィリアム・H・ホームズの名を口にしたとも聞く。[71]考古学の方法論のあるものは、求めさえすれば、活字を通じて伝わることも充分可能であろう。しかしその方法論を駆使して作業を進める場合、その地域の伝統が独特の傾向を加味することは拒否し難い。山内は徹底した合理主義者であったとしても、その後継者の土器の理解の仕方は、土器の構成要素や属性のすべてを順次に吟味して、所属する時期や型式を結論づけるのではなく、零細な一個の破片を手にした一瞬の印象によって、その破片のもつ気分を感覚することによって弁別するのである。そしてその結論は応々にして、要素や属性分析を通じてえられた結論より正しい。すなわち、土器型式学的知識と共に、美術史家の必要とする眼の訓練がより重要視されるようになり、層位の解読よりも、出土遺物の観察に、より多くの時が費やされるようになった。

欧米流考古学の風は、関東に伝わっただけではなく、関西にも伝えられ、独特の学風が形成されるようになった。先に述べたように、当時の京都帝国大学で、日本最初の考古学の講座を開いた浜田耕作は、講座担当に先立ち、一九一三年から三年間にわたって渡欧し、考古学方法論については、フリンダース・ペトリーから多くを学んだ。[72]一九二二年に上梓されたその『通論考古學』[73]は、名著の一つに数えられ、版を重ね、広く永く考古学の教科書として読まれた。浜田は、渡欧前からすでにペトリーの強い影響を受けていた。今日遺されているそのノート類を克明に調査した泉拓良によれば、一九一二年の講義のために浜田が作製したノートの、発掘調査の部分は、ペトリーの『考古学の研究法及其目的』の同じ項によったものであり、帰国直後の講義草案には、層位的（地層学的）研究という項目がモンテリウスの研究の紹介として加えられたという。(74)そのノートに基づいて『通論考古學』が編まれたのである。

ある意味では、当時のヨーロッパ考古学の方法論を偏ることなく紹介し、自らの考古学活動によってその実際を示した点で、浜田が日本考古学史に示した役割は、モースのそれに比肩するといいうる。しかし、浜田は、本質的には、美術史家であり、典雅な文人であり、汗と泥に塗《まみ》れて遺跡を掘る人ではなかった。その三年の滞欧期間に、大学の研究室や博物館で学び、古跡を訪れて珠玉のような随筆を遺したが、発掘調査に参加してその運営の実際を体得することはなかった。帰国後、発掘調査にあたっては、測量、実測製図、写真、拓本、遺物の復原や模型製作に、それぞれ専門の技術者を指揮したが、自ら野外発掘の方法論を編み出す人ではなかったように思われる。河内国府遺跡の発掘調査にあたっても、地表面から機械的に一尺、二尺と分けて掘り下げられ、堆積層にしたがった分層発掘の方法はとられていない。(75)

しかし、調査には他の専門分野の学者を招き、報告書にも寄稿を依頼し、発掘調査報告書を可能なかぎり迅速に刊行し、関連遺物を聚成したコルプス（集成資料）を作成するなど、ペトリーの示した規範を忠実に実行し、その後の考古学調査報告の模範を示した。すなわち、ペトリーの築いた近代考古学の方法論の基本は、浜田を通じて移植されたといえるであろう。

浜田が考古学教室を主宰して一〇年の間は専攻学生がなかった。当初技術者として勤務した梅原末治は、その間に著しい学問的業績をあげて、浜田の後継者となった。このめぐり合わせが、その後の日本考古学の歩みに多少の作用を果したことは否定できない。

梅原は、国内、朝鮮半島における多くの遺跡の調査に大きな成果をあげていたが、一九二五年末より二九年までヨーロッパの諸国を巡遊し、アメリカをも訪れて知見を広めた。その間、ペトリーの指導もうけ、エジプトでギゼー第二ピラミッド近くのライスナーのキャンプを訪れ、一週間ではあるが、パレスチナにおけるペトリーの発掘調査に参加した。しかし、梅原の考古学的自叙伝というべき『考古学六十年』(76)によれば、その渡欧米期間のほとんどは、資料の探索、調査研究にあてられている。博物館・大学などの蒐蔵品について、特に東洋考古学関係資料を重点的に撮影し、拓本を打ち、実測図をつくり、細部に至るまで観察を記録し、夜は宿舎でその日の資料を吟味し整理する。こうした生活は、梅原の生涯にわたって続けられ、その膨大な資料コレクションが集成された。その情熱と厳しい自己鍛練は、かれの脳裡に夥しい資料を焼きつけ、蓄積した資料の語る処が自ら結論となった。したがって、恣意な解釈を極度に排し、事実に基礎をおかない解釈に対して峻烈な論難を浴びせた。

このような研究法は、その周囲の人々に大きな影響を与え、一つの伝統として定着するようになった。すなわち、遺物中心主義と技術の錬磨であり、実測図の一片を見れば、その人の考古学者としての力量を知りうるという判定の基準さえ一般化するようになった。

浜田が京都帝国大学総長となった後、梅原は、考古学教室の主任として普通講義を担当するに当って、やや自信を喪失し悩んだことを自叙伝に告白している(77)。

「その主要な原因は、これまでも書いたように、浜田先生と私との、考古学に対する姿勢というか、アプローチのしかたの相違から来るものであった。」

と述べ、その迷いを和辻哲郎に問い、和辻の薦めにしたがって、哲学者田辺元を訪れ悩みを率直に打ち明けて尋ねた。

「コツコツと遺物それ自体を徹底的に調べあげ、それを結びあわせて研究を進めてゆき、広く浅く表面だけをみて新奇な説を打ち出すことは避けたい。」

この決心は、田辺の激励する処となり、自信をもって講義が進められた。ここに、一つの転換点が見いだされるであろう。

梅原は多くの発掘調査を指揮監督したが、積極的に調査方法論を開発しようとはしなかった。その晩年の講義に際しても、「層位的発掘調査法は、パレスチナやメソポタミアのテルにこそ適用されるべきもので、日本国内の小規模な遺跡には用をなさない。貝塚のような廃棄所は、堆積が水平であるとは限らないので、層位的に水平に発掘しても新旧の遺物が同一層の出土品中に混り合う」(78)という趣旨を述べている。層位的発掘方法には批判的であったとしても、当然ながら型式学的前後関係には注意が払われていた。しかし、型式学的組列が作られた場合、その両極の何れを古くするかという判定には、進化より退化の道程として求める傾向があった。つまり、より古い時代に、材質的・技術的により優れたものが造られ、時と共に劣悪化するのだという見方をとった。かくして、多鈕細文鏡と粗文鏡の場合、あるいは、殷代の銅器の場合など、現在の定説とは相反する結論が主張されている。さらに、中国青銅器については、「文化段階の高い時代の文物に対して、単純な型式学は適用し難い」(79)という判断を示すなど、あまりにも膨大なその知識は、法則化に対する例外を常に見いだして反撥した。

遺物中心的な、美術考古学的態勢が風靡する時代にあっても、出土遺物を通じて文化の変遷を読みとろうとする動きがないわけではなかった。『日本遠古之文化』(80)や弥生時代農耕文化論(81)などは、史料の及ぶ以前の時代の日本史を描き出す目的が秘められていた。特に、弥生文化研究を推進する在野の人々は協力して弥生土器を集成し、その文化を理解する基礎的な知識を集積した。ペトリーの流れを汲むコルプスであり、型式学的な方法論が如実に示されている。その上、図はきわめて精密な実測図に基づき、正確に製図されている。すべて、弥生土器研究の専門家による手仕事であり、おそらく、世界的にもっとも優れたコルプスとして比肩する例はないであろう。(82)しかも、全国の出土資料を網羅するこの仕事は、建築学を修めた小林行雄のような推進者をえたとはいえ、いわば、江戸時代の結社的同志意識によって支えられたのであった。

遺跡や遺物を手段として歴史を描き出すためには、大規模なそして集中的な発掘調査を、各地で各時代について行ない、その結果を総合することが不可欠である。しかし日本では、多くの理由から、一九六〇年代以降の緊急調査の盛行期を迎えるまで、一、二の例外はあるとしても、組織的大発掘調査は実施されなかった。かえって、戦前植民地であった朝鮮半島では、主として墳墓を対象とする比較的規模の大きな発掘調査が行なわれた。しかも、その初期の間には、関野貞のような優れた建築史家が調査を主宰して、正確な投影法による遺構の断面図や平面図を作製し、日本国内の調査で模範とされるものとなった。

第二次大戦の終わった一九四〇年代後半、ヨーロッパ大陸が混乱のさ中で、イギリスでは、いち早く、ヨーロッパ先史世界の復権が行なわれ始めた。いうならば、それまでヨーロッパにおける文明の起源は、すべてオリエント文明からの照射の結果だと考えられていたが、一九四〇年に出された、クリストファー・ホークスの主張、すなわち「他の地域と同様、ヨーロッパにおいても、他の文明圏からの影響は、文明成立についての一要素に過ぎない」[83]という考え方が追認され始め[84]、その後、金属器文化や巨石文化が、エーゲ文明、オリエント世界からの伝播以前に、ヨーロッパ各地で成立していることが証明された。アメリカ合衆国では、文化人類学の理論に立脚した、総合的考古学の提唱が閉鎖的な旧式考古学の方法論を批判し始めた。

日本では、神話・伝説に基づいて描かれていた古代史のキャンバスを、考古学によって塗り直すべく期待されたが、当時、それに応えるデータも乏しく、方法論も熟していなかった。他の科学、特に自然科学の分野では戦後たちまちにして、アメリカの強い影響を受けたが、考古学の世界は、ほとんど影響を受けていない。ただし、その時期に打ち立てられ、考古学者を支配した概念に「文化財」がある。歴史的記念物や時代を代表する工芸・美術品とともに、散布する土器の微小な細片もまた、文化財と規定され、認識されるようになった。遺跡や遺物は、単に考古学者の手段ではなく、人類全体の財産だという認識は、地球を覆う一つの理念としてありうるとしても、日本ほど厳密に考えられている国は少ないであろう。

こうした概念が普及した理由の一つは、先土器時代以来、この列島に住みついていた人々こそ現代日本人の血脈に繋がる祖先であり、遺跡や遺物は物的資料ではなく、情調移入の対象物であると共通に感覚されていたことにある。一九六〇年代以降、急速な国土開発は大規模な緊急発掘調査を余儀なくし、調査に携わる考古学者の人口は急増し、莫大な経費が支出されるようになった。遺跡・遺物を保存しよう、不可能な場合には記録によってでも保存しなければならないという義務感は、江戸時代から、あるいはそれ以前から意識の底流にあり、危機に際して顕在化した現象だと見られないこともない。そして、調査に従事し記録を作製する日本の考古学者は、第一流の技術者であり、全国で出されているその記録は、想像を絶する程多量でありながら、今日の世界の標準から見れば、極めて均質であり、しかも優れた水準のものである。

日本では、これらの資料に基づいて、歴史像が描きだされている。しかし常識を覆す新発見は相次ぎ、キャンバスは絶えず塗り直されなげればならない。また、緊急発掘調査の盛行と共に、従来はやや等閑視されていた、中世以降の遺物や遺跡も調査対象となり、目ざましい成果があげられ、新しい画像を描くことが要請されている。

四　結びにかえて

日本考古学の特質を浮かび上がらせようとする場合、比較の方法をとることが効果的であろう。人類学に所属する新大陸の考古学とは対照的に、歴史学への帰属性が強いことは特質の一つである。同じく、歴史を書き出す目的をもった他地域の考古学を比較の対象にとるとするならば、おそらくパレスチナの考古学がもっとも好適な例であろう。

日本における近代考古学方法論の一つの源は、フリンダース・ペトリーのそれである。ペトリーは、晩年パレスチナの発掘調査に専念しエルサレムで永眠した。その影響は今日のイスラエル考古学にも継承されている。とはいえ、現在のイスラエル考古学には、ペトリー以後、ライスナーを初めとするアメリカ学派、キャサリン・ケニオンを主とする、その後のイギリス考古学の影響も少なくない。しかし強いていうならば、日本考古学もパレスチナ考古学も、共にペトリーの系譜をひくものであろう。

パレスチナといえば概して乾燥地帯であり、典型的な地中海型気候帯に属し、乏しい雨も冬期に集中する。その地は肥沃な三日月形地帯に属し、農耕・牧畜の始源も古い。メソポタミア・エジプトの古代両文明圏に挟まれ、異民族による侵略・征服が繰り返された。都市文明の形成も早く、水源、生産適地、軍事的要地、交通の要衝などの条件を満たす限られた地が選ばれたために、同一箇所に居住が度重なって行なわれた。住居はアドベを壁とし、廃滅すると厚い堆積層を形成する。かくして、高いテルが遺されるが、一つのテルの規模は大きく、堆積層は厚く、遺構面はきわめて多く、遺跡、すなわちテルの分布密度は疎である。さらに、ユダヤ教、キリスト教発祥の地であり、宗教史上重要な遺跡が集中している。その上、長い間オスマン・トルコの支配を受け、イギリスあるいはフランスの委任統治領であり、近世に入っても帝国主義的支配を蒙っていた。こうした事由から、ヨーロッパ諸国やアメリカ合衆国は、しばしばこの地に発掘調査隊を派遣し、それらの相互的影響のもとに調査方法論が進歩した。(85) 特に、発掘の対象がテルであるために層位学的方法が洗練され、断面に表われた層位を読むことによって歴史像を描くことが要求された。

これに対して、日本は概して湿潤地帯であり、モンスーン型気候帯に属し、降雨は夏に多い。新石器時代以降大陸とは隔絶し、大陸文明の到来は遅れ、異民族による侵略の歴史もなく、都市国家の形成も見られなかった。平野面積は狭いけれども、水源は豊かで居住地が限定されることもない。そして狭い平地に居住が集中し、遺跡の規模は小さく、その分布密度は高い。住居は木造を主としたため、堆積層は薄く遺構面も比較的少ない。遺されている痕跡も微かである。このような事情から、世界史的に著名な遺跡はほとんどなく、他国から発掘調査団が派遣されることもなかった。一貫して実質的な植民地支配を受けなかったことによっても、他国の調査団を迎え発掘調査方法論を学びとり影響しあう機会がなかった。したがって、その方法論は、間歇的に外からの影響を受けながらも、いわば独自に発達させたものだといってよいであろう。遺物に対する綿密な観察と、記録のための高い技術、遺跡保存への献身は、日本の考古学者の特記すべき長所でありながら、理論に対する拒否的・閉鎖的傾向もまた併せもっていると思われるのである。もっとも、一般論としていうならば、集積された物的資料に基づいて歴史像を創り上げるためには、何かの方法論を持たなければならない。歴史学としての考古学研究推進の立場を維持する限り、その方法論の基礎を帰納法におくべきことは当然の成り行きであるとしても、それのみで明晰な像が結ばれることはありえない。物的資料を手段として社会事象全般を説明しようとするならば、物的資料とそれを産み出した社会生活や精神生活との間に、どのような相関関係がありうるかという問題を常に重視しなければならない。この点で注目すべき新しい考古学の潮流は、アメリカ合衆国で生まれ、旧大陸の考古学にも大きな影響を与えつつあるニュー・アーケオロジーであろう。

ニュー・アーケオロジーの誕生にはいくつかの動機が考えられる。その一つは、一九五〇年代以降、急速に考古学に利用されるようになった、自然科学の成果であろう。放射性炭素による年代測定の考古学への導入は、従来の考古学的年代決定法を不用にしたとさえ速断させたこともあった。また「時計が発見された」と表現されたこともあった[86]。一方、生態学的研究と理論の進歩は調査技術にも反映し、堆積層から採取された土の水洗選別で微小な動植物の遺体や食物の残渣などが識別され、生態環境の復原がきわめて精密化し始めた。生態系概念の確立と、さらに諸科学におけるシステム思考が拡大すると共にイギリスのデヴィッド・L・クラーク[87]や、アメリカ合衆国のケント・V・フラナリー[88]らによって、考古学研究におけるシステム的思考の方法論が樹立された。

第二の動機として考えられるのは、進化論的思考の復活である。文化人類学の領域では、フランツ・ボアズらの強い影響もあって、進化論的な考えは永らく顧みられなかった。一九六〇年代になって、新進化主義が提唱され、一方では、ロバート・J・ブレイドウッドが旧大陸における進化論的思考の変遷を通観した業績を出すなど、考古学者の間にこの思考方法が浸透し始めた[89]。

第三に、一九六〇年代頃から、コンピューターが普及し、これを武器として、従来は不可能に近かった複雑な計算を簡単に行ないうるようになり、資料の蓄積と抽出、サンプリング、過去の文化パターンの多変量解析などの統計手段が獲得されたことをあげうる。さらに、コンピューターを利用したシミュレーション使用も、社会学におけると同様、考古学でも行なわれ始め、将来は、不完全な部分的資料から全システムのシミュレーションが作り出されることも期待されるようになった。

ビンフォードを鼓吹者とするこの新しい考古学では、かくて「考古学は人類学に属する科学であり、自然科学が科学であるように科学でなければならない。そのためには、自然科学が立脚する方法論、すなわち演繹的推論を柱としなければならない」と主張されるようになった。しかし、いかに解析され総合されようとも、歴史の道程や人間社会の動きが、自然科学の法則のように、唯一の説明で解決されるとは考えられない。ただし、ニュー・アーケオロジーの路線に沿った活動には物的資料と人間社会の相関関係を考える上に、今後無視しえない重要な研究、調査例が示されていることは否定できないであろう。とはいっても、複雑な歴史的過程で形成された各時代、各地域の社会を均質的な類型に分類し、それぞれの産みだす物的資料との変換方程式が、常に同様に成立すると見なすか否かは、まさに史観に係わる問題であると考えられるであろう。

[註]

（1）Mortimer Wheeler, Archaeology from the Earth, Penguin Books, Harmondsworth, 1956 (first published in 1954), pp.20, 21

（2）Gentleman's Magazine, Dec., 1852, p.569.（前掲書所引）

（3）Wheeler, op. cit., p.21.

（4）Johan J. Winckelmann, Geschichte der Kunst des Altertums, Dresden, 1764.

（5）Von C.W. Ceram, Götter, Gräber und Gelehrte, Hamburg, 1949.
『神・墓・学者』上・下、村田数之亮訳、養徳社、一九五五・五六年

(6) Alexander Gordon, Itinerarium Septentrionale, 1726.(Glyn Daniel, The Origin and Growth of Archaeology, Penguin Books, Harmondsworth, 1967, p.13. 所引)

(7) Charles T. Newton, On the Study of Archaeology, London, 1850.

(8) Carl W. Blegen, et al., Troy, 4 vols., Princeton, 1950-58.

(9) Ussher, Archbishop, The Annals of the World Deduced from the Origin of Time and Continued to the Beginnings of the Emperor Vespasian's Reign,and the Total Destruction and Abolition of the Temple and Commonwealth of Jews, 1658.

その計算基礎は、天文学者ヨハネス・ケプラーによる。アッシャーはさらに人類創造の日をその年の一〇月二八日とした(Glyn Daniel, A Short History of Archaeology, London, 1981, p.34. 所引)。

(10) James Hutton, Theory of the Earth with Proofs and Illustration, 2 vols., Edinburgh, 1795. (Edward C. Harris, Principles of Archaeological Stratigraphy, London, 1979. 所引)

(11) Charles Lyell, The Principles in Geology, Being an Attempt to Explain the Former Changes of the Earth's Surface by Reference to Causes Now in Action, 11th edition, London, 1875.

(12) Christian J. Thomsen, Ledetraad til Nordisk Oldkyndighed, Copenhagen, 1836.(田淵義三郎訳「異教的古物の時代区分」『古代学』八巻三号、一九五九年、二八七—二九一頁)

(13) T. Lucretius Carus, De rerum natura.に示されている。グリン・ダニエル(A Short History of Archaeology)によれば、一八世紀後半頃から、デンマークの歴史学者の間では、三時期区分のアイデアが出されていたという。

P.F. Suhn, Historien of Danmark, Norge og Holsten udi trende Udtog til den studerende Ungdoms Bedste, Copenhagen, 1776. (Geschichte Dännemarks, Norwegens und Holsteins: Aus dem Dänischen, Leipzig, 1777. Jacob Peterson 訳)

L.S. Vedel Simonsen, Udsigt over Nationalhistoriens aeldste og maerkeligste Perioder, 2 vols., Copenhagen, 1813-16. ほか。

(14) John Lubbock, Pre-historic Times, as Illustrated by Ancient Remains, and the Manners and Customs of Modern Savages, London, 1865. この書物については、佐原 眞「ラボック・トムセン・シーボルト・モンテリウス詣で」(大塚初重編『論集 日本原史』吉川弘文館、一九八五年、八三五—八六三頁)に詳しい。

(15) G. Oscar A. Montelius, Die Methode (Die älteren Kulturperioden im Orient und in Europa), Stockholm, 1903. (浜田耕作訳

『考古学研究法』岡書院、一九二二年）

（16）例えば、次の業績がある。

Sven Nilsson, Prodromus ichthyologae Scandinavicae, Lundae, 1832.（Primitive Inhabitants of Scandinavia, London, 1868. J. Lubbock, et al. 訳）。

Edward B. Tylor, Primitive Culture, London, 1871.

Lewis H. Morgan, Ancient Society: or Researches in the Lines of Human Progress from Savagery through Barbarism to Civilization, New York, 1877.

（17）Jens J.A. Worsaae, Denmarks Oldtid, oplyst ved Oldsager og Gravhϕie, Copenhagen, 1843.（Primeval Antiquities of Denmark, London and Oxford, 1849. W.J. Thomas 訳）。英訳本は図に英国出土の同類品を加えている。

（18）S. Nilsson, op. cit.

（19）ゴードン・チャイルド（v. Gordon Childe）の業績は多い。次に代表的な二例をあげる。

The Dawn of European Civilization, London, 1925.

New Light on the Most Ancient East: The Original Prelude to European Prehistory, London, 1928.

なお、ブルース・トリガーのチャイルドの伝記の末尾に、その著者目録が附けられている。（Bruce G. Trigger, Gordon Childe: Revolutions in Archaeology, London, 1980.）

（20）Leonard Wooley, Middle East Archaeology, Oxford, 1949, p.5.

（21）例えば Giovanni Battista Belzoni（1778-1823）は一八一七年からエジプトで濫掘を開始し、出土品を大英博物館に運んだ。記録として、Narrative of the Operations and Recent Discoveries within the Pyramids, Temples, Tombs and Excavations in Egypt and Nubia, 1823. を遺している。

（22）W.M. Flinders Petrie, J. E. Quibell, Naqada and Ballas, London, 1896.

（23）W.M. Flinders Petrie, Diospolis Parva, the Cemeteries of Abadiyeh and Hu, London, 1898-99.

（24）sequence date の訳語。浜田耕作『通論考古學』）大鐙閣、一九二二年の第四編第三章にこの訳語が与えられている。

（25）W.M. Flinders Petrie, Tell el Amarna, London, 1894.

(26) 括弧内は現在の編年による型式名。

(27) W.M. Flinders Petrie, "The Egyptian Bases of Greek History", Journal of Hellenic Study, Vol.XI, 1890, pp.271-277.

(28) Charles Warren, Underground Jerusalem, London, 1876.
Committee of the Palestine Exploration Fund, Our Work in Palestine: An Account of the Different Expeditions sent out to the Holy Land, London, 1873, pp.97-163.

(29) W.M. Flinders Petrie, Tell el Hesy (Lachish), London, 1891.
R. A. Stewart Macalister, A Century of Excavation in Palestine, London, 1925, pp.32-39.

(30) W.M. Flinders Petrie, Methods and Aims in Archaeology, London and New York, 1904, p.82.

(31) Margaret A.Murray, "Petrie William Matthew Flinders", The Concise Encyclopedia of Archaeology, Leonard Cottrell ed., London, 1960, pp.294-296.

(32) Mortimer Wheeler, op.cit., pp.29-30.

(33) W.M. Flinders Petrie, Gerar, London, 1928.

(34) 梅原末治『考古学六十年』平凡社、一九七三年、九三―九五頁

(35) 呂 大 臨『考古図』一〇巻、一〇九二年
王　黼『重修博古図録』三〇巻、一一二三年

(36) Gordon R. Willey and Jeremy A. Sabloff, A History of American Archaeology, London, 1974.(『アメリカ考古学史』小谷凱宣訳、学生社、一九七九年)

(37) Edward Kingsborough, Antiquities of Mexico, 9 vols., London, 1831-48.
Lee E.Huddleston, Origins of the American Indians: European Concepts, 1492-1729, Austin, 1967.

(38) Henry C.Shetrone, The Mound-builders, New York, 1930, pp.9-13.

(39) Robert Silverberg, Mound Builders of Ancient America: The Archaeology of a Myth, New York, 1968.

(40) Adrienne Koch and William Reden.eds., The Life and Selected Writings of Thomas Jefferson, New York, 1944, pp.222-224.

(41) Thomas Jefferson, Circular to Correspondents of the American Philosophical Society in Philadelphia, 1799.(Glyn Daniel, A

Short History of Archaeology, op. cit.）
（42） Don Brothwell and Eric Higgs, Science in Archaeology, A Survey of Progress and Research,revised and enlarged edition, London, 1969, pp.191-205.
（43） Victor W. Hagen, Maya Explorer: John Lloyd Stephens and the Lost Cities of Central American and Yucatan, Normān, 1947.
（44） Silverberg, op. cit., pp.159-160.
（45） Edward S. Morse, Shell Mounds of Omori, Tokyo, 1879.（矢田部良吉訳『大森介墟古物編』理科会粋、第一帙上冊、東京大学法理文学部、一八七九年、近藤義郎・佐原　眞訳『大森貝塚』岩波書店、一九八三年）
（46） Jeffries Wyman, "Fresh-water Shell Mounds of the St. John's River, Florida", Memoirs of the Peabody Academy of Science, No.4, Salem, 1875, pp.3 94.
鳥居竜蔵「世界貝塚発見史としての大森貝塚」『武蔵野』一八巻一号、一九三一年
斎藤忠ほか編『日本考古学選集』6「鳥居竜蔵集」I、築地書館、一九七四年、一四三―一五四頁
渡辺直経「生物学者モースと考古学」『考古学研究』二四巻三・四号、一九七七年、一六頁
（47） 近藤義郎・佐原　眞によれば、「食人風習と扁平脛骨との二課題は、ヨーロッパの貝塚研究ではとりあげられておらず、アメリカの貝塚でワイマンらが指摘しはじめたものである。」ということである。『大森貝塚』（前掲）、二〇八頁
（48） William F. Albright, The Archaeology of Palestine, Penguin Book, Harmondsworth, 1949, p.34.
（49） 梅原末治『考古学六十年』（前掲）、九〇頁
（50） Alfred V. Kidder, The Pottery of Pecos, Vol.1., Papers of the Southwestern Expedition, Phillips Academy, New Haven, 1931, pp.6, 7.
（51） Glyn Daniel,A Short History of Archaeology, op. cit., p.177.
（52） Alfred L.Kroeber, "Zuni Potsherds", Anthropological Papers of the American Museum of Natural History, Vol.18, New York, 1916, Pt.I, pp.7-37.
（53） Willey and Sabloff, op. cit., p.131.

(54) Walter W. Taylor (Jr.), A Study of Archaeology, Menasha, 1948.

(55) Gordon R. Willey and Philip Phillips, Method and Theory in American Archaeology, Chicago, 1958, p.1.

(56) Albert C. Spaulding, "Evolutionary Principles and Social Types", in The Evolution of Man (Sol Tax ed.), 2vols., Chicago, 1960, p.439.

(57) 栃木県那須郡津上村に所在する前方後円墳。現在は、南に位置するものを上侍《さむらい》塚、北に位置するものを下侍塚とよぶ。

(58) 『以文会筆記』一八二二年八月―一〇月の記録の一部の意味をとって書き改めた。

(59) William Chambers and Robert Chambers, Chamber's Information for the People, the 4th edition, 1856-58.
渡辺兼庸「『古物学』の底本」『考古学雑誌』六三巻二号、一九七七年、一―二二頁

(60) 仲新ほか編『日本教育史事典』平凡社、一九七一年、七頁

(61) ヘンリー・ホン・シーボルト著、吉田正春訳『考古説略』一八七九年（原書不明）

(62) Takahira Kanda, Notes on Ancient Stone Implements, & c., of Japan, Tokio, 1884.

(63) 清野謙次『日本考古学・人類学史』上巻、岩波書店、一九五四年、六一六頁

(64) Isao Iijima and Chujiro Sasaki, Okadaira Shell Mound at Hitachi, Tokio, 1883.

(65) 近藤義郎・佐原　眞訳『大森貝塚』（前掲）、解説

(66) 松本彦七郎「陸前国宝ヶ峰遺跡の分層的小発掘成績」『人類学雑誌』三四巻五号、一九一九年
「宮戸島里浜介塚の分層発掘成績」『人類学雑誌』三四巻九・一〇号、一九一九年
「宮戸嶋里浜及気仙群獺沢介塚の土器　附特に土器紋様論」『現代之科学』七巻五号、一九一九年

(67) 鈴木公雄「松本彦七郎―土器研究にみる層位と型式の関係」加藤晋平ほか編『縄文文化の研究』10、雄山閣、一九八四年、二二四―二三二頁

(68) Montelius, op. cit.

(69) 佐原　眞「山内清男論」加藤晋平ほか編『縄文文化の研究』10、雄山閣、一九八四年、二三二―二四〇頁

(70) 同前、二三六―二三七頁

(71) William H. Holmes アメリカ合衆国国立博物館員、アメリカ民族学局局長を歴任した考古学者。アメリカにおける型式学研

究の基礎をつくった。佐原眞の教示による。

(72) 浜田耕作「英国へ着いた時と英国を立った時」『新小説』一九二二年四月。浜田青陵『百濟觀音』イデア書店、一九二六年

(73) 浜田耕作『通論考古學』大鐙閣、一九二二年

(74) 泉 拓良「浜田耕作論」加藤晋平ほか編『縄文文化の研究』10、雄山閣、一九八四年、二〇五—二一四頁

(75) 浜田耕作「河内国府石器時代遺跡発掘調査報告」『京都帝国大学文学部考古学研究報告』第二冊、一九一八年、七—一二頁

(76) 梅原末治『考古学六十年』(前掲)

(77) 同前、一八三—一八四頁

(78) 一九四九年度、京都大学文学部における「考古学概論」講義ノート。

(79) 梅原末治「中国古銅器新論」一九五四年一一月二日、史学研究会総会講演、京都楽友会館

(80) 山内清男『日本遠古之文化』(新版)補注附、先史考古学会、一九三九年

(81) 森本六爾『日本農耕文化の起源』葦芽書房、一九四一年

(82) 森本六爾・小林行雄編『弥生式土器聚成図録』東京考古学会、一九三八年

(83) Christopher Hawkes, Prehistoric Foundations of Europe to the Mycenaean Age, London, 1940.

(84) Clyn Daniel, The Firset Civitizatfons, The Archaeology of their Origins, London and Southampton, 1968. ほか。

(85) 好適例として次の文献をあげておく。
Yohanan Aharoni et al., "Methods of Recording and Documenting", in Beer-Sheba, I (Y. Aharoni, ed.), Tel Aviv, 1973.

(86) David Wilson, Science and Archaeology, Penguin Books, Harmondsworth, 1975, pp.67-92.

(87) David L. Clarke, Analytical Archaeology, London, 1968.

(88) Kent V. Flannery, "Archaeological Systems Theory and Early Mesoamerica", Anthropological Archaeology in the Americas (B. J. Meggers ed.), Washington D. C., 1968, pp.67-87.

(89) Robert J. Braidwood, "Archaeology and Evolutionary Theory", Evolution and Anthlropology: A Centennial Appraisal, Washington D. C., 1959, pp.76-89.

第3章　精神生活

一　考古学と精神生活

歴史的課題　考古学とはどんな学問か。それは本シリーズ第一巻の最初の章題である。そしてそこでは、今日もっとも広く認められている、いわば最大公約数に近い考古学の定義が示されている（横山浩一「考古学とはどんな学問か」『日本考古学を学ぶ（一）』有斐閣、一九七八）。すなわち、「考古学は過去の人類の物質的遺物を資料として人類の過去を研究する学問である」。この定義による限り、過去の人類の物質的遺物の研究は、それのみにとどまるならば、考古学の手段ではあっても目的ではない。考古学の目的は、人類の過去を研究することにあるとされているからである。人類の過去というだけではあまりにも漠然としているが、考古学を歴史学の一部門に位置づけようという立場をとるならば、研究されるべき過去の事実とは、当然、歴史観によって選択された歴史的事実でなければならない。

歴史はいうまでもなく人類のつくったものである。人類が、個体と種族維持の本能に駆り立てられ、生活に必要な物質資料獲得の活動を開始して以後、呪術や宗教を実践し、芸術品を創造し、あるいは政治・社会組織を設立するなど、多方面にわたる活動が加わってきた。したがって、過去の精神生活や社会生活の発展を解明することが、考古学者にとっていかに困難な仕事であろうとも、人類の物質的生活の歴央を描き出すことと同じく重要な責務となる。弥生時代の食生活がどのようなものであったか、食糧獲得の方法や技術がいかに発展したか、調理法がいかに変化したか、といった問題を究めることは大きな歴史的課題である。食生活の変化はまたその時代の精神生活や社会生活の変化とも密接に結びついている。しかし、弥生時代の人々がどのような宗教観をもち、どのような祭儀を執行し、それが現代日本人の精神生活といかなるかかわりあいを保っているか、といったことも同じく重要な歴史的課題だといわなければならない。

精神生活復原の難しさ　従来、神道《しんとう》の来源を解明するために、多くの調査が行なわれ、また、各地の祭祀遺跡を系統的に記述した業績も公刊されている（大場磐雄編『神道考古学講座 2　原始神道期』雄山閣、一九七二）。個々の遺跡や遺物によって、それらに反映している原始・古代の人々の心の動きを読みとろうとした試みも少なくない（国分直一「呪術―その役割―」『日本文化の歴史 1　大地と呪術』学習研究社、一九六九）。しかし、原始・古代を通じて営まれた日本列島居住者の精神生活について、その実態を物質的資料より追究し、その変遷を通史として描きだそうとした試みはほとんどない。ただ、縄文時代と弥生時代の精神生活を対比し、さらに古墳時代にいたる軌跡を示した、水野正好の優れた労作が管見に触れた唯一のものである（水野「祭式・呪術・神話の世界」『日本生活文化史 1　日本的生活の母胎』河出書房新社、一九七五）。とはいっても、その中でとりあげられている遺物についての解釈のすべてに異論がないわけではない。たとえば、大阪府池上遺跡の弥生時代の集落を囲繞する大溝中より出土した、鳥形木製品（第二阪和国道内遺跡調査会『池上・四ツ池』一九七〇。小野久隆・奥野都『池上遺跡』第四分冊の二・木器編、大阪文化財センター、一九七八）について、水野は、タイのアカ族の民俗例をひき、大溝の囲繞する居住区の出入口に、集落と他を区分するために設けられた一種の鳥居を想定し、そのうえにこれらの鳥形木製品が据えられたのだと解釈しておられる。筆者は、別に、これらの鳥形木製品は竿頭につけて立てられ、部族シャマン的儀礼の祭器として用いられたものであろうという解釈を提示したことがある（金関　恕「弥生人の精神生活」『古代史発掘 4　稲作の始まり』講談社、一九七五。同「弥生時代の宗教」『宗教研究』四九―三、日本宗教学会、一九七六）。ここで、いずれの解釈がより蓋然的であるかを論ずるつもりはない。精神生活を復原するうえに物質的遺物を資料とする場合、方法論が十分に確立されていなければ、同じ資料を使っても、解釈に大きな分かれの生ずることがありうるという例を示したにすぎない。

事実、これまで考古学の方法論といえば、遺跡や遺物を物質的にとり扱い、そこから一般的法則を導き出すことを限界としていた感がある。しかし、編年が確立し、過去の物質的生活の変遷が描き出されたならば、そうした変化を通じて、その文化に息づいていた精神生活の変化を探ること、いわば、物質的資料の変化と社会生活・精神生活の変化相互間の変換方程式を求めることも、考古学の方法論とし重視されなければならない。確定された方程式――はたして確定が可能であるかどうか確信はないにしても――なくして、日本原始・古代の精神生活史を描き出しても、それは恣意的なものだというそしりを免れえない。以下、この章では、精神生活史の叙述を断念し、むしろその基礎的な前提となるものについて吟味してみたい。

個性的作品と没個性的作品　いうまでもなく、過去の精神生活や社会生活の実態を、物質的遺物のみを手掛りとして解きあかすことはきわめて難しい。その難しさは、遺されている作品のみからその作者の生涯や心の動きを描き出そうとするときの難しさとも通じている。

一七七八年の初夏のころ、パリに滞在していたモーツァルトは母を失った。その時期に、彼は哀愁にみちたホ短調のバイオリンソナタや、イ短調のピアノソナタを作曲している。これらは、モーツァルトの作品として、それぞれの種目における、唯一の、あるいは最初の短調の曲だとされている。そして、その作曲と母の死という事件の間に何かの関係があるだろうということは、一般に認められているようである。とはいっても、その後のモーツァルトの哀切な短調の曲が、すべてつねに彼の生涯における悲痛な事件と関連して作曲されたのだということはできない。

さいわいなことに、考古学者が主としてとり扱う遺物は、モーツァルトのような芸術家、すなわち個性的専業者の作品ではない。たとえば、縄文土器や弥生土器の場合など、民衆が生計のための時間をさいて、生活の必要のために生産した没個性的作品である。あるいは、パートタイムの専門家たちの作品だといってもよい。こうした多数の作品が、ある時期を境として、一斉に同様の変化を示すようなことがあったとするならば、その変化は、その時期における社会の変動を反映したものだと憶測することができる。けれども、その変動の内容を察知することは難しい。土器は、それを産みだす社会の、いわば多変数関数のようなものであって、社会のさまざまな変化に応じてさまざまに変容する。しかし、その間にある種の法則的なものがないわけではない。

社会生活の変容と土器　アメリカ合衆国南ダコタ州中央部に居住するアリカラ・インディアンについて、ディーツ（Deetz, J.F.）は、その社会組織の変化と、土器の変化に相関関係のあることを考察した（Deetz, J.F., The Dynamics of Stylistic Change in Arikara Ceramics, *Illinois Studies in Anthropology*, No.4, Urbana, 1965.）。土器つくりが女の仕事である場合、そしてその教育が結婚以前の若い段階に行なわれる場合、土器製作に関する技術や伝統は、祖母または母から孫娘または娘に伝えられる。その社会が妻方居住婚制であるとするならば、土器に変化は少なく、またその保守性は強い。一方、同じく土器が女性によってつくられ、その社会が父系外婚制であるならば、異なった土器つくりの伝統や技術が、婚姻によってつねにその村落にもたらされることになるから、その社会の土器には当然変化形が多くなる筈である。ディーツが調査したアリカラ・インディアンの場合、その社会組織の変化は、このように典型的にあらわれたわけではない。彼らがミズーリー川中流域に移住した際、異部族の襲撃や、疫病による人口減少などのために、それまでの妻方居住婚制社会を維持することが困難となり、規制が崩れた。新しい社会組織がどのようなものであったか確定することはできないが、こうした社会の変化にともなって土器に変化を生じたことをディーツが証明しているのである。

縄文土器や弥生土器の製作者が男性であったか女性であったか、あるいは、時期・地域・器種などに応じて、製作者の性別が違っていたのかという問題については確答が出されていない。しかし、縄文から弥生への移行期の状況を吟味するならば、西日本におけるその時期の日常土器の製作者は女性であった可能性がより大きいとみられる（佐原　真『日本の美術　一二五　弥生土器』至文堂、一九七六）。

北九州を中心とする地域における、弥生時代前期から中期にかけての社会が双系制であり、同じ時期における畿内の社会が父系制であったという想定は、すでに甲元眞之によって示されている(甲元眞之「弥生時代の社会」『古代史発掘 4 稲作の始まり』講談社、一九七五)。弥生時代前期の初期には、これら両地域で、ほぼ同様の土器がつくられていた。しかし、中期になると両地域における土器の差は大きく開いてくる。その装飾手法に関して、畿内の方が地域ごとにより多様化してゆくことは容易に指摘しうるであろう。もっとも、北九州地方にあって、土器が装飾要素を失うのは、弥生時代に先立つ縄文後期のころに始まっている。弥生時代中期における文様要素喪失の現象も、縄文以来の伝統の復活とみられないことはない。しかしこのような伝統の保持者が誰であったかという問題に還元すれば社会組織をとりあげざるをえない。畿内との比較において、土器にみられる差異の原因には、こうした社会の差異をも考慮に入れる必要がある。

宗教民族学　社会生活の変化と物質的資料の変容が相関関係をもつことは当然考えられるが、精神生活と物質的資料の関係はどのように把握されるであろうか。なお、これまでの記述で、人の生活を、物質的生活・社会生活・精神生活に三区分してきたが、この区分はあくまで便宜的なものである。古くクーランジュ(Fustel de Coulange, N.D.)が古代ギリシアやローマの都市国家をとりあげて、それらが本質的に宗教共同体であることを示し(田辺貞之助訳『古代都市――ギリシア・ローマに於ける宗教・法律・制度の研究』白水社、一九五〇)、スミス(Smith, W.R.〔永橋卓介訳『セム族の宗教』上・下、岩波文庫、一九四一・四三〕)やデュルケム(Durkheim, E.〔古野清人訳『宗教生活の原初形態』上・下、岩波文庫、一九七五〕)が、宗教の社会統合にはたす意義を強調したように、これらの活動は明確に区分されるものではないであろう。しかし、劇的な社会の変化の後にも古い信仰が保持されたり、また、社会生活のうえに変化のないままに、世代の交代によって宗教観の移り変わる場合もミクロ的にはありうるとみられる。そして現在の日本考古学にとって、むしろ問題となるのは、そうした日常的・ミクロ的な物質文化の変容を説明する方法論ではないかと思われるのである。

一方、巨視的に人類の文化の起原や発達を解明するために、世界の各地に現存するいわゆる未開民族探訪者の報告を資料とする方法論は、一九世紀の後半ころ、タイラー（Tylor, E.B.）等によって組織づけられた。イギリス社会人類学派である。その研究は、原始文化一般における宗教の重要性から、宗教の起源と発達の問題を重視したために、宗教学のうえでは、これを宗教民族学として分類している。その後、未開民族の文化について、資料はおびただしく集積され、調査の方法も精密になった。それとともに、宗教についても、その起源や発達史に注がれていた視点は、各民族における個々の宗教現象や、文化総合体における宗教の機能などの問題に移されるようになった。

それは、時代によって、一般的な関心が変わってきたという事情も原因となったであろうが、宗教の起源や発達を探究するうえに前提となっていた諸条件が、疑問視されるようになったことも原因として数えられるであろう。すなわち、未開民族の宗教をもって原始宗教を復原するためには、未開民族の宗教が正しい意味で原始性を保持しているという前程条件が成立しなければならない。しかし、いわゆる未開民族とされるものの中には、かつて高度な宗教をもち、進歩した技術によって洗練された芸術品を生産していたものも少なくない。一見原始的な宗教現象が、実は過去の進んだ宗教の形骸化したものであるという可能性もありうる。さらに、「未開社会に見られる宗教の、もっとも単純な形態は、またその本質をもっともよく示すものである」という前提に対して、宗教の起源はこのように単純に、あるいは一元的に設定しうるであろうか、その発展も世界の各地において、ただ一筋の段階をたどったに過ぎないものであろうか、といった疑問が生じてくる（田丸徳善「宗教学の歴史と課題」『講座宗教学 1 宗教理解への道』東京大学出版会、一九七七）。こうした反省から、一九世紀後半以降、二〇世紀前半にかけて構築されてきた、進化論的宗教発展段階説に対して、今日では多くの留保条件がつけられている。縄文時代は新石器文化の段階だからその宗教段階はアニミズムであるといった、便宜的な方法をとることはできないのである。

宗教生態学　新しい傾向としては、むしろ宗教における環境統合とその意味を研究しようとする宗教生態学が注目される。宗教生態学における環境とは「人間以外の自然だけではなく、生物体としての人間、社会的存在としての人間、文化的営為の主体としての人間とその所産である」（後藤光一郎「宗教史学の理論と方法」『講座宗教学 1 宗教理解への道』東京大学出版会、一九七七）とされている。宗教生態学提唱者の一人であるフルトクランツ（Hultkrantz, A.）は、文化類型や宗教類型について、あるいは、相関関係にある文化構造、社会構造、宗教構造などの構造について、法則的なものを導きだしている（後藤光一郎「宗数史学と考古学」『宗教と歴史』山本書店、一九七七）。それらは、もっとも原則的なものである。後藤光一郎によってまとめられたその一部を引用するならば、「宗教の型とその文化における場が全体的に一致していれば未開宗教を先史時代の宗教の仮説的再構成に援用しうる。ただ先史時代遺物の文化類型に一致するものだけに限るのがよい」（前掲・後藤論文）。宗教生態学は宗教民族学の一部門と見なしてよいであろう。

ここで、その理論的基礎を紹介することなく、一部の引用のみを提示したことは適切でないであろうが、詳細は後藤の論文に譲りたい。本節では、従来の巨視的に構成されてきた宗教民族学の進化論的発展段階論とかわって、文化人類学の影響を強く受けた微視的な宗教生態学が、将来、考古学とのかかわりあいを深めるであろうという見通しを述べるにとどめたい。

二　宗教思想の変容と死の芸術

マサチューセッツの墓地　考古学の側から、物質遺物が精神生活、とくに宗教観念とどのような相関関係をもつかといった問題について考察しようとするならば、ある一定の時間内で、社会生活のうえに大きな変化が見られず、しかも宗教観の変化が観察されうる場合が望ましい。宗教観の変化が、その社会の物質資料にどのような変化を生ぜしめるかという問題の解答を把握できるからである。

さきにあげたディーツは、デスレフセン（Dethlefsen, E.S.）との共著で、マサチューセッツ州における墓石の彫刻文様の変遷を調査し、考察を発表している（Deetz, J.F. and Dethlefsen, E.S., Death's Head, Cherub, Urn and Willow, *Notural History*, Vol.76, No.3., New York, 1967.）。この調査と考察は、物質資料と精神生活のかかわりあいを知るうえに重要であるばかりではなく、考古学のこれまでの方法論を反省するうえにも重要な意義をもっていると考えられるので、以下にやや詳しく紹介して見たい。

墓石彫文の資料的効用　調査資料となっているのは、マサチューセッツ州東部の各地で、一七世紀から一八世紀にかけて営まれた墓地の、二万五千点を超える数の墓石である。何ゆえに、このように新しい歴史時代の遺物を資料とするのかという疑問を想定して、著者たちはつぎのように説明している。

まず、そのころのニューイングランド地方の墓石はその地方ごとにつくられ、供給されていて、その範囲は二五ないし三〇kmに限られている。それよりも遠くまで運ばれた例がほとんどないことは、史料によって確かめられる。しかも、これらの墓石は一度据えられたならばもう動かされることがない。墓石には被葬者の死亡時期が刻まれているが、ほとんどすべてが死亡の直後につくられ据えられたものである。墓石を製作した石工の名とその活動時期はすでに知られている。たとえ不明の場合でも、所在地と時期によって察することができる。これらの石工は墓石製作の専業者ではなく、他の仕事に従事しており、必要に応じて墓石を作っているから、その作品は先史考古学の資料と同様の性質のものと見なしうる。各地に遺されている遺言状を検証することにより、個々の墓石の価格も知られ、被葬者の社会的地位も応々にしてわかる。死や来世観は宗教観とも強く結びついている。したがって、墓誌銘もまたきわめて重要である。このような理由によって、墓石の彫文や型式は、一般的な精神文化の変容過程を察するうえに重要視されるのである。

墓石彫文の種類と変化　墓石の上部に刻まれた文様はつぎの三種に分けられる。第一は翼ある髑髏《どくろ》。第二はケラビム天使像（有翼）。第三は柳の木の下に骨壺を表わしたものである。これらのうちで、もっとも古くからあるものは髑髏の彫文であり、それも古いものほど装飾的である。この髑髏の彫文は、地方によって時期の差はあるが、一八世紀のうちにケラビムに変わってしまう。そしてケラビムもまた、一八世紀末から一九世紀の初めころ、柳と骨壺の彫文に変わる。地方によっては、これら三種類と違った他の彫文も見られるが、ボストンの周辺で用いられた意匠は、上記の三種類に限られている。ボストンの北郊に位置するストンハムの場合を例にとるならば、一七五〇年代までは髑髏の彫文のみが用いられていたが、以後徐々に数を減じ、一七八〇年代でこの彫文は消える。これに変わって、一七六〇年代からケラビムが登場し、一七八〇年代にはこれがもっとも多くなり、再び減少して一八一〇年ころには全く見られなくなる。柳と骨壺の彫文は一七七〇年代に一時現われ、一七八〇年代には見られないが、一七九〇年代以降増加し、一八一〇年代から後は、すべての墓石にこの彫文が表わされる。

宗教観と文様　このような変化は何によって生じたものであろうか。もっとも明瞭な解答は、ニューイングランド地方における教会史を繙くことによって与えられる。髑髏の用いられなくなる時期は、正統派清教の衰退期と一致する。一七世紀後半まで、ニューイングランドでは、正統派清教が支配的であった。しかし、一八世紀の初めころからその正統性が変質し始め、なかばごろには、ジョナサン・エドワーズ（Jonathan Edwards）等が主導した大覚醒運動の盛期を迎える。すでに指摘されているように、髑髏の彫文は、正統派清教徒にとって妥協の産物であった（Ludwig, A.L, Graven Images: *New England Stonecarving and its Symbols*, 1650~1815, Middletown〔Conn.〕, 1969.）。というのは、聖像表現を忌避する正統派清教徒は、天界に属するケラビム天使像の表現を異端と見なすが、死の自然的象徴である髑髏の図像表現は、何とか許すことができたのである。

大覚醒運動では、形式化した従来の教会制度に否定的な群衆が、大集会の中で陶酔のうちに、信仰を告白し回心《えしん》する。回心すれば救われるとされている。これは清教主義にとっては異端である。こうした宗教観の変質とともに、死についてのロマンチックな見方が生じてくる。この時期に墓地が清潔に整えられ、美化され公園化される（Stannard. D.E., *The Puritan Way of Death*, New York, 1977.）。こうした大覚醒運動期、すなわち一八世紀中ごろから後半の時期の一般的な気風には、異端的偶像表現的なケラビムの彫文がより適合しているのである。

銘文の変化と文様　このような彫文の変化とともに、銘文表現の変化もまた注意をひく。古いタイプのものは、故人について、「ここに横たわる」で始まっていた文章が、「ここにそのむくろ横たわる」という表現に変わってゆく。つまり、後者は、墓には朽ちるべき遺骸が埋められているのであって、不朽不滅の魂は肉体を離れ、永遠の世界に赴くことを示している。髑髏は死の象徴であり、ケラビムは復活の象徴である。墓石の下部に表わされた墓碑銘にも変化がある。髑髏の刻まれた古いタイプのものは、碑銘においても、人の死すべきこと、朽ち果つべきことを強調し、「この墓石の下の惨状を見よ」といった残酷な表現があるのに対して、ケラビムを彫ったものは、死者の魂――朽ちざるもの――が、はるか天界の久遠の世界に飛翔し去ることを歌っている。

つぎの柳と骨壺意匠への変化は、ただ彫文の変化だけではなく、墓石の形の変化をもともなう。すなわち、従来の丸味を帯びた墓石の肩の輪郭が直線化する。また、「そのむくろ横たわる」は「……の記念として」という銘文表現に変わる。つまり、墓石は、元来、遺骸を埋めた場所を示す標識として据えられていたものが、新しいものは、ただ記念碑として立てられることになる。記念碑ということになれば別に埋葬地の直上でなくてもよい。事実、遠方で没し、遺骸の戻ってこない故人の記念碑として立てられた例もある。こうした変化は、感情的な信仰が、より理性的・知的な信仰に移り変わったことを示し、ユニテリアンやメソジストの興隆を物語っているのである。

中心地と地方における変容の違い　以上に述べた一連の変化は、実はニューイングランド地方だけでおこったものではない。その文化の根源地にあたる英国のイングランドで一足先に生じたのである。ケラビム像は、ジョージア時代の開始期にあたる一七一五年までに定型化し、つぎの柳と骨壺は、新古典主義文化運動にともなって、一七六〇年代に現われる。墓石の肩が角張るのも、新古典主義的表現である。ニューイングランドは、イングランドにおけるこのような変化に、一定期間遅れて追随したのである。

さて、ニューイングランド東都の各墓地ごとに、墓石をセリエーション方式で分析した結果、前述の三つの彫文の変化は、各地のすべての墓地で同時におこったものではなく、また、一つの彫文が、他と共存する期間も墓地ごとに違っていることがわかった。ケラビムは、早くも一七世紀の終わりころ、ボストンのケンブリッジ地区の墓地にまず登場する。地方の墓地で、ごくまれに、ケラビム彫文の墓石が、早い時期にある例も見られるが、それらはすべて、ボストン製の墓石が運ばれたものである。地方独自で作ったケラビム彫文の墓石出現期は、ボストンを遠ざかるにつれて遅くなる。伝播速度は、一年につき一・六kmの割であることが概算しうる。

ボストン、とくにチャールズ河左岸にあたるケンブリッジ地区は、新教の中心地区であった。そのような中心地区に、なぜ最初にケラビムの彫文が登場したのであろうか。ボストンにおけるケラビム彫文の普及は、地方の場合とは違っている。地方では、髑髏がケラビムによって完全に入れ変わってしまうが、ボストンでは、ケラビムが過半数を占めることはあっても、髑髏も根強くのこっていて完全になくなることはない。ケンブリッジの墓地のケラビム意匠の墓石を精査するならば、その被葬者の七〇%は、大学学長、ハーバード大学卒業生、知事とその一族、高位聖職者など、社会的地位の高い、いわば上層階級者であったことがわかる。一般的な文化の変革の場合と同じように、この現象においても、まず都市の上層部に属する者が新機軸を出し、その後に一般民衆の中に浸透してゆく。ハーバードの知識人社会が、新しい英国の様式・感覚・趣味の紹介者をもって自任し、より自由な思想改革の先端を切ったことを示していると見られるであろう。

かくて、ケラビム意匠は漸次遠方へと伝わってゆく。ボストン周辺の町々では、一七三〇年代の初めころ、髑髏がケラビムと交替する。しかし、八〇kmばかり南のプリモス地区では、一七五〇〜六〇年代ころまで意匠交替はなく、またその変り方もボストン周辺とは違っている。ボストンからの距離が遠くなるに従って、地方におけるケラビム登場の時期が遅れ、またそれと共に、髑髏からケラビムに交替する時間が短い。つまり急激に変化してしまって、両者の共存期間が短いという現象が見られる。こうした現象を説明する理由の一つとして、一七三〇年代から六〇年代ころまで、正統派清教復興運動が地方に広く盛んであったことがあげられる。しかし、この復興運動はボストンの中心部に浸透することはなかった。このような運動が地方で新しい意匠を受け容れる妨げとなったに違いない、しかし、ボストンを遠ざかるに従って、一般的には新教倫理の強制力は弱まり、一旦始まった変化は容易に受け容れられる。このように、死の芸術——墓石の意匠もまた、精神生活の変化に対応して変化し、地理的位置・時間・社会階層などとの相関関係をも観察しうるのである。

文様の型式学的変遷　つぎに、これらの装飾文様が、各地方ごとにどのような変容を生じたか、もう少し細部にわたる追究が行なわれている。すなわち一人の石工の仕事に視点を捉え、その作品の時間的な変化が吟味されている。そこには一般的な文化変容の過程とともに、石工自身の文様要素に対する個性が反映しているはずである。概していうならば、ボストンのような中心地区では、所与のデザインが比較的永く原型のままに保存されているのに対して、中心地区を遠ざかるにつれて、所与のデザインの変化が激しい。ここではそうした地方の例として、プリモス郡のプリンプトンの場合について記述を進める。

プリモスでも他の地方と同様、髑髏の彫文は、一七世紀の後半に始まる。そして以後およそ七〇年間この意匠が継続する。その間一七一〇年ころまでに、髑髏文様の地方的な基本型がつくられる。すなわち、半円形を呈する墓石頭部の中央に歯をむき出した髑髏の文様がおかれ、その空白部には、半円形の輪郭に沿って数条の同心円状の界線が刻まれる。各界線の間には、爪形文が地文的に鱗状に並列して羽毛を表わしている。最初の変化は、髑髏の歯と鼻の間に、ハート形の文様が挿入されることから始まる。むき出した歯列の幅が縮まり、一条の線に変わってしまう。挿入されたハート形が口のように見え、髑髏の怪奇性は稀薄になる。この変化に続いて、羽毛を表わす鱗状の爪形文が、各界線の一つおきに向きを変えて表現されるようになる。その結果、髑髏の周囲に、波うった毛髪を表現したようになる。この変化は、一七一〇年から一七四五年までの三五年間で徐々に完成されたものである。その後の変化は、二筋の途をたどる。第一の場合は、同心円状の界線がなくなり、また、ハート形の口も省略される。界線が消えたために、波うった毛髪的効果はいっそう強くなる。こうした変化速度はいよいよ増大し、遂にはカールした毛髪として表現されるようになる。このような型式のものを著者たちは、メドゥーサ型と呼んでいる。

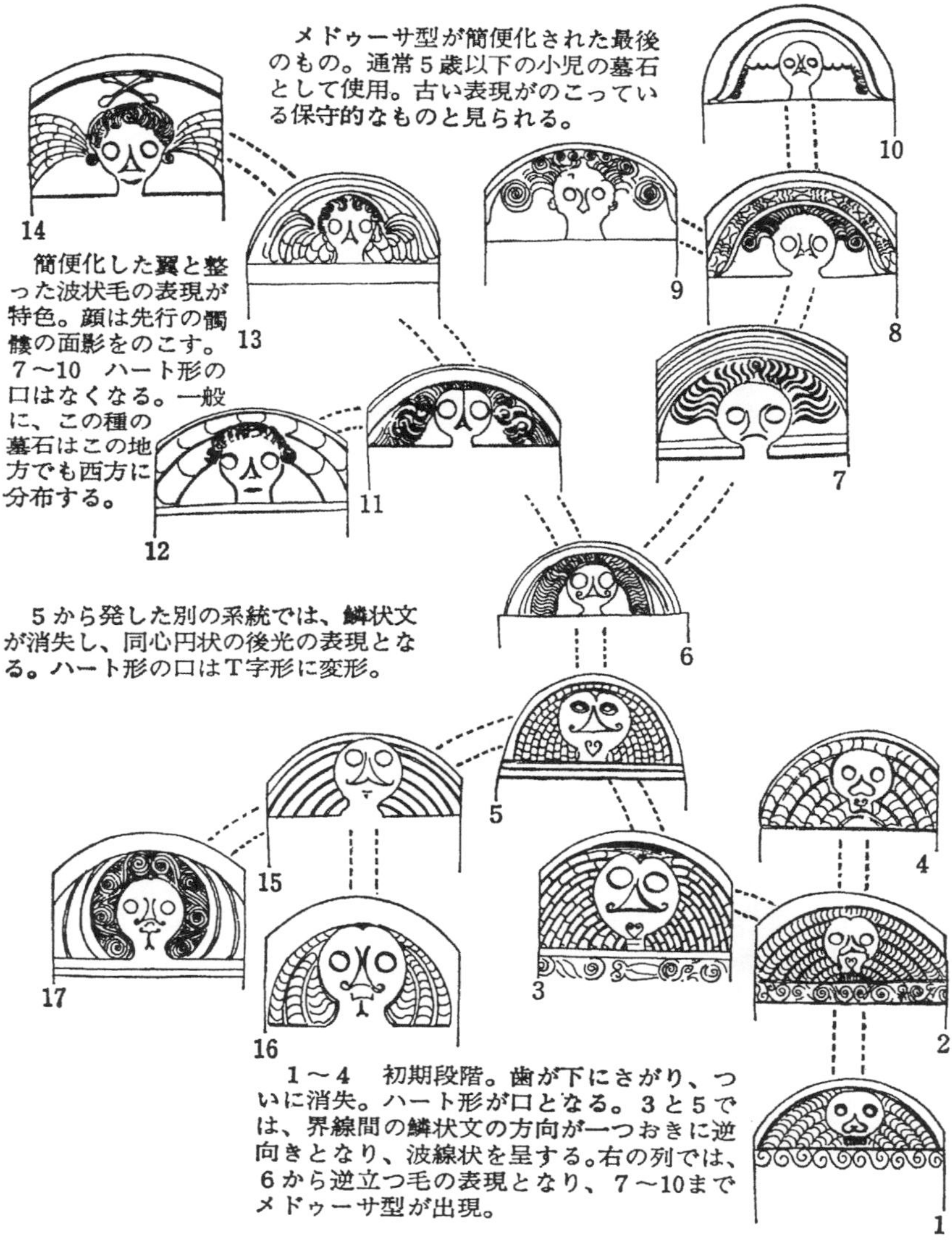

プリンプトンの墓地における墓石彫文の発展

第二の方は、逆に界線が遺され、爪形文による鱗状の羽の表現が消失する。したがって、顔は、同心円状の後光を発しているように見える。後には、後光のような各界線の間に連続渦文が入れられたり、時には界線自体も省略されることがある。この第二の場合、ハート形の口は遺るが、形はやせてT字形に変わってしまう。これら二つの型式のものは、一七五〇年代から六〇年代にかけて、共に相当多数つくられた。その分布にはいくらか地域的な差がある。おそらく、これらの型式は、歯と鼻の間にハート型を挿入した古い型式を共通の基礎として、二人の石工がそれぞれ別途に創り出したものであろう。一方、一七四〇年代には第三の型式が登場する。これは整えられた髪と、簡単な翼の表現が特徴となっていて、一見したところ、ケラビム像の表現と近いが、明らかに先の二者から発展したものである。この型式のものは、とくに西方で多く用いられており、前二者とは分布圏を異にしている。

幼児文化の保守性と石工の移動　以上にあげた三つの型式のうち、一七七〇年代まで遺るのは、メドゥーサ型のみである。その最後のものは、簡略化され、表現傾向は保守的である。興味深いのは、この種のものが、五歳以下の幼児の墓にのみ使用され、成人の墓には見られないことである。先の三型式の中で、メドゥーサ型を発展させたのは、プリンプトンの石工、エベンザー・ソウル（Ebenzer Soule）であったことがわかっている。そして、幼児用の簡略化された例が一七七〇年代まで作られていることを除くならば、メドゥーサ型のものは、一七六〇年代の末ごろ突然この地から姿を消す。その直後、遠くはなれたニューハンプシャー州のヒンズディル付近で、花崗岩製のメドゥーサ型の例が、一七六九年に登場し、幼児用の簡略化したものも共に、八〇年代を通じてつくられている。ヒンズディルの地方史は、これらの墓石製作者として、もとプリンプトンの住人エベンザー・ソウルの名を伝えているので、彼がそのころ、北のニューハンプシャーに移住したことは確かである。ただし、彼の移住後にプリンプトンで、誰が幼児用のメドゥーサ型墓石をつくり続けたかは謎である。

今述べた型式学的変化の観察を通じて、いくつかの注目すべき問題が提供されるであろう。その一つは、プリンプトンで、メドゥーサ型の彫文が幼児用の墓石にのみ後々まで用いられていることである。一般に、幼児にまつわる文化要素は保守的な傾向が強いが、墓石もまたそうした傾向を反映しているのである。また、プリンプトンで盛行したメドゥーサ型のものが、遠くヒンズディルで再び出現し、その地方で広く用いられるようになった型式遷移現象の背後に、ただ一人の石工の移住という原因のみが考えられることも興味深い。

都市と地方における型式変化の違い　プリモス地方で観察されたような彫文の型式変化が、マサチューセッツ州の中心的都会であるボストンではさほど顕著でないという事実も、とくに注意をひく。すなわち、地方では激しく移り変わる型式が、ボストンに近づくにつれて安定したものとなり、ボストンの墓地では、一七一〇年製の髑髏の文様と、一八一〇年の髑髏の文様にほとんど変化がない。一方、地方の町のプリンプトンでは、一七一〇年製の髑髏の文様と一七五〇年のものがあまりにも違っているので、その中間にいくつかの型式をはさまなければ、発展過程を説明することもできないほどである。こうした型式変化の度合いの地方差は、マサチューセッツ州では、髑髏における と同様、ケラビムの場合にも見られるのである。

一方、精神生活の面では、人間の朽ち果つべき点におかれていた強調が、魂の不滅性へとおき替えられていった。それと共に、墓石の文様も、暗い現実的なものから、明るい非現実的な表現に移り変わった。こうした宗教観の基本的な変化があったとするならば、ボストン居住の石工と、プリンプトン居住の石工のそれぞれの意匠の表現に、それがどのように働いたのであろうか。ボストンの石工は、おそらく、注文に応じて髑髏とケラビムを彫り分けただけであったと見られる。そして時代の趣向の移り変わりに沿うような意匠改変の努力を傾けることはなかったようである。そして、ケラビムか髑髏かの選択は、もっぱら発注者の社会的階層の上下にかかっていた。新機軸を尊ぶケンブリッジの住民と、きわめて保守的な下町の住民の差が、そのまま墓石の彫文にも現われている。一方、地方の町では、社会階層がボストンほど文化的に分化しているわけではない。より平等的であった。そのために、あえてケラビムを採り入れようとする人はなかった。その地の石工は、もともと与えられていた唯一のデザインである髑髏文様に改変を重ね、型式学的な発展を仕遂げていったのである。民衆芸術的な要素は、地方の墓石ほど強く発揮されているといってよい。プリンプトンのメドゥーサ型やT字形の口をもった型式のものは、遠くボストンからケラビムという新意匠が持ち込まれるまで存続していたのである。

三　型式学と文化

型式発展の連続と断絶　ディーツとデスレフセン等のこのような実験考古学的研究によって、多くの現象が解明された。まず、精神生活の変化と物質文化のうえに見られる変化の相関関係について、それは宗教観と死の芸術の間の関係ではあるが、鮮やかに把握されている。プリンプトンのような、中心からへだたった地方では、新しい意匠の採用時期は遅くとも、所与のデザインに改変を加え、型式学的な変化を通じて時代精神の新傾向とマッチする型式が徐々に生みだされていった。これに反して、文化の中心地で、文化的な階層分化のある社会が存在する場合、一方では、新しい意匠が積極的に創り出され、あるいは採り入れられ、墓石の意匠といえども断絶的に新しいものが採用されるが、他方、保守的な層は、永く古い意匠を保って型式学的変化を加えることがない。そういった現象が知られるのである。

従来、一定の地域の中で、同一種の遺物についてその型式学的変化を細かくたどりうる地区は、遺物の型式変化に連続性を認め難い地区よりも、その当時にあってはより中心的な地区であると考えられがちであった。しかし、先に述べた墓石の彫文の変化によっても、一概にそう見なしにくいと考えられるであろう。また、ニューイングランドにおけるこのような墓石の彫文の変化は、当時、その母国であった、とくに文化的にその先駆者と仰がれていた英国のイングランドの手本を写した現象だとされているが、同じような事情は、当時先進的であった中国や朝鮮半島の諸国の文化を移入するために、大きな努力をはらっていた古代日本にも認められるのではないだろうか。

古墳時代の方格規矩《ほうかくきく》倭鏡《わきょう》の獣文が変化してゆく過程を、克明に追究した田中琢は、中国鏡を手本とした初期の図像が、漸次原形を失って分解する様について、「四神《ししん》や瑞獣《ずいじゅう》が表象する思想を理解できない倭鏡製作工人は、それを怪獣としかいいようのない形に描写した」段階から、「単なる渦文と化する」段階までの型式変化を描き出している（田中　琢「鏡―権力とまつり―」『日本原始美術大系　4　鐸・剣・鏡』講談社、一九七七）。手本となった中国の場合、その思想が理解されていたために、四神や瑞獣の文様は、たとえ簡略化され、縮小され、あるいは配置のうえで中心の場から脇に追いやられることがあっても、倭鏡の場合のように、無惨に無機的に分解されてしまうことはない。中心地では、思想の入れ替わりによって新しい意匠が創出され、文化はダイナミックに変化する。すなわち、型式学的な発展過程が断絶し、突如として新型式が出現する場こそ、文化の中心の地であり、ゆるやかな型式変化の過程を通じて、新しい時代精神を具現したものを作り出そうとする苦悶の見られるところは、かえって、当時にあっては中心から遠ざかっていたのだという可能性も考えられるであろう。

精神生活の変化と、物質的資料変化の間の関係を示す方程式完成からほど遠い現状ではあるが、将来は、考古学が宗教生態学や文化人類学などの分野と共同作業を進めることによって、こうした面で何かの方法論が確立されることを望みたい。

〔参考文献〕

①　大場磐雄編『神道考古学講座　2　原始神道期』雄山閣、一九七二年
②　国分直一「呪術―その役割―」『日本文化の歴史　1　大地と呪術』学習研究社、一九六九年
③　水野正好「祭式・呪術・神話の世界」『日本生活文化史　1　日本的生活の母胎』河出書房新社、一九七五年
④　金関　恕「弥生人の精神生活」『古代史発掘　4　稲作の始まり』講談社、一九七五年
⑤　田丸徳善「宗教学の歴史と課題」『講座宗教学　1　宗教理解への道』東京大学出版会、一九七七年
⑥　後藤光一郎「宗教史学と考古学」『宗教と歴史』山本書店、一九七七年
⑦　田中　琢「鏡―権力とまつり―」『日本原始美術大系　4　鐸・剣・鏡』講談社、一九七七年

第II部

考古学と精神文化

第1章　呪術と祭

一　序　論

遺物・遺構・遺跡といった考古資料のみに基づいて、過去の人々の精神生活を復原することは、まず不可能である。考古学的な資料は、過去の技術や物質的、経済的生活をある程度は物語ってくれる。その変化を通じて、過去の社会生活の変化をおぼろげながら察することも不可能ではない。しかし、仮に大規模な神殿が遺り、祭儀の情景を如実に示すような祭祀器具のセットが発掘されたとしても、当時の人々がいかなる想いをこめて、何と呼ばれる神に祈ったのかということは永久に知ることができないであろう。いや、偶像があり、祭壇的なものがあったとしても、厳密にいうならば、それが神殿・祭場の遺構だと断定することすらできない。したがって、過去の精神生活、特に文字に書き遺された記録のない時代の呪術や宗教を復原しようとする場合、考古資料は、いわば補助的な手段ではありえても、主役を演ずるものではないであろう。では、その目的を果たす上に、何がもっとも重要な役割を担当するであろうか。この設問に対して、もっとも重要な役割を果たすもの、あるいは果たすべきものは、宗教学または宗教史学であると答えなければならない(1)。

ヘーゲルの哲学と一九世紀初期の歴史学の中に含まれていた進化主義的傾向は、ダーウィンによる進化論提唱と共に、宗教学すなわち宗教の科学の分野でも顕在化し、多くの哲学者によって、進化論的な宗教研究の成果が示された。一方ではいわゆる、ソーシャル・ダーウィニズム、すなわち人間社会の進化論研究の立場から、当時の言葉でいう未開社会についての調査が盛行し、資料が山積されるようになった。宗教を進化論的に考察する立場から、より単純・素朴な生活のうちに、より初源的な宗教形態が観察されうるであろうという、ある点では楽観的予測によってこうした資料が検討され、宗教民族学の学問分野が形成されるようになった。これを体系づけたのは英国のエドワード・B・タイラーであった。彼はその著『原始文化』において、人類の文化一般の起源と発達を考察しようとしたが、原始社会における宗教の優位性のために、特に宗教の起源と発達が追究された。その起源の説明として提示されたのがアニミズムである(2)。かくて、アニミズムから多神教を経て一神教に至る進化論的図式が提示され、未開社会の精神生活といえば、汎世界的にアニミズムであり、そのような社会で造り出された、多少とも用途不明の遺物は、アニミズム的精神生活の所産として片づけられる傾向も現われた。

しかし、一九二〇年代頃から、このような古典的進化論は退潮しはじめた。この現象は、第一次大戦の惨禍の体験と無関係ではない。進化論といえば、過去から現在に至る過程が、発達、進歩といった価値増大の過程であるという信仰を含んでいる。しかし、大戦の打撃は、こうした考え方を基本的に崩した。また、その頃から、宗教の進化や起源の問題は個別的な新宗教の場合ですら実証的に究め難いのに、人類全体の宗教について学問的な証明が可能であろうか、という疑念が浮び上がってきた。つまり、こうした体系構想は思弁の対象に過ぎないと考えられるようになったのである(3)。こうして、一九二〇年代にはドイツのヴィルヘルム・シュミットらが中心となって、民族学の歴史主義を鼓吹した。また、ドイツのレオ・フロベーニウスらのアフリカ調査旅行の結果、現在、単純で素朴な民族文化が、過去の輝かしい文明の退化・残映であり、残存形態であるという、文化発達の可逆性も認識されるようになった。さらに、一九三〇年代には、社会科学一般における現象と傾向を同じくして、宗教学の分野でも進化論的な考え方は顧られなくなった。

しかし、六〇年代になってレスリー・ホワイトらの影響のもとに新進化主義が登場しはじめ、特にアメリカ合衆国の文化人類学を風靡するようになった。考古学の分野では、プロセス学派の考古学を生み、宗教学の分野でも、宗教の進化に関するいくつかのパラダイムが提出された。それらのうち、おそらくもっとも注目に価するのは、ロバート・N・ベラーのそれであろう。[4] 彼は、進化について、次のような定義を下している。

「いかなる体系のレベルにおいても、進化とは、有機体であれ、社会体系であれ、あるいは問題になっているどのようなユニットにも、環境に適応しうるより大きな能力を与えるような、組織の分化と複雑化の昂進《こうしん》過程として定義する」[5]

そして、ある点では、進化以前のより単純なユニットと比べるならば、進化したユニットは環境との関係において、より自律的になることが指摘され、さらに、進化は決して不可避的なものでもなく、また不可逆的なものでもなく、何か定まった路線に従わなければならないものでもないと考えている。したがって、単純な形態が、より複雑化した形態と並存して繁栄しうる可能性をも否定しない。一方、宗教については、簡単な定義を下すことは難しいとしながらも、宗教を、人がその存在の究極的条件に関係づけるような象徴的形態と行為として定義している。[6] そして、「原始人はどのような階段にある人間とも同じく宗教的である」とする、ミルチャ・エリアーデの意見[7]に同意を示している。

ベラーは、進化と宗教に関するこのような定義づけの後、人類史的規模で宗教史を考察する。すなわち、紀元前一〇〇〇年紀の頃、旧世界を通じて、少なくともいくつかの高度に発達した文明の中心地では、現実の人間と社会について極度に否定的な現象、現世拒否の宗教が現われる。マックス・ウェーバーは、この現象を分析した大きな業績を示したが、ベラーは、特に前一〇〇〇年紀以前の、いわゆる原始宗教にこうした現世拒否が不在であること、さらに、再び現代世界にも現世拒否のないことを指摘する。現世拒否のない原始宗教には救済の思想はなく、彼岸についての明確なイメージも形成されない。こうした宗教史的変遷について、一連の段階設定が可能であるが、ベラーは、原始（primitive）、古拙（archaic）、有史（historic）、初期近代（early modern）、現代（modern）の五

段階を提示する。(8)

原始宗教は、ルシアン・レヴィーブリュルが、主としてオーストラリアと隣接諸島の原住民の精神生活から抽出した現象によって説明されている。(9)原始レベルにおける宗教的象徴体系は「神話的世界」と特徴づけられるものであり、神話的世界は現実世界の細部の様相と関連させられている。人間世界と超自然は流動的に交流しているのである。しかし、神話的世界の構成要素は厳密に定義づけられていず、時と場合によって変化させられる。また原始レベルにおける宗教行為の特徴は儀式であって、礼拝や犠牲を特徴としない。儀式の参加者は、すべて神話的世界と一体化する。そして宗教生活は日常生活と同様、固定化していて集団の成員はその型の外に出ることはない。また、社会構造と別個の宗教組織は存在しない。宗教の役割は、年齢集団、性別の集団、親族集団など社会的に分化した集団の果たす役割と融合し、宗教集団と社会集団が合致する。儀式生活は、成員の社会的連帯を強化し、種族の行動規範を若い人々に教育する点で、社会統合に寄与している。

古拙宗教は、アフリカ、ポリネシアの大部分、新世界の一部、古代の中東、インド、中国の最初期の宗教体系を含む。古代宗教の特徴として、ベラーは次のように述べている。

「古拙宗教を性格づける特徴は、神、祭司、礼拝、そしていくつかの場合には、神聖王権または祭司的王制などの複合体をともなった、真の祭儀の出現である。(10)」

神観念の形成と共に、主体としての人間と客体としての神の区別が確立され、祭るものと祭られるものが明瞭に分離して行く。宗教行為は、犠牲をともなう礼拝の形式をとるようになる。社会における階層分化は、宗教組織にも影響を与える。宗教組織と社会構造の融合はこの段階においても認められるが、階層的に分化した集団の出現によって、礼拝形式は多様化して行く。しかし、個人とその社会は神の宇宙の中で同一化する。古拙宗教の段階では、敵対する集団間の戦いは、それぞれの集団の神の戦いだと解釈される。

有史宗教の段階を特徴づけるものは、先に触れたように、従来現世的な生活に焦点が絞られていた宗教的な関心が、別の世界、すなわち、死後の世界に移され、現実と超現実が二元的に対立し、現実が否定される点にある。宗教的行為の中心は救いにあり、都市化のような社会的変化が、宗教的指導者と政治的指導者の分化を生む。

ベラーがもっとも重要視した、初期近代以後の段階については、小論が目指す範囲の外にあると思われるので、ここでは要約を省略することにする。以上、ベラーの示した最初の三段階についての記述にそって筆者なりにまとめてみた。その内容は筆者の専門外の領域にわたるものであるために、このまとめは誤解や不適切な表現を含んでいるかも知れない。

新進化主義にそった、宗教進化のパラダイムは、同じころ他に、アンソニー・F・C・ウォーレスも提出している[11]。それは祭祀機構を指標とし、個人的、シャーマン的、共同体的、教会的に分け、紀元一六〇〇年における地球上の分布を静的に記述しているが、ここでは詳しく触れる余裕がない。

さきに簡単に示した、ベラーの五段階説には、発展という視点で考える上に多くの留保条件が示されているが、仮に、日本における原始・古代にあてはめるとするならば、どのような対応関係が想定しうるであろうか。先土器時代から縄文時代にかけては、その原始宗教の段階をもって説明しその内容をイメージしうるであろう。すなわち、神話世界と現実の一致、人間世界と超自然との流動的交流、類型化された儀礼の実践、宗教集団と社会集団の一致などである。しかし、次の弥生時代について、どのように判断すべきかという問題は解決が難しい。古墳時代についても同様である。しかし、それらの時代は、より古い原始宗教的段階の要素のいくつかを遺しながらも、次の古拙宗教段階を胚胎し形成して行ったと解釈しうる。やがて有史宗教段階に属する仏教の圧倒的影響が広く覆うようになるが、より以前に形成されているコアは固く、完全に分解されないばかりか、かえって上層の新しい宗教思想に影響し、改変する現象をさえ呈したと考えられるであろう。

二　先土器時代・縄文時代の宗教

1　先土器時代の呪術

先土器時代の人々の精神生活について語りかける遺跡や遺物はきわめて乏しい。この時期に属する墓も十分には知られていない。唯一の墓の例は、大分県岩戸《いわと》遺跡の集石墓である。浅く掘られた墓壙上に石を敷きつめたもので、壙内から人の歯の細片が発見されたことによって墓と認められ、墓壙内の土を水洗した結果、アワビ、イシダタミ（海産の貝）の破片もまた見出された。貝類は比較的遠距離を運ばれたものである。また、集積された石の上には、先端の尖ったサイド・スクレイパーもおかれていた。死者が生前身に着け使用していた装身具や道具が、遺骸とともに副葬された例だと認められている。同じ岩戸遺跡では、第I文化層から、ナイフ形石器、尖頭器、スクレイパーなど多量の石器と共に、異様な石製品が一点出土した。長さ一〇cm内外の小型のものではあるが、結晶片岩の河原石を丹念に敲打して「こけし」状に造られ、図1に示すように、頭とそれに続く胴が表わされているようにも見え、頭部には、微かに目・鼻・口を表現した凹みが観察される。同じ層から未成品も二点出土しているという[12]（図1）。

図1　岩戸遺跡出土の石偶

（芹沢長介編『最古の狩人たち』古代史発掘1、講談社、1974年、12頁より）

人体を表現した石製品といえば、縄文草創期に属する愛媛県上黒岩《かみくろいわ》遺跡の線刻礫がある[13]。岩戸遺跡出土の石製品は、上黒岩の線刻礫を経て、縄文時代の土偶に続く系譜の魁《さきがけ》となるものであろうか、あるいはそれぞれが独立的に造られ、時を経て消滅したものであろうか[14]。

先土器時代と時期的に平行し、文化段階の上でも相似のヨーロッパ旧石器時代において、埋葬習俗は、既にその中期に痕跡をとどめ、後期には多くの埋葬例が知られている。単に遺骸を遺棄せず、近親者や集団内の死者を葬る習俗は、おそらく特定の文化に組みこまれたものではなく、多元的に発生しうるものであろう。埋葬には何かの儀式的な行動を伴なったと想像され、遺骸遺棄の段階から労力を費やして埋葬し儀式を執行する段階への変化は、精神生活の昂揚の状態を示していると見てよい。「こけし」に似た石製品の製作がこの地で行なわれている事実を考慮に入れるならば、東北九州の一角は、先土器時代の人々に精神生活の昂揚を許すほど彼らを好適な生活環境でつつんでいたとも考えうる。とはいえ、こうした埋葬習俗がそれのみで、彼らに明確な来世観の形成されていたことを証拠立てるものではない。おそらく死者の属する超自然は、現実と交流していたであろう。また、埋葬儀礼がその実行者の集団帰属意識を高める上に何らかの社会的役割を果したことは否定できないであろう。とはいってもその個々の成員が死に導く力の性質を知的に把握し、この行為によって経験の主体と客体分離への認識の路を歩んだであろうか否かという点は明らかにし難い。こうした疑問は、物質文明の上で類同していると判断される段階の、現存社会集団を調査することによって解決しうるものでもない。たとえ臆測が可能であるとしても……。

一方、こけし形石製品のような、人体を立体的に表現した遺物は、ユーラシア大陸の後期旧石器時代に属する諸遺跡から出土している。その分布は、西はピレネー山間部から東はバイカル湖付近に及ぶ。その多くはマンモスの牙を刻んで造ったもので、獣骨製、石製、まれには土製品もある。ほとんどが全裸の女性像を表現し、しかも乳房や腰、臀部など女性の身体の性的特徴を強調したものが大多数を占めている。なかには、衣服や帽子着用の様を示した例もあり、衣服を着用しながら胸部や腹部を露出したものもある。こうした特徴から、これらは一般に旧石器時代のヴィーナスと呼ばれている。江上波夫は、この一連の資料を蒐成分析し、肥満型、中肥型、痩身型など各種の型式が大差なく存在する東欧を中心として、その文化は東西に波及して行ったであろうことを指摘している(15)。その分布圏の東端にあたり、時期的にも末期に属するバイカル湖地方のマルタ遺跡で出土した痩身型の像は、毛髪、顔面、両脚など比較的写実的に表わされているが、全体として、こけし形の岩戸の石製品に類似した面影がある。西から東への波及を辿るならば、シベリア東部地方では肥満型と共に痩身型もつくられ、性的写実的なものから着衣を表わした観念的女性像表現への変化の方向が認められることを江上は記述している。(16) この傾向のうち、痩身、抽象的表現では岩戸遺跡の例が極致を示しているといってよい。

このようなユーラシア大陸のヴィーナス像の意義については、いくつかの解釈が出されている。一般的には、人や動物の繁殖に関係のある呪物・護符と考えられているが、ウクライナからシベリアにかけて発見されるヴィーナスは、炉を伴なう住居址から出土する例が多く、この場合は、祖先または祖母神像、あるいは家や家族の守護神、さらには炉の守護者、神の依《よ》り代《しろ》、巫女像などとする解釈がある。岩戸遺跡の例は、ユーラシア大陸後期旧石器時代の系譜に繋がるものであろうか。肯定するためには、両者の間に横たわる茫漠たる地理的空間をうずめるだけの資料の増加を俟たなければならない。

日本先土器時代が狩猟社会を維持していたとするならば、人と動物の関係は極めて密接であったと考えられる。その間には偉大な力を持った祖先が介在し、その社会の宗教の基本的な機能は、神話によって、人の世界と動物の世界の相互的関係を設定し儀礼を通じてこれを強化することであった。想像を逞しくするならば、岩戸の石偶は生きて機能する祖先の像ではなかったであろうか。

2　縄文時代の祭祀

縄文時代の研究を専門とする諸学者によっては、遠い昔から常識であったことかも知れないが、その社会が主として採集経済に依拠し、その態勢を推持しながらも、社会階層分化の可能性を秘めているという事実は、筆者にとって大きな驚きであった。縄文人が耳につけた土製耳飾については型式学的な細分も行なわれているが、大別して、臼形で装飾の乏しいものと、環形で何かの装飾を加えたものがある。透彫状の複雑な装飾を表わした環形のものは、造形的にも優れた作品である。その製作には精緻な技巧と手間を要する。臼形の類と環形の類は、同時に使用されている場合、粗製品、精製品といい表わしてよいかも知れないが、その使用者の違いを階級差とする考え方があるという[17]。弓や櫂なども、美しく飾ったものと装飾のないものが同時に用いられ、儀礼用と日常用として分けられている[18]。仮に儀礼の際に使用されたとしても、使用者が特定の社会階層に所属していたことを否定するものではない。

縄文時代の社会における社会階層分化の可能性は、アメリカ北西海岸の原住民の例から類推されるものである。佐原眞は、ハロルド・ドライバーの『北米インディアン』[19]を引き、次のように述べている[20]。

「北西海岸の人々は、狩猟民というよりは漁撈民の名にふさわしい。もっとも多くサケに依存し、その他数十種の魚（オヒョウ・タラ）や海獣をとり、貝・海藻、植物の漿果《ベリー》、ユリ科植物の根等々食料に事欠かない。彼らのあいだには専門工人《スペシャリスト》がいる。定時《パートタイム》だけではなく常勤《フルタイム》の専門工人がいることすらあるという。彼らは自由民《フリーメン》と奴隷とから成っている。自由民にも上から下までいろいろ格《ランク》がある。（中略）奴隷はおもに戦い（捕虜）や『人さらい』によって他の部族から獲得する。いったん奴隷になると売買される。ただし主人が死ぬと解放されるばあい、身代金を払って自由民になるばあいもある。たいていの地方では、奴隷同士の結婚が許されている。奴隷の子は奴隷となる。奴隷は自由民の最底の格の人と同等に扱われることもあるが、概してそれより悪く扱われ、粗食に耐え、死ぬとまともに葬られずに海にすてられることもある。」

また、漁に出かける際、舟を漕ぐのは奴隷の仕事であり、銛《もり》を造り、これを打ちこむのは主人の役であるという[21]。佐原は、「北西海岸の食料採集民に奴隷がいるなら、生活基盤の似たわが縄文文化に、亀ヶ岡に奴隷がいたって不思議ではない」としている[22]。

生活基盤が相似しているから、あるいはいくつかの現象が説明しうるからという理由だけで、民族例をあてはめ、縄文奴隷制社会が証明されたということはできない。たとえ仮にそうした階層分化があったとしても、それは東北地方の晩期に始まったと推測されるもので、縄文時代全体を覆うものではない。その草創期は、先土器時代とはそれほど変らないような社会が保持されていたと想像されるであろう。とはいえ、東北地方の晩期に、階級社会が成立していたとすれば、その宗教史的段階はどのように考えられるであろうか。ベラーは、社会における階層分化が宗教組織に影響を与えることについて述べているが、社会の成員が血縁によって格づけされ、奴隷が存在するような場合、当然、祭司階層は形成され、時によっては原初的な祭司的王制への道程を歩みはじめているかも知れない。祭る主体としての人間と、祭られる客体としての神の分離など、神観念の確立、さらには集団の守護神といった、古代都市国家の宗教に特色づけられる宗教的古拙段階へ、一歩踏みこんだ状況だったであろうか。もっとも、その進化は一直線的なものではないであろう。林謙作が指摘しているように、アメリカ北西海岸原住民の間では、成人式、葬儀、首長権の継承などの際に、大規模な祭を催し、ポトラッチ（大盤振舞い）が行なわれ、剰余労働が費消されて行く[23]。おそらく、このような浪費の社会の仕組みのなかには、直線的進化のエネルギーは貯えがたい。社会は停滞するであろう。東北の縄文晩期の社会にも何か停滞への理由があったかも知れない。

社会階層分化の問題の吟味は今後に委ねるとして、縄文文化の成立を考える上で、もっとも重視すべきものは、定住生活の開始であろう。先に触れた、大分県岩戸遺跡の例などは、先土器文化の段階で既に定住生活への傾向を示しているのかも知れないが、土器の使用が開始されると共に、期間の長短はともかくとして、定住的生活が開始された。定住生活開始の意義については、西田正規の示した新見解が注意を惹く[24]。すなわち、中緯度地方の新石器時代の住民は、定住生活を開始する傾向が強く、定住と共に農業が開始される。西南アジアでは、遺伝的に変化しやすい植物が択ばれ栽培されたため、定住と時を同じうして栽培植物が生まれたが、縄文人は遺伝的に安定した、クリ、クルミやワラビ、フキなどを対象にせざるをえなかったため、栽培の痕跡をのこしていない、という考え方である。たとえ縄文の婦人たちが身近の有用植物について肥培管理をしなかったとしても、その生育や実りに大きな関心を払っていたことは疑いないであろう。定住は人と土地との結びつきを強め、移動したとしても、一定地域内でおそらくは定期的に行なわれていた。温暖化する気候、狩猟、漁撈、食糧保存などの技術の発達は、物質的生活をより豊かにし、精神生活にも大きな影響をもたらした。

屋外の祭祀として想像を混えながら復原されているのは、長野県阿久《あきゅう》遺跡の場合である。(25) この遺跡は八ヶ岳西南山麓の尾根上にある前期を中心とした集落であり、広い円形の広場の周囲に、外径一二〇m、幅三〇mの環状を呈して、約三〇〇基の集石群が配置されている。各集石は一〇〇ないし六〇〇個ばかりの礫をかためたもので、集められた礫石の数は三〇万個に達するという。集石の下には壙が穿たれたものも穿たれていないものもある。集石帯の外には三〇棟の住居址が配列し、集石帯の内外に方形の掘立柱建物と見られるものが八基検出されている。このように、集落は広い円形の広場を中心として、集石帯、住居と同心円状に構成されている。広場の外縁の集石のあるものは墓であったと考えられる。同時にあった住居は三棟内外であろうか。この同心円の集落の中心には、高さ一・三mの罹火の痕をとどめた石柱が立てられ、一方に向かって別の列石各二枚ずつが通廊を画するように向きあって並んでいる（図2）。

こうして設計された集落の中心は祭祀の場であったと見られるが、ここでどのような儀式が執行されたであろうか。水野正好は、集落全員が参列する中で集落の生成、展開にまつわる祖先神をめぐる祭式が行なわれたことを想定する。中央の高い柱に殺された獣が掛けられ、血と肉が石の表面にこびりつき凝縮し、祖霊の化現である石柱は賦活される。甦りの日、燃えさかる炎によって潔められる。かかる祭儀の情景をいきいきと描き出しているのである。(26) ただ祖霊の祭祀だけではなく、他の民族例に見られるように、各種の通過儀礼、狩猟・漁撈にかかわる儀礼、(27) 種々の呪術行為もこの広場で行なわれたであろう。広場で見出されるいくつかのピットは、そうした祭儀の際に穿たれたものであろう。

広場をめぐる集石帯に似た遺構には、さまざまな類例がある。その様相によって、組石・敷石・立石遺構、あるいは環状列石とも呼び分けるが、近年、配石と総称されるようになった。(28) 配石は、早期から晩期に至る間に、北海

図2　阿久遺跡の石柱

（水野正好『土偶』日本の原始美術5、講談社、1979年、71頁より）

道から南九州に至る範囲でつくられている。前期以後は、さきにあげた阿久遺跡の例のように、集落とも結合して、複雑で大規模な構成となっている。後期になると、墓としてつくられたことが明らかなものとなってくる。しかし、新潟県寺地《てらじ》遺跡の例のように、晩期の配石遺構例でも、巨大な炉の周囲に石敷が広がり、敷石上に積まれた粘土や礫に混って、土器片、特殊な土製品、御物石器、朱漆塗りの櫛、硬玉珠などが見出されたことがある。[29] 炉址からは獣骨片と焼けた一〇体分以上の人骨片が採集されている。火葬と見るべきであろうか、犠牲とすべきであろうか。

このような屋外の祭祀と共に、屋内においても、何かの儀式が執り行なわれた証跡がある。たとえ特別の儀式が営まれなかったとしても、家族を守る呪術的な設備は整えられていた。長野県八ヶ岳山麓の中期の前半期では、竪穴住居の守り神は、時に人体や顔面を表わした大型の深鉢、または有孔鍔付土器であった。中期後半ともなれば、出入口「埋甕」が設けられ、中央近くの炉の一隅に石棒が立てられ、

図３　長野県与助尾根遺跡第七址の石囲炉と石壇
（宮坂英弌『尖石』茅野町教育委員会、1957年、図版27より）

奥には石壇がつくられて石柱が立てられる。これらは必ずしもすべてが法則的に配置されているわけではない。移転の際、破壊されたり運び出されたと見られる形跡もある。特に石柱は抜かれた例が多い。しかしともかく、かくも定式化した屋内設備を眺めるならば、さまざまな想像が湧くであろう。水野正好は、炉の右側に石棒の立てられていることが多いところから、右を男の空間、左を女の空間と考え、屋内の石柱や石棒についても、血や肉を垂らし焼き潔める儀礼を想定している(30)。また桐原健は、この時期の婚姻を父方居住制とみた場合、嫁いで来た女性が宿すべき精霊は父系のものであるから、石柱に依る精霊が胎内に入り他者の母精霊を殺すために、形代としての土偶を毀ち葬ったと想像している(31)（図3）。

中期の終り頃ともなれば、八ヶ岳山麓地方の集落は衰えたと見られ、石棒の祭は南関東の敷石住居に形跡を遺すようになる。

縄文時代の造形品のうち、もっとも特異な遺物の一つは土偶であろう。その怪奇な人体表現には興味をそそられずにはいられない。縄文草創期につくられた、愛媛県上黒岩遺跡出土の線刻礫と土偶、あるいは岩偶との関係は、どのように考えるべきであろうか。土偶は果たして意識的に毀たれたものであろうか。永い縄文時代を通じてその機能は不変だったであろうか。土偶は同一の力の同じ相を表わしているものであろうか。数多くの問が浮び上がってくる。しかし、これらの問いかけに、一つとして確答を与えることはできない。

土偶は女性を表現したものである。性別が明らかでないものがあるとしても、男性を表わしたものはない。長い髪と腰部の着衣を表現した上黒岩の線刻礫と性については一致している。今日知られている最古の土偶は、早期に属している。薄い粘土板でつくられ、顔の表現はなく、性は乳房の突起によって示されているのみである。性と性表現の抽象化について、線刻礫と一致しているようでもある。ただし、土偶が毀つべきものとしてつくられたとすれば、その点では違っているといわなければならない。

土偶の壊れ方については、能登健が吟味している[32]。能登は、縄文中期中葉から後期晩葉に続く岩手県立石《たていし》遺跡出土の二一八点にのぼる土偶を資料として吟味し、折損箇所について百分率を出した結果、「土偶の欠損箇所は、土偶製作時の接合部分に一致していると思われる。この、立石遺跡の出土土偶例で算出された数値は、接合部分のうちで欠損しやすい部分は高率で、欠損しにくい部分は当然ながら低率を示している」と述べ、製作にあたって、予め折損すべき部分を工夫したような証跡もない、と判断している。また、立石遺跡の場合、土偶が多量に出土したにもかかわらず、接合資料に乏しいことから、別の場所で壊された後、集中的に棄てられたものであるとされ、接合できたものについては、廃棄の際に壊れたと考えられているが、土偶は、特に集中的に棄てられたのではなく、日常の土器、石器などと共に、通常の廃棄の仕方で処分されていることをも付け加えている[33]。

明治の昔、坪井正五郎が、土偶は迷信によって故意に破損せしめたであろうと考えて以後、その考えは今日まで常識のようになっている[34]。もちろん、立石遺跡の例のみで、非破壊説が完全に証明されたとはいい難いとしても、今後、土器の壊れ方や接合率とも比較すべきであろう。土偶のなかには、特別な扱いをうけ、単独に埋められたものがないことはない(35)。しかし、それらはあくまで例外的な存在だといわなければならない。

仮に、土偶が破壊されるためのものでないとすれば、線刻礫との結びつきはややかたくなるけれども、これまでに出されている興味をそそるような解釈のいくつかは成立しなくなるであろう。草創期、あるいは早期から数千年にもわたって、なぜこのような土人形がつくられ続けたのであろうか。同様に永くつくり続けられた呪物といえば、西アジアからヨーロッパ新石器時代の地母神像がある。農耕・牧畜を営む当時の人々にとって、豊饒を約束する神であればこそ永い信仰があった。それと同じように、縄文時代が狩猟・漁撈を主要な生業とする限り、その祭儀はもっとも重要なものであり永続的であった。その点中期中葉ごろに中部山地で開始された石柱や石棒の祀りはそれほど永続的ではなく農耕祭祀的色彩さえ感じられる。旧石器時代のヴィーナス以後、その祖神は、石偶・土偶の形で表わされ動物の世界と人の世界を往来して子孫を守護したであろう。時代によって、仮面をつけたりあるいは夢のうちにつくられた神話世界に適合する姿をとったとしても、その祖神としての性格は一貫しているのではないであろうか。

縄文時代は、原始宗教の段階に始まり、晩期の東北地方では、古拙段階に近づきながら、順調な発展を辿ることがなかった。しかし縄文時代の各地でつくり出された、数々の呪具は、危機を克服する上に力強い精神の支えとなったであろう。

三　弥生時代の農耕祭祀

弥生時代の宗教を考える場合、あらかじめいくつかの仮説を容認しておかなければならない。すなわち、弥生時代はいかに定義されるか。弥生文化はどのようにして形成されたと考えるか。その文化の系譜をどのように考えるかといった諸点に関する仮説である。

弥生時代は古くから、「弥生土器が生産・使用される時代」として定義されてきた。しかし最近では、最新の縄文土器とされるものも、最古の弥生土器とされるものも、次々と記録を更新し、より新しい、あるいはより古い型式のものが見出された結果、両者の間に確然たる土器様式の違いが認め難くなった。それと同じように、最新の弥生土器と最古の土師器との間にも、明瞭な差を示すことができなくなった。また、縄文土器をとりあげ、その構成要素を分析したとき、縄文土器のすべてに通有で、縄文土器だけに限られるような要素を指摘することはきわめて困難である。同じことはまた弥生土器にも土師器についてもいいうることである。したがって、土器をもって時代区分の指標にしようとしても、土器そのものが明確に定義できない以上、時代の定義も明確なものではなくなる。土器を指標とする案に代え、その時代の主要な文化要素を指標として定義を与えるべきであるという考えから、近頃では「弥生時代は、水稲耕作を主たる生業とする生活が開始されてから、前方後円墳を象徴とするような大型の古墳が築造され始めるまでの期間を指す」と定義されることもある。ここではこの新しい定義に従う。

弥生文化の形成については、大陸および朝鮮半島に形成された文化が伝来し、在来の縄文文化複合と習合することによって成立したと考えられている。ただしその伝来については、これを顕著な人の動きがなく、個々の要素が文化伝播したと見るか、ある程度の集団が纏まって渡来・移住し文化複合をもたらしたと見るかについて、説が分かれる。ここでは、集団渡来の結果、文化複合が伝来したという説に従うことにする。

弥生文化の系譜については、今述べたように、その一半が在来の縄文文化にあることは明らかであるが、伝来した文化の系譜をたどる場合、弥生時代に登場する多紐細文鏡や青銅製武器類に注目し、その基本を北方青銅器文化と見るか、稲作を重視してその原郷である東南アジア方面から中国沿岸を北上して朝鮮半島に定着した文化と見るかについても説が分かれている。ここでは、後者すなわち、東南アジア方面を原郷とした稲作文化をもってその主要な系譜と見る。北方系青銅器文化は、この基盤に吸収されたものであると考えたい。以上の仮説が示すように、弥生時代の文化要素のうちもっとも主要なものは、その生産の基盤となった水稲耕作文化であると考え、以下の論議を進めよう。

どのような社会をとっても、その社会を統合する重要な祭は、生産にかかわるものであると思われる。弥生時代では、もとより農耕祭祀がそれに当たる。弥生時代における宗教の痕跡を示す遺物や遺構の種類は少なくない。しかし物的資料のみから当時の宗教や儀礼の全容を知ることは不可能である。また、弥生時代の政治・社会・生活習俗などを書き録した『魏書』東夷伝の倭人の条によっても、農耕祭祀の実態は明らかでない。倭の地では「禾稲《かとう》・紵麻《ちょま》を植え、蚕桑緝績《さんそうしゅうせき》し、細紵《さいちょ》・縑緜《けんめん》を出だす」とあり、稲が栽培され、養蚕が行なわれ、織物の生産のあったことが、著者の知識となっていたことはわかるが、農耕の祭についての記述は見あたらないのである。農耕社会にあって農耕祭祀がなかったとは考えられない。それでは倭人の条におけるその記事の欠落はどのような理由によると考えられるであろうか。倭国近隣の朝鮮半島南部の諸国に関する記述のうち、弁辰では五穀と稲がつくられているとされるが、辰韓の条には作物の記事をも欠き、農耕儀礼についてもまた見られない。しかし、馬韓の条には、次に引用するような、やや詳しい農耕祭祀の記事がある。三世紀後半期の朝鮮半島西南部に位置する馬韓の農耕といえば、作物については言及されていないが当然稲作と考えてよいであろう。想像を逞しくするならば、馬韓から倭国までの稲作農耕にともなう祭祀がほぼ同じような形態であったために、編集に際して、馬韓のそれのみを残し他を省略したのではないであろうか。そうでないとしても、弥生時代の稲作の源流は馬韓の地に求められるので、その地の農耕祭祀は基本的に弥生時代、すなわち倭国のそれと共通であったと考えてよい。馬韓の条の農耕祭祀の記事は、

「常に五月種を下し訖《おわ》るを以て、鬼神を祭る。羣聚歌舞、飲酒し昼夜休む無し。其の舞、数十人倶《とも》に起って相い随い、地を踏むこと低く昂《たか》く、手足相い応じ、節奏は鐸舞に似たる有り。十月農功畢《おわる》や、亦復之の如し。鬼神を信ずるも、国邑各一人を立て、天神を主祭し、之を天君と名づく。又諸国各別邑有り、之を名づけて蘇塗《そと》と為す。大木を立て、鈴鼓を縣《か》け、鬼神に事《つか》う。諸亡逃して其の中に至るや、皆之より還らず。好んで賊

を作《な》す。其の蘇塗を立つるの義、浮居に似たる有り。而して諸行の善悪異る有り。」

と読み下すことができる。全体としては、耕作地の傍らか村の穀乾地の空地などで農民が行なっている情景をうつしたかと想像される前段、国の祭儀としての天君の執行する天神の祭を述べた中段、そして再び鬼神を祀る祭場、蘇塗の情景とその聖庇所的な機能が社会に果たす効果を論じた後段から構成されている。

先に触れたように、この農業が稲作であることは、文中の五月に播種し一〇月に収穫するという記述によっても裏付けられる。朝鮮半島中西部以南における稲作の開始が前四世紀以前に遡ることは、京畿道欣岩里《フナンリ》[36]、忠清南道松菊里《ソンククリ》[37]などの遺跡で出土した炭化米の示すところである。したがって、ここに描き出された馬韓の祭は、稲作農耕が伝来した当初の姿を固定したものではなく、ある程度発達しおそらくは地域に幾分の変化を遂げた段階のものだと考えるべきであろう。これによれば稲作と複合して伝来したのは鬼神の祭であると見られる。一方、天神は国邑で祭られているから、農耕社会成立後に国邑が形成され始めた段階に、鬼神よりおくれて招来されたと推論しうるであろう。鬼神については東夷伝中、高句麗の条と弁辰の条にも述べられている。中国の史家によって東夷伝の各条に鬼神と表現された霊格が、すべて同様、同系統の性格のものであるかどうかについては議論が分かれている。馬韓の条では、農耕神であり、また聖庇所的機能をもった蘇塗にも祭られている。高句麗の条には、「其の俗食を節し、好んで宮室を治し、居する所の左右に於て、大屋を立て、鬼神を祭り、又霊星、社稷を祀る」と述べられている。この記述を、その後に続く高句麗五族の一つ、涓奴部《けんなぶ》についての記述、「涓奴部の本国主、今王と為さずと雖も、適統の大人は古雛加《こすうか》（官名）と称するを得、亦宗廟を立て霊星社稷を祠るを得たり」という文を重ね合わせるならば、鬼神と宗廟の祀りが相応していることがわかる。[38]したがって、高句麗では鬼神は祖霊神としての性格をもって祭られているのである。なお弁辰の条では「鬼神を祀祭す」とのみあってその性格は審らかではない。仮に、これらの鬼神が各民族固有の霊格ではなく、共通の神であるとするならば、東夷伝における鬼神とは、稲作に複合する祖霊神であると考えられる。近年、平壌の南京《ナムギョン》遺跡における炭化米の出土が報告されているが、朝鮮半島における稲作の北への波及時期の早いことを示している資料である。(39)鬼神は稲作の北上に伴なって高句麗に招来され、霊星、社稷と共に祀られるようになったものであろう。

さきの馬韓の農耕祭の記事には、五月と一〇月に人々が集い、歌舞し飲酒することが描写されている。これについて、三品彰英は、「古代韓族の農耕儀礼に似たものが、今日なお朝鮮半島南部地域に見られるのは不思議ではない」として、慶尚北道英陽郡汪谷のソーナン祭をはじめ、いくつかの民俗例をあげ、

> 「これらの諸例は朝鮮半島南部における水田農業村落の年中行事として一般に見られるところであり、その間にはいろいろのバラエティがあるが、その原則的な点は、いわゆる農楽隊が村内に廻って踏地舞踊を行なって地霊をはげまし、僻邪とともに豊作を祈念する呪儀であり、さきの三世紀における古代韓族が行なっていた鐸舞式の農耕儀礼を伝承するものと見て大過ないであろう。それにつけても民間伝承の古さを想わずにはおられない。」

と述べている。(40)その舞踏の目的は古今を通じて不変のものであり、おそらく日本列島にも伝えられたであろう。歌舞の節奏は鐸舞《たくぶ》に似ているとされるが、鐸舞については、『宋書』の楽志に説明されているように、中国では鞞舞《へいぶ》、幡舞《はんぶ》などと共に陰暦元日の朝会の際に演じられたものである。鐸は、『宋書』の楽志では、大鈴であるという『説文』の解説がそのまま引かれている。陳の釈智匠の撰になる『古今楽録』でも「大鈴の如し」としているが、鐸に似た鐃《にょう》についても、「鈴の如くして舌無く、柄有ってこれを執る」と記述されているので、鐸が大鈴に似ているとされていても、鈴のように鈕《ちゅう》を具えたものだとはいえない。三国時代にあっても、古来のままの有柄有舌の器制を踏襲していたと考えてよい。鐸舞は、踊り手が、この楽器を振り鳴らしながら舞ったものである。馬韓の舞のリズムがこの鐸舞のそれに似てはいても、舞者が鐸をもって踊ったということではない。朝鮮半島で鐸の出土例が極めて乏しいことも、これを裏書きしている。

鬼神は蘇塗でも祭られている。この鬼神もさきと同じく祖霊であるとするならば、東夷伝において鬼神と表現さ

れている霊格は個性をもった祖霊神ではなく、むしろ融合した没個性的祖霊と解釈した方がよいであろう。鬼神を祭る蘇塗とは何であろうか。この馬韓の条の記述をそのまま読むならば、蘇塗は別邑であると考えざるをえない。しかし、その後には、「その蘇塗を立てる意義は浮屠に似たものがある」と述べられていて、浮屠を仏塔と解するならば、蘇塗も何か高い杆《かん》のようなものだと考えられないことはない。このような解釈の可能性が遺されているために、これまで「蘇塗別邑説」と「蘇塗立杆説」がともに提唱されてきた。蘇塗について詳しい考察をした孫晋泰は、立杆説をとり、もともと、「諸国有別邑。立大木、名之為蘇塗」と書かれていたものが誤写され、今日の形で伝えられたと考えた(41)。孫の考察の根拠は、他の史書の用例から見ても、別邑とは諸国のうちで別れた小邑落を意味し、聖域の名称としてふさわしくないと考えられること、また現存の韓国民俗例に、高い杆を立てその先端に鳥形木製品をつける習俗が広く分布し、その立杆の呼称が、蘇塗の音と類似しているという点にある。すなわち、鳥形木製品をつけた杆—鳥杆—は、ソテー、ソルテーなどと呼ばれ、守殺杆、水殺杆などと音訳されている。その分布は広く、由来も古いと考えられる。孫はこの名称について、ソテーのテーは現在の朝鮮語で竹・竿・棹を表わす音に等しく、『杜詩諺解』に遡っても同じ音で表わされていることを指摘し、上の音に聳字をあて、ソテーは聳杆であり、蘇塗もまた古く聳杆を音訳したものであろうと考えた。

　鳥杆を立てる現今の民俗例が、三世紀の昔に遡るであろうとする孫の考えは、基本的に正しいと思われる。ただし、現存の『魏書』東夷伝に孫が想定したような書写の誤りがあると断定してよいかどうかはわからない。おそらく、蘇塗はもともと杆木の名称であったものが、それを立て並べて区画した聖域の名称ともなったものではないであろうか。柵がもともと障害施設の名称であったのが、それをもって区画した要害の名称ともなったのと同似の現象だと想像されるのである。また、孫が聳字をあてた、ソテー、ソルテーのソの音は、ツングース語から由来した可能性も考えられる。『欽定満洲源流考』巻二八「国俗祭天」に、「満洲語、神杆を称して索摩となす。蘇塗と音また相近し」とあるように、そのソの音が怪異な力を意味すると見られる、北方ツングース語から来ている可能性も検討しなければならない。『黒竜志稿』でもこうした神杆の名称として、索莫吉、祖宗杆をあげている。後者は漢訳表現である。別の可能性として、蘇塗は朝鮮語の鳥のセイと杆のテーが結合した鳥杆の読みであるともみられる。現在の民俗例の鳥杆は、ソルテー、スサルテーなどの音で呼ばれている。かつて河野六郎は、「今日複合母音の形で書かれている音節語が古く、子音を仲介とした二音節語であったということは考えられる事である」と述べたことがあった。(42)この考えに従うならば、鳥を意味するセイが古くはサリに近い音であったという蓋然性も浮び上がる。ソルテー、スサルテーなどは鳥杆の古い音を遺していると見られるわけである。こうした儀器的なものが古い名称を保存していることは十分に考慮の余地がある。この考え方が正しいとするならば、朝鮮半島における鳥杆の由来は極めて古いとしうるであろう。

このような鳥杆について、広範囲な民俗学的調査を行なった秋葉隆は、朝鮮半島の各地で、村や寺院の入口などにこのような木彫りの鳥をつけた神杆《しんかん》が、多くは長栍《チャンスン》と共に立てられていることを述べている。(43)長栍は、奇怪な顔貌―特に大きな眼を強調している―を刻んだ、男女一対の木彫神像で、石造の例もある。一般的に、高い杆頭にある鳥が迫り来たる敵を早く発見して長栍に報知し、長栍はその眼光の威力によってその侵入を妨げる境界防禦の機能が信じられている。鳥杆の分布は広く、秋葉によれば、朝鮮半島の南半に密度がより高い。一本の杆頭に一羽の鳥をつけた例、杆上に短い横木をわたし、この上に三、四羽の鳥をつけた例（江原道高城）、あるいは自然の木の枝に木の鳥をつけた例（忠清南道牙山）なども見られたという。稀に石製の例があり、全羅北道扶安の例は、柱の下部に「康熙二八（一六八九）年己巳二月……」の銘文が入れられた貴重な資料である。(44)秋葉はまた、その蒙古旅行の際、王爺廟郊外の蒙古人の村落で鳥杆例を採集したことを述べている。松花江下流域に居住するナナイの鳥杆――男女二神の祖霊神と複合――については凌純声に詳細な報告があり、シベリアに居住するアルタイ系諸族の鳥杆については、多くの報告を駆使したウノ・ハルヴァや、ミルチャ・エリアーデなどの著書によってもうかがうことができる。(45)

これらの考察や、朝鮮半島から北アジアにかけて広範囲に分布する習俗例により、この鳥杆習俗の起源は極めて古く、稲作文化複合に含まれる鳥霊信仰に由来し、朝鮮半島の南半を発祥地として伝播したであろうことが推定される(46)わけである。

稲作文化に鳥霊信仰が複合するであろうという推定を傍証するものとしては、その原郷である東南アジアや中国南部の古代祭器に鳥装の人像の描写が普遍的に見られることや、中国の古典にこれを暗示する史料のあることなどがあげられるであろう。さきに仮定した稲作の伝来について、そのルートを、江南から中国沿岸地方を北上し、山東半島から朝鮮半島西部をへて北九州に達したとする考えに従うならば、この地の居住者はまさに古代東夷にあたり、『今文尚書』の触れる鳥夷こそ、東夷のうちでも稲作の伝来に主要な役割を果たした夷族であると想像されるのである。(47)

『魏書』東夷伝の蘇塗は、このようにみるならば、鳥杆を立てた、あるいは鳥杆を立て並べた祭場であり、農耕に係わる祖霊神が祀られ、聖庇所的な機能をもその社会に対して果たしていたと解釈してよいであろう。ただし、最後の聖庇所的機能については、それが本来から付随していたのか、のちに付会されたものであるのか明らかでない。想像を巡らせるならば、祭場蘇塗の永い歴史の中でも、この東夷伝の記述はおそらく末期的な段階にあたるものであり、国邑が形成され天神が招来された段階で、主要な祭は天神の祀に委ねられ聖庇所的機能が旧来の蘇塗に付会され、あるいは元来副次的にあったものが強調されるようになったものであろう。蘇塗本来の祭祀の対象が鬼神であることは疑いえない。東夷伝の各条で、鬼神は祭られ、祭祀されるが、この蘇塗では「事鬼神」となっていて、祭祀の対象物があることを暗示するようにも考えられる。

唐代の撰になる『周書』異域伝高麗の条には「神廟二所有り、一を夫余神と曰い、木を刻んで婦人の象を作り、一を登高神と曰い是れは其の始祖夫余神の子という。並びに官司を置き、人を遣して守護す。蓋し河伯の女と朱蒙という。」とある。これをさきに引用した『魏書』東夷伝高句麗の条の記述と対比するならば、もと鬼神とされて

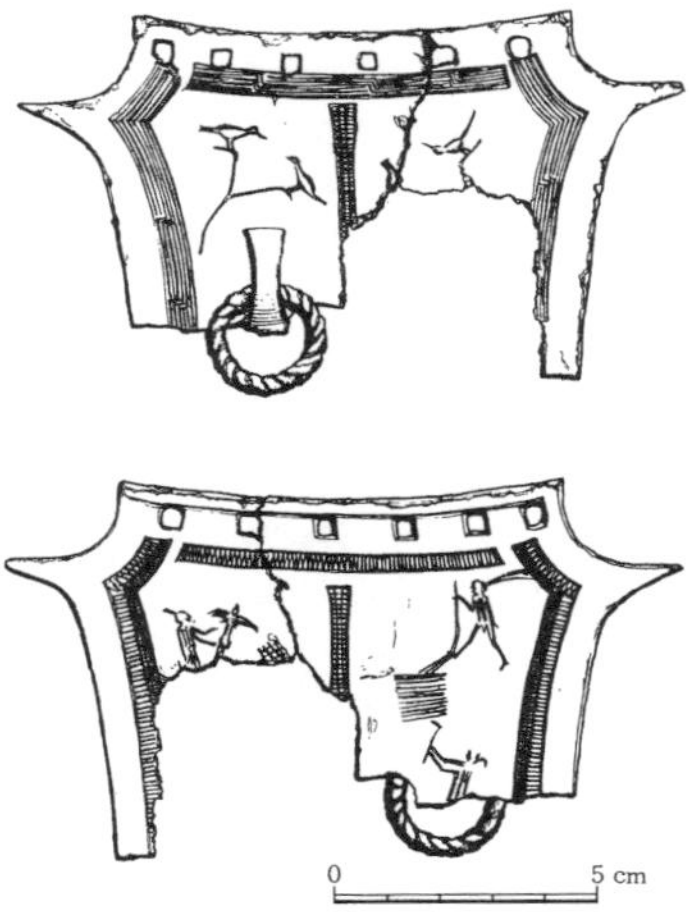

図４　大田付近出土青銅小坂の図像

いたものが、ここでは夫余・登高の男女一対の神となり、木彫像をもって表わされ、それぞれ別の神廟に祀られているということになる。鬼神が祖霊神であり生産にかかわる神格であるとするならば、その形は縄文の土偶のようにきわめて永く伝わっていると判断しうるであろう。おそらく三世紀における馬韓の蘇塗にも、男女一対の木像を祀られていたのではないであろうか。そしてさらに古い時期に、生産の祭りの中心であった蘇塗には、鳥杆が立て並べられていたであろうが、杆頭に鳥形木製品を着ける意味は、樹木に蝟集する鳥の姿を固定しようとする願望のあらわれに他ならないであろう。想像するならば、蘇塗となった祭場の祖形は、あるいは原型として心に描かれていた姿は、聖浄な森を拓いて祖霊像を祀り、霊の運搬者または霊の化現だと信じられていた鳥禽が、周囲の木の梢に群がるものであった。その姿を示すものは、韓国忠清南道大田《テジョン》付近の出土と伝える青銅製の小板（図４）である。この小板は前三世紀頃に年代づけられている。一面には樹木に集まる鳥禽を表わし、他の一面には鋤を踏む人が表わされている。その頭には尾羽根状の飾りが付けられている。これこそ前三世紀頃の祭場の情景であり予祝儀礼の執行を示す図柄であろう。

このような蘇塗を構成する物的資料は、弥生時代の遺跡からも点々と出土している。大阪府池上《いけがみ》遺跡では集落をめぐる大溝中から、弥生第Ⅱ様式の土器片と共に四点、第Ⅲ様式の土器片と共に二点の鳥形木製品が出土している(48)。それらは、大小、精粗さまざまな造り方のものであるが共通しているのは、腹部に一孔が穿たれていることである。これによって一連の鳥形木製品は杆頭に装着したものだと判断される。鳥形木製品は、他に京都府深草《ふかくさ》(49)、大阪府山賀《やまが》などの遺跡でも出土している。それらのうち、山賀遺跡の資料(50)は、前期に遡る例である。さらに次の古墳時代の資料[51]もいくつかが知られていて、長期間にわたる製作と使用の習俗が知られるのである。

蘇塗の中心におかれていた祖霊像にあたるかと思われる木彫は、滋賀県大中湖南《だいなかこなん》遺跡[52]で一対が出土し、軽石製のものは男女一対を表現したものが鹿児島県山《やま》ノ口《くち》遺跡で見出されている[53]。

蘇塗の大木に懸垂された鈴鼓のうち、鼓が腐朽しやすい物質でつくられていたとするならば、その遺存の実例は見出しがたいとしても、鈴はどのようなものだったであろうか。考古学的資料としてまず念頭に浮かぶのは、朝鮮半島における出土が多いことから、朝鮮式銅鐸と命名されている小型の銅製品である。その実態は銅鈴であって鐸ではない。それらは一、二世紀頃の墓の副葬品として発見されたものが多い。仮に製作使用の年代が、一、二世紀に限られるとすれば三世紀の蘇塗に懸けられていたとする記述と合致しない。しかし、その副葬の習俗が一、二世紀のころ普遍的であったとしても、製作の始源がそれよりも古く、終末がより新しいとする蓋然性は認められるであろう。蘇塗の銅鈴は、いわゆる朝鮮式小銅鐸と考えてよいであろう。その同類は福岡県岡本遺跡[54]に鋳笵の出土があり、大分県別府《びゅう》遺跡[55]では製品が見出されている。したがって、少なくとも北九州地方ではその製作と使用の習俗があったことが知られるのである。弥生時代の青銅工芸を華々しく代表する銅鐸も、その形態は鈴というべきものである。朝鮮式小銅鐸と銅鐸との系譜関係については明らかではない。銅鐸は朝鮮式小銅鐸を祖形として、日本でつくられたという説[56]に対し、既知の資料による限り、小銅鐸の始源は銅鐸より新しいであろうとする反論[57]もある。青銅器は多くの場合改鋳されて行くため、副葬品や埋納品として遺されないときには、当時の実態を究めることが難しく、正確な始源の時期も定め難い。筆者は、朝鮮式小銅鐸変遷の過程のうちに銅鐸がつくり出されたと考えている。そして、銅鐸は小銅鐸と同様、弥生時代の祭場で大木に懸垂され、まずは祭儀の際にふり鳴らされた楽器として登場したと推定している。

弥生時代の祭場を構成する要素のうち、埋納遺物として遺された銅鐸をのぞく他の考古資料は前述のようにまことに乏しいが、祭場が地上に設けられ、その構成要素が腐朽しやすい物質からなっている場合、これは自然な

図５　角田遺跡出土土器線刻画（佐々木謙氏作成拓本）

結果であろう。弥生時代の祭場と祭儀の情景を示すと見られるものは、鳥取県角田《すみた》遺跡出土の壺形土器に描かれた線刻画（図５）である。[58] 土器は中期の晩田《ばんだ》式に属している。その頸部に図示のような光景が展開している。佐々木謙の製作になるこの拓本図の左端には、一対の紡錘状のものを懸垂した樹木が表わされ、次いで二棟の高床式と見られる建物が連なり、その右に、建物の方向に漕ぎ進む様を示す一隻の船が描かれている。船は、舳先《へさき》も艫《とも》も反り上がり、船上には数人の櫂を持つ漕手が並んでいる。興味深いのは、これらの各漕手の頭部に逆U字形の装飾が着けられていることである。装飾は二重の平行線で区画され、その中に平行斜線を充填して表わされている。すでに指摘されているように、これは鳥の尾羽根の表現だと認めてよい。これらの図像以外に、鹿や同心円を刻んだ破片もあるが、上の画面との位置関係は明らかではない。従来、弥生土器に描かれていた線刻画は断片的なものが知られているに過ぎず、その全体的構図を窺う由もなかった。しかし、この角田遺跡出土の資料によって、ほぼ全体の画面を知り、解釈を与えることが可能となった。

図の全体は先に述べたように祭場と祭儀の情景の描写だと考えられる。左には一本の大木が立てられ、垂下されたものは一対の銅鐸であろう。船上の人像の粗略な省略画法的表現と対比すればその可能性は肯定しうるであろう。銅鐸が対をなして用いられることが多かったという想定は、春成秀爾によって指摘されている。[59] 次の二棟の家屋は共に高床式の建物を表現したと見られる。弥生土器の線刻画の画材としてもっとも多いものは鹿である。これに次ぐのが建物を表わしたものであって一八例を数える。その大多数は高床式建物を描いている。なかには図紋として単独に表わされたものもあるが、多くは他の図像と組み合わされ、一場面を構成した絵画的表現の断片である蓋然性が高い。その一、二はこの角田の例のように二棟を並列したものである。弥生時代のいくつかの建物の形式のうち、特に高床式建物が好んで土器の刻画の画材に撰ばれている理由については、臆測の域を出るものではないが、おそらく穀倉を兼ねた神祠を表わそうとしたものだと思われる(60)。一対の銅鐸と一対の神祠は、高句麗の神祠と同様それぞれ男女の祖霊を対象としたものだと考えられるであろう。銅鐸を懸けた大木と神祠によって構成された祭場は、まさに蘇塗の構成要素を備えている。おそらく水稲農耕文化複合と共に伝来し、定着して各地で営まれるようになったものであろう。図の右端に見られる船は神祠に向かって漕ぎ進められている。漕手は鳥装の人物である。船形は福井県大石出土の銅鐸に表わされたもの、奈良県唐古《からこ》遺跡出土土器に描かれたものと同様で、大石の銅鐸には鳥杆と見紛う図像もあり(61)、唐古の刻画の船の前後には水禽の表現がある(62)。鳥装の漕手と船の形式、水禽などが古く東南アジアで普遍的であった同趣の図紋と系譜的に繋がることは既に指摘されているところである(63)。弥生土器や、稀には銅鐸形土製品に表わされた人像の頭部には一条の刻線が描き足されたものがある。図4の例のように、これらも鳥装の簡略な描写であるかも知れない(64)。想像を逞しくするならば、船を漕ぐ鳥装の人々は、海の彼岸から穀霊を運ぶ鳥を象った司祭、あるいは祭儀担当者を示していると思われるのである。

絵画を表わした土器は、第Ⅲ—Ⅴ様式のものに限られ、なかでも第Ⅳ様式の例が資料的に卓越している。弥生時代後半の時期ともなれば各集落内で日常的に行なわれている祭祀と並んで、角田遺跡出土土器の絵画がイメージを与えるような、いくつかの集落を統合した共同の祭祀も行なわれるようになったものであろう。俗の世界における軍事行動の共同体は、聖の世界における祭祀行為の共同体をも形成し始めた。かつては集落構成員全体が参加し執行する生産の祭も、この段階に至ればその主要な舞台は統合された祭場に移され、選ばれた祭司集団がこれを執行するようになる。すなわち祭祀の執行者と参列者の区分が生じるようになる。

これをベラーの段階にあてはめるならば、原始から古拙への移行期に相当するであろう。弥生時代後半における祭祀の対象は、祖霊神であったとしても、その神は、原始の段階における祖霊とは明らかに違った神であり、祭る人と祭られる神の区別が確立されている。弥生時代前半期の素朴な集落祭祀から、後半期の統合的祭祀への移り替わりは、祭司集団の階層化を促進し、やがては、祭司的王制をともなう政治的・社会的複合体が誕生する。甫半期における融合した祖霊は、各祭祀共同体ごとに個性をもった神格にかわり、共同体あるいは連合体の守護神的性格を強めるようになる。祭司集団の成立は、やがて儀式の形式を洗練し、犠牲をともなう定型的な儀式形式の成立を見るようになる。犠牲として考えられるのは、土器や銅鐸の画材としてしばしば登場する鹿が主要なものだったであろう。後世、『播磨国風土記』讃容郡の条に語られている地名起源伝承は、捕えた鹿の腹を割いてその血に稲籾をまき、一夜のうちに苗が生じたという説話を伝えているが、このような種籾賦活儀礼も摂り容れられたかも知れない。かくて現実と神話の入りまざっていた神話世界は、神々中心の神話世界に整理されるようになる。神々の世界はまた祖神の世界であり、多くの墓前祭祀の形跡から類推されるように、来世観の形成も開始される。

弥生時代全体を通観するならば、地方的にはさまざまな呪術が行なわれ、儀礼形態にもまた地方色がうかがわれる。信仰にかかわるそれらの遺物については、森貞次郎の優れた綜合的な論攷(65)を通じて学ぶことができる。森は、弥生時代の武器形青銅器・銅鐸などの祭具が突如として消滅する現象を重視し、「共同の祭祀に大きな変化があったことはこれらの祭具の消滅が示している」と述べ、破砕された最終末の銅鐸や、切断しねじまげられた広形銅矛の破片などを例示している。末期の段階まで使用されていた青銅製祭具の多くは、地中に埋納され姿を消したものであろう。

俗世の要請によって、相攻伐する諸国を統合した女王卑弥呼は、その神秘的な鬼道を事とする強い呪力によって、祭儀の世界をも統合した。その強力な宗教的指導力は、新しい祭儀の形式を創造し、おそらくは、徐々に旧来の祭儀形式を廃止せしめ、祭具を廃棄せしめたものであろう。

四　古墳時代とそれ以後の宗教

古墳時代における中心的な宗教活動について知られていることはそれほど多くない。弥生時代の末期に至って、女王卑弥呼が創り出したと想像される新しい祭儀形式は、おそらく古墳時代にも継承されたであろうが、その具体的内容については明らかでない。弥生時代以後急激に摂取され始めた大陸周辺文化要素と、受容されたその影響は、まもなく大陸の中心部で行なわれていた、宗教的・思想的により高度なものに変わって行く。『魏書』東夷伝の馬韓の条で暗示されているように、天神の祭が、その頃日本列島にも伝来し始め、政治思想にも強い影響を与えたことは想像に難くない。卑弥呼が旧来の祭儀を革新し、四季、気象、人間社会の命運を司り、祖先神の性格をも保持する天神の祭祀をもってこれに代えようとしたことは、その後継者である古墳時代の王の祭政の基本を決定した。その隆然たる古墳は、単なる墓所ではなく、漢代における始祖廟と同様の役割をも果たすようになったものであろう。新たに即位した王は、王位の継承を、始祖の、あるいは先王の古墳に報告し、王のみが執行しうる特権的な農耕祭祀を、その即位の年の春・秋に古墳においてとり行なった。[66] 古墳に樹てられた埴輪は、水野正好の説くように、こうした儀礼の名残りであり、[67] 古墳周湟で時に見出される鳥形木製品は、古墳が弥生時代の祭場の姿を伝えていることを暗示している。

古墳におけるこのような祭は、各地方においても行なわれたであろうが、後世、統一国家的祭祀が、おそらくは中国の郊祀や新羅の神宮の影響を受けて営まれるに及んで、古墳は単なる墓所となっていった。前半期の古墳副葬品は祭祀遺跡で見出される各種の祭具と同種目のものが少なくない。あるいは、古墳副葬品のあるものが模造され、島嶼、山岳や巌石など自然物の祭祀にも、集落内の祭祀にも用いられた。[68] 集落祭祀は存続し、各氏族は特別の神祠を設け祭儀を執行することもあった。

　このようにして形成されていった古墳時代の信仰形態は、その後の国家祭祀の基礎となったが、律令体制の施行と共に、律令的祭祀が当時の人々の日常生活に大きな影響を与えるようになった。その具体的な内容は、律令の施行細則とでもいうべき『延喜式』などによってうかがうことができる。考古学的遺物として、そうした国家的祭祀の内容を多少とも反映するものは、人形、馬形、人面土器、土馬、模型竈《かまど》、鏡や鈴などの祭祀用具である。最近報告された山形県俵田《たわらだ》遺跡では、人形《ひとがた》や斎串《いみぐし》を容れた甕と壺に伴ない、木製の馬形や刀形などが出土している。これらについて、金子裕之は、水野正好の考察をも考慮に入れ、

「『延喜式』の四時祭や祝詞の大祓条によると、穢を負わせた人形を、四国《よくに》の占部《うらべ》が祓所《はらえど》に解除《はらえ》するとある。俵田遺跡の状況は、この祓所にあたり、馬形は罪穢を負った人形を根国底之国に運ぶため、人形の傍に立てられたのであろう。」

と述べている[69]。こうした人形は平城京跡や長岡京跡でも多量に出土し、当時、大祓の儀式が盛んに行なわれていた形跡を如実に示している。罪穢の浄化の思想、あるいは土馬や模型竈の損壊を通じて祟り神の威力を妨げる呪術、また呪詛の人形などの呪《まじない》の信仰は、古墳時代以前の宗教の体系に組み込まれていたものではなく、律令制と共に中国から導入されたと考えられる。おそらくは、広義の道教的思想と見てよいであろう。潔め祓いの思想は、七世紀中葉頃、まず中央官人層に受容され、地方官人層に広まり、やがては、在来の信仰・思想と習合しながら日本における基層信仰のうちに融合していった。

　七、八世紀に受容された新しい信仰・思想は、その根底的な哲学に現実逃避的傾向があるとしても、基層信仰として定着する過程で、その現世否定の哲学が明瞭に意識されていたとは考えられない。このような思想の伝統は、仏教、すなわちベラーの設定した有史段階の宗教の受容に対しても一つの影響を与え、その思想・学理の消化定着に容喙したのである。

五　結語

縄文時代から七、八世紀に至る永い期間、日本列島で営まれていた人々の宗教生活を考古資料に基づいて満遍なく歴史的に描き出すことは容易ではない。考古資料は、いかに集積されてもそれ自体が当時の思想・信仰などを語りかけるわけではない。ここでは、仮にベラーのパラダイムによってそれらを照射した場合、どのような映像を結ぶかという実験を試みようとした。しかし、宗教学を専門としない筆者の理解が不十分である上、今日提出されているパラダイムは、宗教史的理解に有効であるとしても、考古学の資料についてその細部まで照らし出し、歴史的画像を浮き上がらせるためにはあまりにも原則的なものに過ぎないと考えられ、ここに叙述した内容はきわめて未熟なものとなった。

ベラーの設定した五段階の枠組を当て嵌めるならば、先土器時代・縄文時代はその原始の段階に、弥生時代は原始から古拙への過渡的段階に、古墳時代は古拙の段階に、そして仏教受容によってようやく有史の段階に進化したという段階の比定が考えうるであろう。この間、縄文晩期における東北地方の一部では原始から古拙への進化と、その後の可逆的な退化の現象が、将来の検討によっては認められるようになるかも知れない。弥生時代における原始時代から古拙への移行は、ここで限定した先土器から七、八世紀の期間のうち、もっとも重要な変化期に当たるものである。そのため、本稿では他の時代に比べて特に多くの紙幅を与え大きく取り扱かった。しかし、その移行が弥生時代の自律的な歴史過程のうちに達成されたものであるか、あるいは朝鮮半島や中国大陸から絶えざる影響・刺激を受けて行なわれたかという点については未解決であり、大きな問題を遺している。

また、本稿では、地理的に長大な日本列島の全土を見渡して、地方的変異に注意を向けることができなかった。弥生文化が到達しなかった南北の地域が、本州、四国、九州などの地域とはまた違った自律性をもって、宗教的現象の上にも、発展段階の上でも変化を遂げてきたことは疑いない。しかし、同じ本州でも東北部と西南部では同様に大きな違いがあったと考えなければならない。

かって谷川徹三が、日本の美の姿に、縄文土器を原型とする系列と弥生土器を原型とする系列とがあることを指摘し、この二つの美の系譜は、実際にはその純粋な発現を示すより、たがいに浸透しあっている場合が多く、一つの建築、一人の天才の中に並存している場合もある、と述べているように[70]、信仰や思想の系譜でも、こうした文化的伝統の違いを考慮しなければならないであろう。その場合、縄文的伝統をより純粋な形で保持したと考えられる東北部と、大陸あるいは朝鮮半島の文化的影響をより強く受けた西南部という、地域的な違いに還元して考察しなければならないであろう。

[註]

（1）宗教学・宗教史学に関する筆者の知識は、田丸徳善、後藤光一郎の両教授に負うところが大きい。特に、本文の叙述については、一九八二年二月四日、国立歴史民俗博物館における共同研究「古代祭祀遺跡に関する基礎的研究」第二回研究会の機会に、田丸教授が発表された「宗教史解釈のわく組みについて」から裨益されることが大であった。とはいえ、筆者が田丸教授の教示や発表を誤りなく理解し表現しているとは限らない。以下に過誤があれば、それは当然すべて筆者の責に帰すべきものである。

（2）タイラーが段階としてここに設定したアニミズムと、今日理論的に追究されているアニミズムとは区別して考えなければならない。

（3）田丸徳善「宗教学の歴史と課題」田丸徳善編『講座宗教学』1、東京大学出版会、一九七七年

（4）Robert N. Bellah, Religious Evolution, American Socioloical Review Vol.29, No.3, 1964., beyond belief, Essays on Religion in a Post Traditional World, New York, Hagerstown, San Francisco, London, 1970.

（5）R.N. Bellah,ibid., p.21.

（6）Ibid.

（7）Mircea Eliade, Patterns in Comparative Religion, New York, 1958.

(8) R.N. Bellah, op. cit., p.24.
(9) Lucien Lévy-Bruhl,La Mythologie Primitive, Paris, 1935.『原始神話学』古野清人訳、弘文堂、一九七〇年
(10) R.N.Bellah, op. cit., p.29.
(11) Anthony F.C. Wallace, Religion–an Anthropological View–, Random House, New York, 1966.
(12) 芹沢長介「大分県岩戸出土の『こけし』形石製品」『日本考古学・古代史論集』吉川弘文館、一九七四年
(13) 江坂輝弥・岡本健児・西田　栄「愛媛県上黒岩岩陰」『日本の洞穴遺跡』平凡社、一九六七年
(14) 芹沢長介「大分県岩戸出土の『こけし』形石製品」（前掲）では、岩戸の石偶―上黒岩の線刻礫―土偶に至る系譜を考えている。
(15) 江上波夫「東西交渉のあけぼの―旧石器時代のヴィーナス像について」護　雅夫編『漢とローマ』平凡社、一九七〇年
(16) 同前、三二頁
(17) 小林達雄教授の教示による。
(18) 鈴木公雄「日本の新石器時代」歴史学研究会・日本史研究会編『講座日本歴史』1　原始・古代1　東京大学出版会、一九八四年、一〇四頁
(19) Harold E. Driver,Indians of North America（2nd Edition, Revised）, Chicago, 1969.
(20) 佐原　眞「奴隷をもつ食料採集民」『歴史公論』第一一巻第五号、一九八五年
(21) 小林達雄教授の教示による。
(22) 佐原　眞「奴隷をもつ食料採集民」（前掲）四七頁
(23) 林　謙作「縄文晩期という時代」林　謙作編『縄文土器大成』4、講談社、一九八一年
(24) 加藤晋平・佐原　眞・西田正規「『定住革命』と縄文人」『歴史公論』第九巻第九号、一九八三年
(25) 長野県中央道遺跡調査団『阿久遺跡発掘調査概報昭和五一・五二年度』一九七八年
原村教育委員会編『阿久』一九七六年
(26) 水野正好「縄文祭式と土偶祭式と」水野正好編『土偶』日本の原始美術5、講談社、一九七九年
(27) 高山　純「配石遺構に伴出する焼けた骨類の有する意義」『史学』第四七巻第四号・第四八巻第一号、一九七六・七七年

(28) 阿部義平「配石」加藤晋平・小林達雄・藤本　強編『縄文文化の研究』9、雄山閣、一九八三年
(29) 青海町教育委員会編『寺地硬玉生産遺跡』一九六九年。同『寺地硬玉遺跡』一九七〇・七二・七三年
(30) 水野正好「縄文社会の構造とその理念」『歴史公論』第九巻第九号、一九八三年
(31) 桐原　健「屋内祭祀」『歴史公論』第九巻第九号、一九八三年
(32) 能登　健「土偶」加藤晋平・小林達雄・藤本　強編『縄文文化の研究』9、雄山閣、一九八三年
(33) 同前、八〇―八二頁
(34) 坪井正五郎「コロボックル風俗考　第八回」『風俗画報』第一〇六号、一八五九年
(35) これらの諸例については、次の文献に集成されている。
米田耕之助『土偶』考古学ライブラリー21、ニューサイエンス社、一九八四年
(36) 金元竜・任孝宰・崔夢竜・呂重哲・郭乗勲『欣岩里住居址―漢江畔先史聚落址発掘進展報告一九七二・一九七三年度』『ソウル大学校考古人類学叢刊』4、ソウル、一九七三年
同『同―一九七四年度』『ソウル大学校考古人類学叢刊』5、ソウル、一九七四年
(37) 姜仁求・李健茂・韓永熙・李康承『松菊里』Ⅰ、国立中央博物館古蹟調査報告第一一冊、ソウル、一九七九年
(38) 川副武胤「三世紀極東諸民の宗教と祭式―倭人伝宗教習俗の位相」『日本歴史』第三七八号、一九七九年
(39) チェ・インソン「平壌市内南京遺跡」『朝鮮画報』第二一巻第二号、一九八二年
(40) 三品彰英『古代祭政と穀霊信仰』『三品彰英論文集』第五巻、平凡社、一九六三年
(41) 孫晋泰「蘇塗考」『民俗学』第四巻第四号、一九三二年
(42) 河野六郎「朝鮮方言学試攷―『鋏』語考」『京城帝国大学文学会論纂』第一一輯、一九四五年
(43) 秋葉　隆『朝鮮巫俗の現地研究』養徳社、一九五〇年、同『朝鮮民俗誌』六三書院、一九五四年
(44) 崔吉城「扶安の石鳥神柱―韓国の民俗5」『韓国時事』第七〇号、一九七二年
(45) ウノ・ハルヴァ『シャマニズム―アルタイ系諸族の世界像』田中克彦訳、三省堂、一九七一年
Uno Holmberg (Harva), Fino-Ugaric, Siberian, The Mythology of All Races IV (ed. By MacCulloch), New York, 1964.
ミルチャ・エリアーデ『シャーマニズム』堀　一郎訳、冬樹社、一九七四年

(46)鳥霊信仰のみをとれば、古代中国を考慮に入れなければならない。『周礼』天宮の復礼や『呉越春秋』『詩経』振鷺などは、鳥霊と葬俗の結びつきを示すが、より古い段階で鳥霊は生産の祭儀と結びつくことが考えうる。例えば、林巳奈夫「良渚文化の玉器若干をめぐって」(『ミューゼアム』第三六〇号、一九八一年)は示唆的である。

(47)文　崇一「濊貊民族文化及其史料」『民族学研究所集刊』第五期、南港、一九五八年

金関　恕「弥生時代の祭祀と稲作」『考古ジャーナル』第二二八号、一九八四年

(48)江谷　寛「鳥形木彫」『池上・四ツ池』第二阪和国道内遺跡調査会、一九七〇年

大阪文化財センター『池上遺跡』第4分冊の2、木器篇、一九七八年

(49)網干善教教授の教示による。

(50)大阪府教育委員会・大阪文化財センター『山賀』その2、一九八三年

(51)奈良県石見遺跡は、従来古墳時代の祭場と考えられていたが、筆者は墳丘の削平された古墳であろうと推定している。ここでは鳥形木製品の出土が知られている。石見遺跡については次の報告がある。

末永雅雄「磯城郡三宅村石見出土埴輪報告」『奈良県史蹟名勝天然記念物調査報告』第一三冊、一九三五年

森　浩一「形象埴輪の出土状態の再検討」『古代学研究』第二九号、一九六一年

同「奈良県磯城郡三宅村石見遺跡」『日本考古学年報』一九、一九六一年

同類の遺物は、奈良県黒田大塚古墳、滋賀県狐塚古墳の周湟でも出土している。

藤田三郎「黒田大塚古墳」『大和を掘る』奈良県立橿原考古学研究所附属博物館、一九八四年

藤田三郎・河上邦彦「黒田大塚古墳第一次発掘調査概報」『田原本町埋蔵文化財調査概要』二、田原本町教育委員会、一九八四年

近江町教育委員会『狐塚・法勝寺遺跡資料』一九八五年

鳥杆を立てるために使用されたと考えられる台形の木製品は、前記の石見遺跡、黒田大塚古墳のほか、京都府今里車塚、奈良県飯豊陵、大阪府応神天皇陵などからも出土している。

高橋美久二「長岡京跡右京第二六次発掘調査概要」『埋蔵文化財発掘調査概報』一九八〇―二、一九八一年

土生田純之「昭和五三年度陵墓関係調査概要」『書陵部紀要』第三一集、一九八〇年

(52) 滋賀県教育委員会『大中の湖南遺跡調査概要』一九六七年
(53) 河口貞徳「山ノ口遺跡」『鹿児島県文化財調査報告書』第七集、一九六〇年
同「弥生時代の祭祀遺跡—大隅半島山ノ口遺跡」『えとのす』第一〇号、一九七八年
(54) 倭人伝の道研究会ほか編『邪馬台国への道』朝日新聞西部本社企画部、一九八〇年
(55) 宇佐市教育委員会『別府遺跡緊急発掘調査概報—朝鮮式小銅鐸出土遺跡の調査』一九七七年、賀川光夫編『宇佐—大陸文化と日本古代史』一九七八年、所収
(56) 佐原　眞「朝鮮式小銅鐸と日本の銅鐸—有畜農業社会のカネから欠畜農業社会のカネへ」、前掲『宇佐—大陸文化と日本古代史』
(57) 高倉洋彰「九州の銅鐸—宇佐市別府遺跡出土の小銅鐸について」前掲『宇佐—大陸文化と日本古代史』
(58) 淀江町教育委員会『宇田川—鳥取県淀江町・宇田川地区土地改良に伴う調査概要』一九七一年。佐々木謙「弥生土器の原始絵画—鳥取県西伯郡淀江町字角田」『季刊どるめん』第二八号、一九八一年
同「鳥取県淀江町出土弥生土器の原始絵画」『考古学雑誌』第六七巻第一号、一九八一年
(59) 春成秀爾「銅鐸の時代」『国立歴史民俗博物館研究報告』第一集、一九八二年
(60) 金関　恕「弥生土器絵画における家屋の表現」『国立歴史民俗博物館研究報告』第七集、一九八五年
(61) 佐原　眞編『銅鐸』日本原始美術 5、講談社、一九七九年。これについては、国分直一教授の教示を受けた。
(62) 末永雅雄・小林行雄・藤岡謙二郎『大和唐古弥生式遺跡の研究』『京都帝国大学文学部考古学研究報告』第一六冊、桑名文星堂、一九四三年
(63) 国分直一「船と航海と信仰」『えとのす』第一九号、一九八二年
(64) 金関　恕「考古学から観た古事記の歌謡」『天理大学学報』第一四五輯、一九八五年
(65) 森貞次郎「弥生時代の遺物にあらわれた信仰の形態」『神道考古学講座』第一巻、前期神道期、雄山閣、一九八一年
(66) 吉岡完祐「中国郊祀の周辺国家への伝播—郊祀の発生から香春新羅神の渡来まで」『朝鮮学報』第一〇八輯、一九八三年
(67) 水野正好「埴輪芸能論」『古代の日本』2、角川書店、一九七一年
同「埴輪体系の把握」『埴輪と石の造形』古代史発掘 7、講談社、一九七四年

同「埴輪の世界」『土偶　埴輪』日本原始美術大系3、講談社、一九七八年

(68) 白石太一郎「神まつりと古墳の祭祀―古墳出土の石製模造品を中心として」『国立歴史民俗博物館研究報告』第七集、一九八五年

(69) 金子祐之「平城京と祭場」『国立歴史民俗博物館研究報告』第七集、一九八五年、二五八、二五九頁

(70) 谷川徹三「日本の美の系譜について」『世界』昭和四四年九月号、のち、「縄文的原型と弥生的原型」と改題、谷川徹三『縄文的原型と弥生的原型』岩波書店、一九七一年、所収

第2章　神を招く鳥

一　はじめに

一九六九年より三年間にわたって行われた、大阪府和泉市池上遺跡の発掘調査によって、おびただしい量の遺物が出土している。これらの遺物のうちで、特に私の興味をひいたのは、鳥形に作られた幾つかの木製品である。これらの鳥形木製品は、すべて、遺跡の北寄りで見いだされた、集落を繞る大溝中に、弥生式土器などとともに埋まっていたものである。その共存状況から見ても、これらが弥生時代に属する遺物であることは疑いない。後に説明するように、その形状から判断して、これらが、飲食、あるいは直接生産のための用具など、いわゆる常用の道具であったと考えることはできない。また、常用の道具に付加された装飾的な部分であったとも考えられない。したがって、その使途については、何らかの解釈を提出する余地がある。すでに、池上・四ツ池遺跡の年報においては、これらが、おそらく宗教的なものに関連した遺物であろうと想定されている。(1) その後、池上遺跡の保存を訴える一文で、私は、これらの鳥形木製品が、『魏志東夷伝』馬韓の条に見える、蘇塗と関係あるものではないかという思いつきを述べた。(2) 同様の解釈は、韓国大田地方で発見された、農耕図や鳥の図のある青銅器について の談話のなかで、張寿根氏も触れておられる。(3) 一方、大場磐雄教授は、古代に

図1　池上遺跡B溝内の鳥形木製品の出土状況

おける葬制の変遷を述べた文中で、これらの鳥形木製品に言及し、「単なる玩具とは思われぬから、あるいは神霊を託す鳥、または霊を招く鳥として、葬送の際これを棹にさしかかげて立てたとの推定も、はなはだしき無稽の言とは言われないであろう。」と述べておられる。(4)

もとより、先史時代の遺物の使途について、いくつかの可能性が考えられる場合、そのいずれが正しいかを断定することは容易でない。ただ、より蓋然性の高い解釈を提示しうるに過ぎない。その際には、幾分なりとも民俗学の成果に依拠せざるを得ない。以下に述べる思いつきも、鳥にとりつかれるままに思いめぐらした、とりとめのない臆測ではあるが、考古学の調査・研究に、民俗学的な資料を如何にとり入れるべきかという点で、私の興味をかきたてていただいた小林行雄先生に、この拙文を捧げたい。

二　池上遺跡の鳥形木製品

池上遺跡で出土した鳥形木製品は、丸彫および板状の作りのものが三個ずつ、計六個を数える。(5)伴出した土器様式から判断するならば、第二様式に属するもの四（丸彫一、板作り三）と、第三様式に属するもの二（ともに丸彫）に二分される。(6)第二様式に属するものは、集落をめぐる大溝（B溝）より出土し、第三様式のものは、その外側に掘られた溝（C溝）より見いだされた。いずれも、溝中に、五ないし七mの間隔で点々と出土している。個々の遺物については、すでに、池上・四ツ池遺跡調査の年報に記述されているが、同書の記述はやや簡単に過ぎる憾があるので、その記述に基き、その後におこなった私の観察の結果を加えて、ここに再び略説したい。(7)

第二様式の鳥形木製品

1　第二様式に属する唯一の丸彫製品。もっとも写実的な表現のもの。長さ二四cm、幅六・五cm、厚さ七・五cm内外の材を削って仕上げられている。胴の側面は紡錘形を呈し、細い頸と頭を表わす。尾は上下より薄く削り、

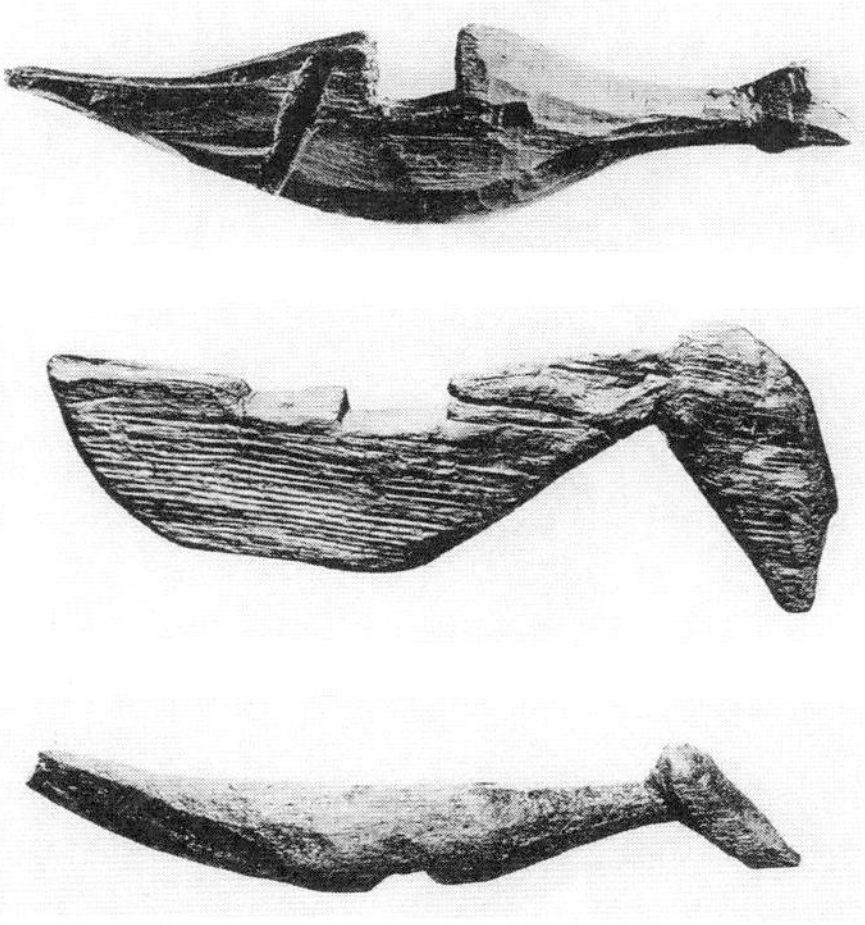

図２　池上遺跡Ｂ、Ｃ溝内出土の鳥形木製品
上）　本文１　　中）　本文２　　下）　本文５

その幅は胴部のそれと等しい。尾端には粗い鋸歯状の切り欠きを施す。頭部下面、尾端の一部などが欠けているが、欠け目の状況から判断して、大きく原形を損ねているとは考えられない。まして、年報の図に復原されているような嘴が、もともとあったとは思われない。[8] 胴部上面には、幅三・二cm、深さ二・八cmの溝を、鳥の長軸と直角方向に刻み込む。また、胴の一側面のみに、長さ六cm、幅一・一cmの溝を斜に刻む。胴の下面には、径二cm内外の円孔を穿ち、尾の付け根あたりに、斜めに貫通する径二・三cmの一孔を穿っている。全面に、木目と平行した削りあとをよく遺している。胴以下は、尾の方向に削り、頸部は頭の付け根に入れた刻み目に向って逆方向に削る。比較的鋭利な刃物を用いたと見られるが、木目と直角方向の削り痕は、やや粗雑な仕上げである。

2　板づくりのうちでは最大で、長さ二七cm、厚さ三cm内外の板材を用い、この上下両辺を切り込んで、頭、胴、尾を表現する。胴部は木目と平行した逆台形を呈し、その上辺には二段の切り欠きを施し、下辺に、底径二cm内外の角錐状の一孔を穿つ。頭は細く薄く削り、全体とは不均衡に大きな頭部がつづく。頭頂は円味を帯び、その先端は尖った嘴状を呈し、稜にも円味を加える。尾端は折損しているとも見られるが明らかでない。

3　長さ二二cm、厚さ二cm内外の板の下辺を切って、逆三角形の胴と、嘴を表現した頭を表わす。胴の上辺の中央部は平に削った痕跡を遺し、下辺後寄りに径二cm内外の一孔を穿つ。他例に比べてもっとも簡単な作りのもの。

4　六例中最小のもの。厚さ二cm内外の板製で、頭部は失われ、胴の下辺も欠損している。乾燥したために原形をよく遺していないが、現存長約一七cm。頭部を復原しても、長さ二〇cm内外だと見られる。胴部下辺の中央付近に、長さ二・五cm、幅一・三cm内外の長方形の枘穴《ほぞあな》の痕跡が認められる。

第三様式の鳥形木製品

5　小型丸彫製で、尾端は欠失している。現存長二一cm。胴は細く、頭はやや長目に表わされている。胴の下辺には、一辺二cm余の方孔を穿っている。なお、頭部と尾端近くに朱彩の痕を留める。

6　比較的大型丸彫の破片。明らかに鳥形木製品の胴部から頭にかけての破片である。現存長一四cm内外。復原するならば、おそらく全長は三〇cmを超えると見られる。

以上、六例の鳥形木製品中、第二様式に属するものは、一例を除けば板製であり、第三様式の例は、ともに丸彫製である。しかし、例数が少ないために、これをもって、木製品の作りが板製から丸彫製に移り変る傾向を示すと判断することはできない。また、第二様式に属する三例は、胴の上辺に切り込みを施し、あるいは、この部分を平坦に削るなどしている。おそらく、ここに別の板を嵌めて翼を表現したのであろう。最大の丸彫の例は、胴部側面にも溝が穿たれており、脚を装着したかと想像されている。そう認めてよいであろう。このような写実的な表現が、後に簡略化されたのかも知れないが、この点でも例数不足から断定できない。

これらの鳥形木製品は、作りや大きさのうえで、今述べたような違いがあるとはいえ、こうした違いが、時期を異にするグループのなかにも認められることや、出土状況が同似していることなどから見て、同じ使途をもつものであったと考えてよい。しかも、これらすべてに共通するのは、その下辺に孔が穿たれ、本来何かに着けられていた痕跡を示すことである。池上遺跡で出土した多くの遺物を通観しても、これらの鳥形木製品の被装着物と考えられるものはない。したがって、これらについては、杆頭につけられた独特の使途を想定することが、もっとも自然である。また、作りの上で精粗の差があるとしても、板製の例などは、これらがある程度量産された状況を示しているようであり、広大な遺跡のごく一部分の発掘によって、六例の出土を見たことからも、もともと多量に製作され使用されたことをうかがうことができる。

三　東アジアの民俗例

杆頭に木の鳥を着けて立てる習俗は、朝鮮半島から北アジアにかけて広く知られている。かつて、朝鮮半島の巫俗に関する広範囲な調査研究をおこなった秋葉隆教授等は、その各地で村や寺院の入口などに、このような木刻の鳥をつけた神杆が、往々にして長生と共に、時には独立して立てられていることを述べている。[9] 一本の杆頭に一羽の木の鳥をつけた例、また杆上に短い横木をわたし、この上に三、四羽の木の鳥をつけた例（江原道高城）、あるいは自然の木の枝に木の鳥をつけた例（忠清南道牙山）なども紹介している。[10] これらは、朝鮮半島の南半に多く分布し、巨済島、済州島にも及ぶ。幾つかの異称があるが、スサルティ・ソルティーの名がもっとも普遍的である。稀に石製の例があり、崔吉城氏によって紹介された全羅北道扶安の石鳥神柱は、柱の下部に、「康熙二八年己巳二月……」の銘文のある貴重な遺例である。[11]

秋葉教授等は、その蒙古旅行の際、王爺廟郊外の蒙古人村落でも鳥杆の例を採集したことを報告し、さらに中国東北地方からシベリアにかけて、こうした鳥杆習俗のあることにも触れている。[12]

松花江下流域に居住するゴルド（ナナイ）の鳥杆については、凌純声氏の詳しい報告があり、[13] 黒竜江の蘆船の檣頭に鳥形の木製品をつけていた例は、『東韃紀行』にも記述されている。シベリアに居住するアルタイ系諸族の鳥杆については、膨大な報告を駆使した、ウノ・ハルヴァやエリアーデの著書などによってうかがうことができる。[14] また、シャーマンの墓に立てられた例も知られている。[15]

杆頭に木の鳥をつけて立てる習俗に限って見れば、今あげたように、その分布はきわめて広い。しかし、それらが、どのような目的で立てられ、相互にどのような関係をもち、その各々がいかなる複合を示しているかという点については、問題を遺している。特に、そうした習俗が、いつの時代にまでさかのぼるかについては、十分な吟味が必要である。これに関して、一つの手がかりとなるのは、『魏志東夷伝』馬韓の条に述べられた次の一節である。

「諸国には、おのおの別邑あり。名づけて蘇塗となす。大木を立て、鈴鼓を懸け、鬼神に事う。諸亡逃して其の中に至る。皆これより還らず。好んで賊を作る。その蘇塗を立つるの義、浮屠に似たる有り。しかして所行善悪の異る有り。」

『後漢書東夷伝』、『晋書四夷伝』、『通伝辺防門』などの蘇塗に関する記述が、いずれも、この魏志に発しており、表現に多少の変化が見られるとはいえ、新しい資料によって成文したものがないということは、すでに考証されている。[16]この記述による限り、蘇塗は、別邑の名称であると考えられるが、また鈴鼓を懸けた大木を指すという可能性も遺されている。後漢書以下、蘇塗についての記述はあいまいで、すでにその実態があきらかでなかったことを示している。そのために、蘇塗別邑説[16・17]、蘇塗杆木説[18]がともに説かれていて、いまだに問題を遺している。

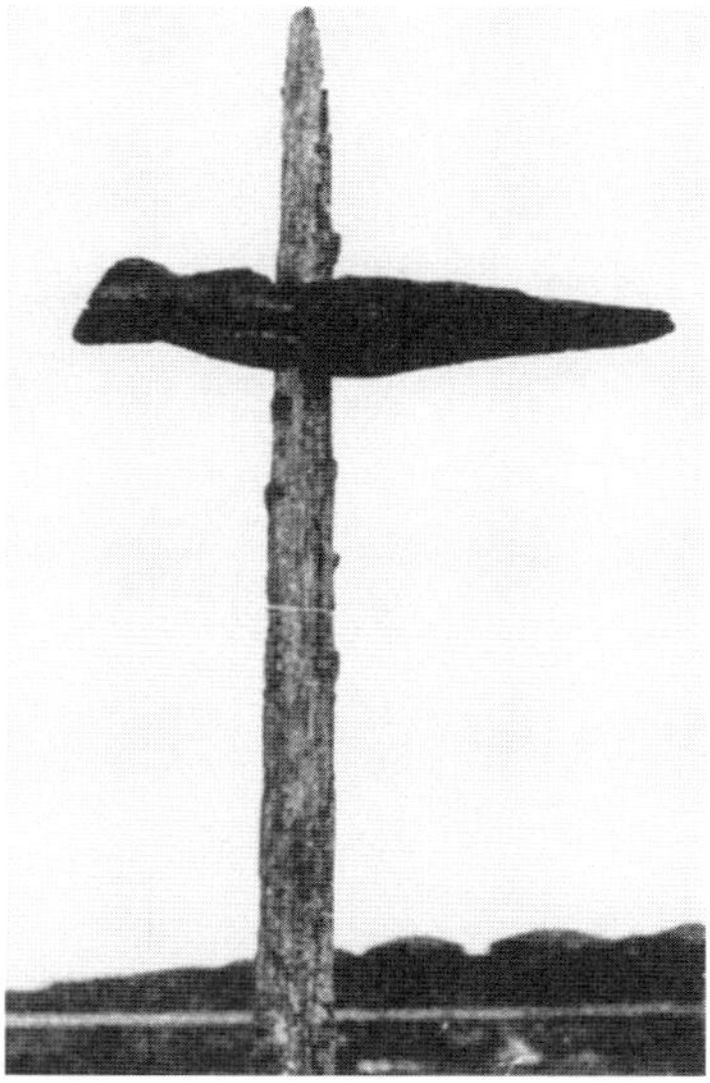

図３　済州島、済州市郊外の鳥杆
（国分直一教授撮影）

蘇塗について出された、もっとも精細な研究の一つは、孫普泰氏によるものである。[18]孫氏は、蘇塗をもって鈴鼓を懸けた大木の名称であると解し、『三国志』のこの記事は、もともと「諸国には、おのおの別邑あり。大木を立てこれを名づけて蘇塗となす。」とあったものが、誤って記載されたのであろうと結論した。その論拠として、『三国志』や『後漢書東夷伝』の諸用例から、別邑は、諸国のうちで別れた小邑落と解釈すべきことをあげ、聖域の名称としてふさわしくないこと、また、現存の民俗例で、木の鳥をつけた神杆の呼び名、ソテー、ソッテ、ソルテーなどは、蘇塗の音に近似していることをあげている。なお、孫氏は、この名称の由来について、ソテーのテーは、今日の言葉で竹、竿、棹などを意味し、『杜詩諺解』によっても、同じ音が用いられていることを示し、一方、ソの音については、聳字をあて、ソルテー（蘇塗）は聳木であろうと考えた。

鳥杆を立てる現存の習俗が、古く三世紀にさかのぼるであろうとする孫氏の考えは、基本的に正しいと私は考える。ただし、現存の『三国志』のこの条の記述に、孫氏の指摘したような書き誤りがあったと断定してよいかどうかわからない。シベリアのシャーマンテントに見られるように、特別の場合には、集落の全員を収容しうるような大がかりな祭場を集落の外に設け、これに鳥杆を立て並べた例も知られている。[19] おそらく、蘇塗は、もともとこのような杆木の名称であったものが、後には、それを立て並べた聖域の名称ともなったのであろう。私は、そのような折衷説をとりたい。このような聖域であればこそ、「諸亡逃して其の中に至る。皆之より還らず……。」ということもありえたのであろう。

また、蘇塗の蘇が聳であったとする孫説にも疑問がある。『欽定満洲源流考』巻二八「国俗祭天」に、「満洲語、神杆を称して索摩となす。蘇塗と音また相近し。」とあるように、このソの音が、怪異な力を意味すると見られる、北方ツングース語から来ている可能性も検討しなければならない。[20] あるいは、『黒竜志稿』では、こうした神杆の名称として索莫吉、祖宗杆をあげている。後者は漢訳表現ではあるが、蘇と祖の音の類似も念頭に遺る。さらに、現在朝鮮語の鳥のセイと杆のテーが結合した鳥杆のよみであるかも知れない。[21] 現在、民俗例として遺っている鳥杆の名称は、多く守殺杆、水殺杆の字があてられ、ソルテー、スサルテーなどの音で呼ばれている。かつて河野六郎教授は、その著『朝鮮方言学試攷―「鋏」語考―』において、（鳥―セイ―のような）「今日複合母音の形で書かれている音節語が古く、子音を仲介とした二音節語であったということは考えられる事である。」と述べていられる。[22] また、鳥の場合、そのもとの介入子音がｒであったという想定は、決して突飛でないとの教示を、中村完氏より賜った。仮りにこの想定が正しいとすれば、鳥の古い音は、サリに近く、鳥杆はサルテーのごとき音で呼ばれていたと考えられるわけである。儀器的なものの名称が古い音を遺していることは、十分考えうることであろう。

とにかく、孫晋泰氏の考証によって、こうした鳥杆習俗の古く三世紀以前にさかのぼる可能性が導きだされた。

しかし、蘇塗の杆頭に、果して鳥がつけられていたかどうかについて、魏志は記述していない。これを補強する資料として逸することができないのは、忠清南道大田地方で出土した小青銅板の図である。この青銅小板は、かつて大田槐亭洞から出土した、いわゆる防牌形青銅器と同形で、破断した上半部のみが遺っている。表裏には、それぞれ鳥と農耕の図が鋳表わされ、その年代は前三世紀にさかのぼると推定されている。すなわち、鐶のある面は、縦に二区画に分け、各区画に、それぞれ樹枝にとまった二羽の鳥が相対する構図で布置されている。これら四羽の鳥は、頸の長いもの、尾羽が著しく強調されたもの、などがあるが、違った種類の鳥を表現しようとしたかどうかは、わからない。樹枝にとまった鳥は、忠清南道牙山の柳の木につけられた水殺杆を想わしめる。もとより、これらの図は、単に手すさびによって表わされたものではないであろう。すでに韓柄三氏が述べているように、「村の入口の

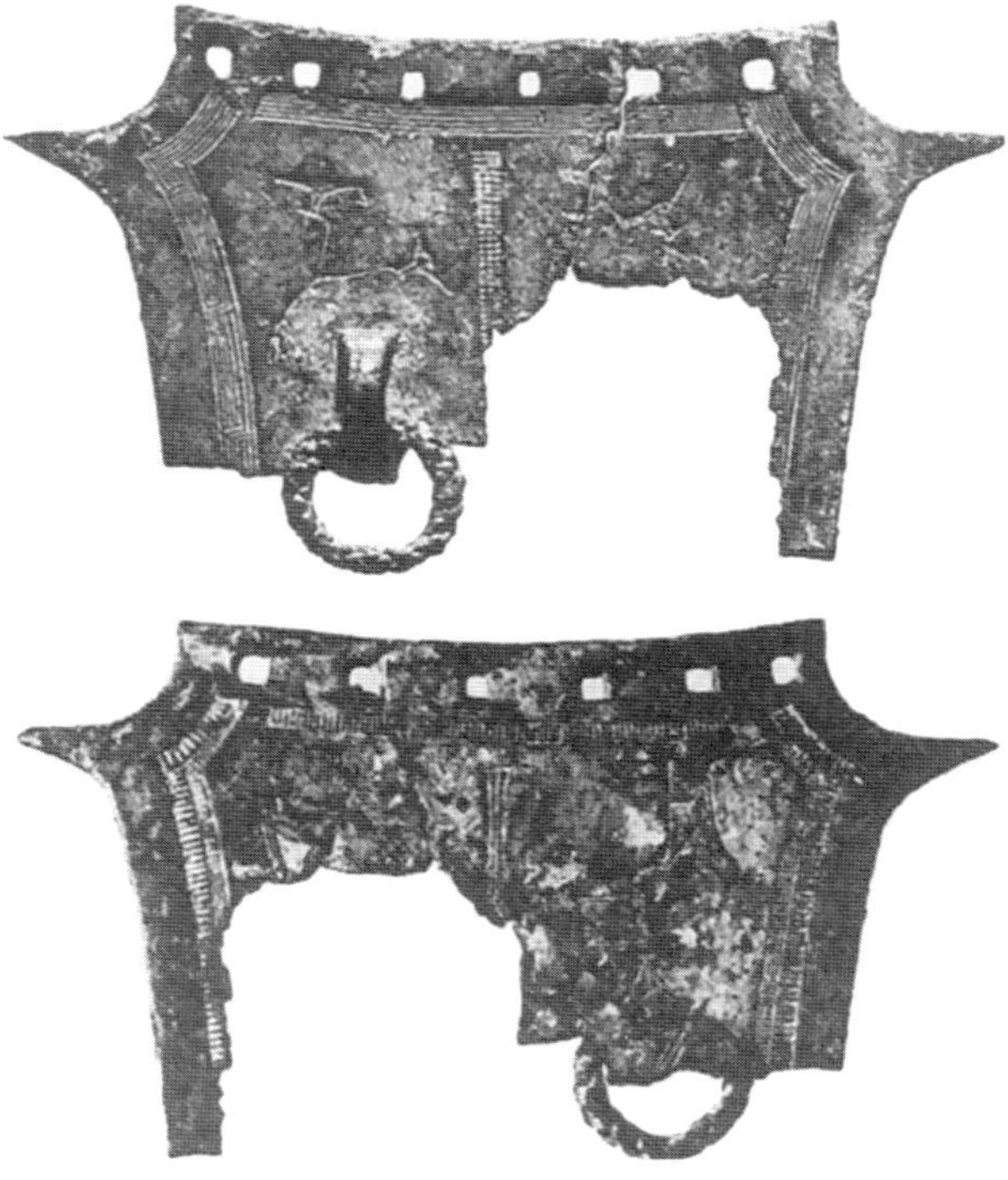

図４　大田付近発見の青銅小板の鳥
（韓国先史時代青銅器特別展、国立中央博物館、1973より）

長丞と一緒に立つソチ（蘇塗、集落守護竿）そのものである。」[23]と考えてよい。また、クランの木に、鳥形をしたクランの霊が集り、その芽をついばみ、あるいは巣をつくって宿るというエベンキ人の信仰と通ずるものがあるかも知れない[24]。

こうした例からみて、朝鮮半島における鳥杆の習俗は、おそらく紀元前にさかのぼる蓋然性が強い。そして、魏志の記述に見られるように、これを中心として――おそらくは、部族シャーマンによる――盛大な祭儀の行われたであろうことは、充分に想像されることである。中国東北からシベリアにかけて、アルタイ系諸民族の間のシャーマン祭儀に立てられる鳥杆と、馬韓の蘇塗の間に何らかの関係があることは推察できるであろう[25]。さらに、シベリアのシャーマンの整った祭儀の状況などから、その起源の古いであろうことも十分考えられる。しかし、それが、いつの時代にまでさかのぼるかという点については定かでない[26]。

鳥霊の信仰についていえば、東南アジアにも広く分布している。ここでも木刻の鳥は、ボルネオ島ダヤークのヌガージュが、納骨堂の脇に立てられた高い柱の上に、頭骨または木彫りのサイチョウ（犀鳥）をつける例[27]や、バハウが、墓に用いる高床式の小舎の棟木に木の鳥をおく例[28]も知られており、北部タイのアカ族が村境の門の梁上に木の鳥を並べおく例[29]や、インドシナのモイに属する、プノング・ブドゥング族が、杆につけた孔雀の木彫を棺側に立てる例[30]などもあげられる。またこうした鳥霊信仰が、古くさかのぼることは、ドンソンの銅鼓の文様に見られる、鳥装の人物をのせた鳥形の船や『呉越春秋』に伝えられている鶴の舞の話などをひくまでもない。さらに、中国の玄鳥説話の数々や周礼天官の復礼[31]、『詩経』の振鷺もまた、殷周代における鳥霊信仰の痕跡を示している。古代東アジアにおけるこうした鳥霊信仰が西方から伝えられたのか、中国を起源として広がったものか、あるいは個別に発生したものか速断の限りではない。したがって、馬韓おける蘇塗をもって、ただちに北方アルタイ系民族から伝えられたと判断してよいかどうかわからない。

アニシモフは、エベンキ人や他のシベリアの住民の間で、シャーマンの霊についての観念が、トーテミズムから発したことを指摘し、トーテミズムの信仰からシャーマニズムの祭儀形態への発展が、その社会の物質的な内容の変化、特に生産の変化によって条件づけられることを述べている。またその変容が、直接的機械的に観念に反映するのではなく、母系制の崩壊と父系的氏族組織の成立、原始的社会諸関係の崩壊と父系的奴隷財産制、社会階層化の成立といった、基本的な変化を通じて進行し、その結果として生じたイデオロギー、歴史的に社会の新しい構造の発展を支える。さらにシャーマンの特権的な社会的地位の確立は、司祭制への第一歩をなすものであるとしている。(32)

社会発展段階に対応する宗教の形態変化が、このように明確であるかどうか、私には判断の限りではない。しかし、東亜の世界では、シャーマニズム的な祭儀が、比較的初期的な農耕社会で大きな役割を果たし、特権的司祭の登場によって、社会における主導的な意義を失うという図式は、基本的に認めうると考えたい。弥生時代における農耕社会の成立期にこうしたシャーマンが活躍し、鳥杆を立てた祭儀が盛大に執行されたことも十分に想像されることである。

四　飛翔する鳥の姿

こうした目で、再び池上に舞い戻って、鳥形木製品を見るならば、それらが、飛翔中の姿を表すように意図してつくられていることに気づく。これらの資料を、公開展示した、朝日新聞社主催の「弥生人展」の際、この原物の下面に穿たれた孔に杆をつけて複原を試み、その写真を同展覧会の図録に収載したことがある(33)（図5）。この写真によってもわかるように、杆に装着した際の鳥の角度は、垂直な杆に対して上向きになっている。また、先に、例1として記述した、丸彫製の鳥では、側面に穿った脚をつける溝の角度が斜後方に傾いていて、ここに捧状の脚を嵌め込めば、その位置が著しく後方にあることとあわせて、飛翔中の状況を示しているように見える。さらに、胴

図5　杆につけた池上遺跡出土の鳥形木製品

の上面、あるいは上辺に穿たれた溝も、ここに板を組み合わせて翼を表わすとすれば、やはり飛んでいる姿を示すことになる。全体が長手に作られていることもまた、その印象を強くしている。したがって、これらの鳥は、とまり木に憩い、あるいは杆頭に静止して神命を伝えている姿ではない。

飛翔する大小の鳥を表わした例として、ただちに想い浮ぶのは、シベリアのドルガンの木の鳥である。彼等は、一列に並べた九本の柱に同じ方向を向いた木彫りの鳥をつける。柱は順々に高くなっているので、鳥も少しずつ高く昇って行く。これは、天に昇るシャーマンを先導する状況が表わされたものであるらしい。ウノ・ハルヴァが引いている、V・N・ワシーリエフの写真によれば、今の説明の通り、高さの順に並べた九本の杆があり、杆頭に各一羽の木の鳥が上に向って飛翔する形で表わされている。しかも、杆の高低に従ってつけられた鳥も、概して大小の順に並べられているのである。(34)

池上の鳥形木製品が、形の大小、作りの精粗あるものを混えたセットをなし、飛翔した姿で表わされていること、集落の南に位置する墓地とは正反対の、集落の北の大溝中から出土していること、しかも、多量に作られ、使用された形跡のあることなどから、その使途は、集落内の祭儀にあたって、その祭場に立て並べられた神杆の鳥だと考えたい。また、その蓋然性がもっとも強いと思われる。

これらの池上の鳥形に大小があるのは、ゴルドの鳥杆のように、その順に従って並べたものであろうか。あるいは、大型で作りの丁寧なものを下に、小型の粗造のものを上に並べ、遙か遠くの天空に飛び去る様を表わそうとしたものであろうか。いずれにしても、銅鐸の飾耳のように、錯覚を利用した工芸品の実例が、すでにこの時代に見られる以上、こうした想像をはせる余地がありえないことはない。(35)

弥生時代における鳥形木製品としては、池上の年報でも紹介されているように、京都市深草遺跡で、第二様式に属する板作りの出土例があり、古墳時代前期のものとして、奈良県纒向遺跡で、ヒノキ製の例の出土も伝えられている[36]。池上の木の鳥が孤例でないことを示している。将来、弥生時代の諸遺跡で、鳥形木製品の出土例数が増加するであろうことは、十分に期待しうることである。

五　鳥の特定の可能性

さて、池上で見いだされたこれらの例は、特定の鳥を表わしたものであろうか。それとも、ただ一般的な鳥形を表現したものであろうか。掲載した図と、先の記述によってもわかるように、その形態のみから、鳥の種類をいいあてることは到底できない。池上遺跡出土の、弥生時代の鳥の実例としては、数例が報告されており、科の同定されたものとして、ワシタカ科の一種、キジ科の一種がある。いずれも、橈骨、上腕骨の破片で、くわしく知ることはできない[37]。

他の遺跡における弥生時代の鳥の実例として、まず頭に浮ぶのは、かつて山口県土井ヶ浜遺跡で出土した、一羽のカワウである[38]。このカワウは、弥生時代前期のこの墓地に葬られた、一体の老女の左胸部に、あたかも抱きしめられたような形で出土している。土井ヶ浜の墓地では、その中心部と周辺部で、埋葬状況に差異があり、概して手厚く葬られた中心部の被葬者には圧倒的に男性が多い。この老女は、中心部に葬られた比較的数少ない女性の一人であり、七九体を数える原位置被葬者中、鳥を伴った唯一の例であった[39]。かつて私は、このカワウを、死霊運搬者と解釈したことがあり、同様の意見は他にも出されている[40]。しかし、当時そうした習俗が一般的であったならば、同じ墓地の被葬者で、鳥をともなう例数が、もう少しあってもよい。その後、各地の弥生時代の墓地で、多くの遺骸が発掘されたが、鳥を伴った例は聞かない。こうしたことから、このカワウは、巫女として活躍した被葬者が、その生前に巫具として用いていたものだと解釈しなおしたい。

鳥を表わした弥生時代の遺物としては、舶載された鏡を除くならば、銅剣、銅鐸と土器がある。長崎県シゲノダン出土の銅剣の把頭を飾る鳥は、その形の制約もあって、長い頸と長い嘴が表わされ、一見、カモのような水禽に見える。(41) 銅鐸の鳥は、鋭い嘴、長い頸と脚を表わした、サギあるいはツルかと見られるものと、ただ鳥形とわかるのみの簡単な表現のものにわかれる。前者のうち、島根県出土と推定される、古段階の銅鐸に表わされた鳥は、「横帯で区画した上段に、神とも考えられる顔の表現があり、下段には一匹のサギが、神の命をうけるためにひかえているかのようである。(42)」と描写されている。スタンプの手法で表わした土器の鳥は、幾つかが知られているが、岡山県三明寺遺跡(43)、鳥取県中峰遺跡の例(44)などは、それらのうちでも、いくらか写実的に表現されている。前者は、三日月形の胴に円い頭がつき、頭には、大きな眼と太い嘴が表わされ、報告者が「鳩かとも見える」と記述しているのは、その眼のせいであるかも知れない。後者は同巧ながら、より流麗な線で表現され、嘴は長く鋭い。しかし、これらとても、サギやウのような水禽の類でないと考えられるものの、その種を推定できるものではない。

忠清南道大田付近出土の、青銅小板の鳥は、先に述べたように、やや長頸のもの、セキレイに似た尾羽の長いものなど変化が多い。これらも、ツル、サギの類でないであろうことは察せられる。一方、朝鮮半島における最近の鳥杆の鳥は、地方によってはカモといわれ、巨済島のペルシンタイ（別神杆）の鳥は神鳥伝説と結合してカラスだと考えられている。(45) しかし、それらが太古からそのまま信じられていた証跡のないことは、『蘇塗考』の著者も疑うごとくである。(46) 松花江下流域のゴルドの鳥杆の鳥は、ハトとタカの二つがある。

池上の鳥形木製品は、こうした諸例によっても、その鳥が何であるかを知る手がかりすら与えられない。鷺を鳥といいくるめる積りはないが、強いていうならば、カワウ、サギ、ツルといった長頸の類ではなく、土器のスタンプの鳥形や、さきの青銅小板の鳥形のような、小禽らしきものにいくらか類似している。

池上の鳥を考えるうえに、もう一つの手がかりを与えるのは、同じ第二様式の大溝中から出土した、男茎形木製品である。[47] これは、長さ二〇cm余の、枝分れした木を加工し、扁平ながら、男根と睾丸部までつくり出したものである。亀頭、包皮の表現も写実的である。弥生時代に男茎形の遺物としては、土や石で表わされた例が他にも幾つかある。[48] 鳥と男茎形の組合せは何を意味するのであろうか。『古語拾遺』の次の一節は、この組合せを考えるうえに興味深い。

「一昔在神代に大地主神、田を営る之日、牛の宍を以て田人に食しむ。時に于て、御歳神之子、其の田に至り、饗に唾して而て還り、状を以て父に告ぐ。御歳神、怒を発し、蝗を以て其の田に放つ。苗の葉忽に枯損して篠竹に似たれり。是に於いて、大地主神、片巫（志止々鳥）、肱巫（今の俗竈輪及び米占也）をして其の由を占求せしむ。御歳神祟を為せり、宜しく白猪、白馬、白鶏を献じて以て其の怒を解くべしと。教に依って謝し奉りしかば、御歳神答へて曰く、実に吾が意なり、宜しく麻柄を以て桛を作りて之を桛げ、乃ち其の葉を以て之を掃ひ、天の押草を以て之を押し、烏扇を以て之を扇げ。若し此の如くして出去らざれば、宜しく牛宍を以て溝の口に置き、男茎形を以て之に加へ（是れ其の心を厭するの所以也）、薏子、蜀椒、呉桃の葉及び塩を以て其の畔に班ち置け（古語薏苡は都須と曰う也）、仍て其の教に従ひしかば、苗葉復茂りて年穀豊稔せり。是れ今神祇官に、白猪、白馬、白鶏を以て、御歳神を祭る之縁なり。」

蝗害を払う呪具として、男茎形を使用した俗が伝えられているが、ここで注意をひくのは、占いをおこなった巫師の一人、片巫が志止々鳥と注記されていることである。おそらく、鳥形の巫師、あるいは鳥を巫具とした巫師だと考えてよいであろう。片巫は、次の肱巫に対して、肩に巫具を支えた巫師でもあろうか。とすれば、巫術の流派の固定を示す表現は、それらが擬制巫であったことを想わせる点で、この説話のそれほど古くさかのぼりえないことを示している。しかし、ここに登場する鳥や男茎形の組合せは、より古い習俗を反映しているとは見られないであろうか。

図６　池上遺跡Ｂ溝中出土の男茎形木製品

しととどりは、記紀にも登場して、従来の注釈によれば、ホホジロ、メジロ、アオジなど、人家の近くでさえずる小鳥の類だとされている[49]。

『日本書紀』には、天武天皇九年三月の条に、「摂津国白巫鳥巫鳥此をば芝苔々と云うを貢れり。」とあって、しととどりが巫鳥であることを示している。『古事記』では、大久米命が、神武天皇の命をうけて伊須気余理比売のもとにつかわされたとき、比売は、大久米命の黥ける利目を見て、あやしく思い、「阿米都々知杼理麻斯登々那杼佐祁流斗米」と歌い問うた件がそれである。この歌については、解釈が分かれているが、ここでは、「あめ・つつ・ちどり・ましとと」を四つの鳥の名を並べたとする記伝の解釈に従って、「あまどり、つつどり、ちどり、しととどりのように、あなたの目は、どうして黥けて鋭いのか」という問歌だと考えたい。つつどり（ハクセキレイ）、ちどり（コチドリ、イカルチドリ）の類は、目の周囲がくまどりをしたように黒く、大きな目が一そう鋭く強調された感がある。しととどりがメジロであれば、その目には白縁がある。『古事記』のこのくだりなどは、劇の一こまだと考えられようが、ここに登場する大久米命は、こうした鳥と同じように、目の周囲に入れ墨または彩色を施し、おそらくは鳥装をして演技したのであろう[50]。であればこそ、これに向って、比売の演技者は、鳥の名を並べてからかうのではないであろうか。あるいは、あめつつちどりという諸鳥の名は、最後のましとと（巫鳥＝巫師）を引きだすために並べられたものかも知れない。

とにかく、記紀や『古語拾遺』の編まれた時期に、諸鳥のうちでも、特に、しととどりが、巫鳥として認識されていたことがわかる。その信仰が、仮りに古くさかのぼるものだとすれば、あるいは、これをもって、池上の木の鳥のモデルにあてはめうるかも知れない。しかし、土井ヶ浜のカワウ、銅鐸に表わされたサギあるいはツル、などの例もある。弥生時代の昔、こうした鳥一般に対する信仰があったであろうことは否定できない。

六　弥生時代から古墳時代への引き継ぎ

弥生時代の昔に、今まで想像してきたような、鳥杆を立て並べた祭儀が執行されていたとすれば、それは、おそらく、弥生の社会が農村として確立した中期の段階で、もっとも盛大におこなわれたことであろう。そして、祭儀を担当した巫師たちは、シベリアのシャーマンがしばしばそうするように、鳥に扮装したものであろう。その目は霊力をもった目、勝つ者の目であり、入れ墨を施した鳥の目であった。そうした巫師たちの目は、再葬墓の人面土器の表情にも認められる。

その後、司祭制が確立した段階において、弥生時代の巫師の後裔たちは、あるいは擬制巫として道を求め、あるいは葬送を司り、あるいは祭儀の折の演技者として体制の中に組み入れられていったことが想像されるのである。また鳥杆を立て並べ、器台を据えて供物を捧げた弥生の祭場も、やがては、その場を司祭の奥津城、すなわち古墳に移って行く。それとともに、鳥の霊力は、主として死霊運搬に発揮され、強調されて行くようになる。白鳥伝説、天若日子の葬送に衆鳥があたる話、あるいは、福岡県珍敷塚の壁画に表わされた鳥船もまた、こうした背景から語り継がれ、描かれたものであろう。

図７　鳥取県淀江町福岡の墓地に立てられた鳥杆（春成秀爾氏撮影）

しかし、習俗の常として、個々の器具は、そのもとの意味を失っても、急速になくなるものではない。特別に貴重な原料を用い、手のこんだ製作技術を必要とするものについてはその限りでないけれども、鳥杆のような簡単な類については、長く続いたことが考えられる。[51] 朝鮮半島で、その後長く集落の守護神として存続していることは、その例証の一つである。わが国でも、おそらく古墳の周囲には、このような鳥杆が立てられ、また、古墳時代の祭祀遺跡と見られるもののなかには、同じような可能性が考えられてもよい(52)。

『日本書紀』推古天皇二十八年の条に、

「冬十月、砂礫を以て檜隈陵の上に葺く、則ち域外に土を積みて山を成し、仍て氏毎に之を科おせて、大柱を土の山の上に於て建つ。時に倭の漢の坂上の直が樹てたる柱勝れて之太だ高し。故に時の人号けて之を大柱の直と曰う(53)」

とあるこの祭りは、被葬者欽明天皇の崩後五〇年目にあたる年のことである。祭りに際して、相当数の柱が建て並べられたことが、一つの挿話として、辛うじて伝え遺されている。これらの柱頭にも、もともとは木の鳥がつけられていたことを想像したい。

七　おわりに

神の国が、天上にある場合にも、海の彼方にある時にも、天空を高く遠く自在に天翔ける鳥が、神の国と人の世のなかだちをする使者であるという素朴な信仰は、世界的に広がっている。それは時には、死者の霊を彼岸に送る運搬者であり、時には、神霊をこの世にもたらす使いでもあり、あるいは、霊の化現だとも信じられていた。池上遺跡で出土した鳥形木製品も、このような古代人の信仰を背景として理解されるものである。

千鳥足の歩みを重ねながら、今まで述べてきた論旨をとりまとめるならば、池上遺跡で出土した弥生時代の鳥形木製品は、時期、形状、大小の違いはあるが、同一の使途をもつものである。それらは、杆頭につけられ、集落内の祭儀にあたって、鳥杆として立て並べられたもので、葬礼の具とする蓋然性は乏しい。その来源において、『魏志東夷伝』馬韓の条に見える蘇塗と関連することは認めてよい。しかし、蘇塗を含めて、こうした鳥杆を立てる習俗が、東北アジアから伝えられたかどうかについては、——その可能性はきわめて大きいとしても——ただちに断定しがたい。鳥杆を立て並べて執り行なわれる祭儀は、初期的な農耕社会の段階で、大きな役割を果し、司祭制の確立とともに、その社会における主導的な意義を失い、やがて、その祭場、祭儀の形態は、古墳とその祭りに移されて行く。しかし、その段階以後にも、鳥杆を立て並べた形跡はうかがいうる。なお、これらの鳥形木製品の鳥のモデルとなったものは、多くの仮説を積み重ねて想像するならば、しととどりのごとき小禽であろうかと推定される。

本稿をまとめるにあたっては、小林行雄先生をはじめ、註に記した多くの方々から、ご教示、ご援助を賜った。図3および図6の写真は、それぞれ国分直一教授、春成秀爾氏の撮影になるものである。小野山節、佐原真、甲元真之氏らのご助力と合わせて、厚くお礼申し上げたい。（一九七四年十月）

〔註〕

（1）第二阪和国道内遺跡調査会『池上・四ツ池』一九七〇年、五三

（2）金関　恕「神を招く鳥―池上遺跡の発掘を終って―」『朝日新聞』一九七一年七月一四日、文化欄

（3）岡内三真「韓国・大田地方発見の農耕図のある青銅器」『月刊考古ジャーナル』No.六九、一九七二年、一一の紹介による。この発言は、一九七二年三月一五日付の『中央日報』に記録されたものである。

（4）大場磐雄「葬制の変遷」『古代の日本』第二巻、一九七一年、一六一、一六二

（5）鳥形木製器は、当初五例と報告されていたが、遺物整理の段階で、さらに一例が見いだされ追加登録された。

（6）註（1）に同じ、五二、では、それらが出土したC溝出土の二例を、第三―四様式としている。第三または第四様式に属することを意味するのであろう。しかし、これらの鳥形木製品が出土したのは、C溝でも最下層部に近い位置にあたるので、これらが第三様式に属することは、ほぼ確実である。

（7）註（1）に同じ、五二、五三。池上遺跡出土遺物の整理研究は、第二阪和国道内遺跡調査会のあとをひき継いで、現在、大

阪府文化財センターが行っている。私の観察に際して援助を賜った井藤暁子女史に謝意を表したい。

(8) 註(1)に同じ、五四、第三〇図の1

(9) 赤松智城・秋葉 隆『朝鮮巫俗の研究』下巻、一九三八年、一九七
秋葉 隆『朝鮮巫俗の現地研究』一九五〇年、一〇七

(10) 秋葉 隆『朝鮮民俗誌』一九五四年、一五、一六一、二三三―二三六
赤松智城・秋葉 隆『朝鮮巫俗参考図録』一九三八年、四二

(11) 崔 吉 城「扶安の石鳥神柱―韓国の民俗5―」『韓国時事』第七〇号、一九七二年、六五―六七

(12) 註(9)初出に同じ、二〇〇、二〇一
註(9)二行目に同じ、一〇八、一〇九

(13) 凌 純 声『松花江下游的赫哲族』上冊 国立中央研究院歴史語言研究所単刊甲種之十四、一九三四年、一一二―一一四

(14) ウノ・ハルヴァ著田中克彦訳『シャマニズム―アルタイ系諸民族の世界像―』一九七一年、三五―三八、四八四―四八八、四九九
Uno Holmberg (Harva): "*Finno-Ugric, Siberian, The Mythology of All Races* IV (ed. by MacCulloch), New York, 1964, pp.334-336, 400.

(15) 註(14)初出に同じ、二八七、二八八
M・エリアーデ著、堀 一郎訳『シャーマニズム』一九七四年

(16) 村山正雄「魏志韓伝に見える蘇塗の一解釈」『朝鮮学報』九輯、一九五六年、二八九、二九〇

(17) 橋本増吉『東洋史上より観たる日本上古史研究』一(邪馬台国論考)一九三二年、五四五、五四六
上田正昭「神道以前」『古代の日本』第二巻、一九七一年、一九七、一九八。ここでは、蘇塗を別邑、すなわち大木のある聖地と解し、奈良県石上神宮の禁足地は古来神籬の聖地であり、「朝鮮の蘇塗と同じように、逃亡者のアジールともなった。」としておられる。

(18) 孫 普 泰「蘇塗考」『民俗学』第四巻第四号、一九三二年、二四五―二五六
白鳥庫吉「満鮮に於ける竿木崇拝」『史学雑誌』第四七巻第一号、一九三六年、一〇八―一一一

(19) A.F Anisimov: *The Shaman's Tent of the Evenks and the Origin of the Shamanistic Rite* (translated by Dr. and Mrs. S. P.

Dunn), *Studies in Siberian Shamanism* (ed. by Michael H.N), Toronto, 1963, pp.86.
この複写入手については、パトリシア・ヒチンズ女史の好意に感謝したい。

(20) 今西春秋「Sokiについて」『朝鮮学報』二〇輯、一九六一年、一一九
今西春秋「MANJU雑記二」『朝鮮学報』五四輯、一九七〇年、三五
今西春秋「MANJU雑記五」『朝鮮学報』六三輯、一九七二年、二五、二六

(21) 月本昭男氏の教示による。金 元龍氏も同様の考えを出しておられる。金 元龍「新羅鳥形土器小見」(『芸備』第二集、一九七四年、五八の註において、蘇塗は鳥棒ではないかとしておられる(新谷武夫氏訳)。

(22) 河野六郎「朝鮮方言学試攷—「鋏」語考—」(『京城帝国大学文学会論纂』第一一輯、一九四五年)、一三二。

(23) 韓 炳 三「大田出土の儀器」『中央日報』一九七二年、三月一四日。この解説は、註(3)に掲げた岡内三真氏の解説によった。なお、この青銅小板の別の面に表わされた、すきを踏む人像の頭には、鳥の尾羽根のようなものがつけられている。鳥装の巫師が執り行っている祭儀の一場面を描いたものではないだろうか。

(24) 註(19)に同じ、pp.96、97

(25) 朝鮮半島における、鳥杆、長生、石積の複合が、ツングース系諸族の祭場にも認められることから、両者の関係を述べたものがある。
註(9)初出に同じ、一九九—二〇二

(26) ノイン・ウラ古墓出土の布に表わされた、岩山の頂にとまる鳥が、鳥杆と関係があるかどうかについては考慮に価する。
梅原末治『蒙古ノイン・ウラ発見の遺物』一九六〇年、七二—七四、図版二三

(27) W. Stör: *Das Totenritual der Dajak* (Ethnologica N.F.1) Köln, 1959, S.46, Abb.5

(28) 註(27)に同じ、S. 99-101, Abb.10

(29) 岩田慶治『カミの誕生』『世界の宗教』一〇、一九七〇年、一七八

(30) H.A. Bernazik: Die Geister der gelben Blötter, Wien, 1951, S.199, Abb.103.
これについては、大林太良教授の教示を感謝したい。

(31) 林巳奈夫「中国先秦時代の旗」『史林』第四九巻、第二号、一九六六年、二四五

(32) 註(19)に同じ、p.84

(33) 朝日新聞社『弥生人展』一九七〇年

(34) 註(14)初出に同じ、四八五―四八八

註(14)Holmberg に同じ、p.400

(35) 佐原 真「銅鐸の美」『日本美術工芸』第三六三号、一九六八年、一二

なお、鳥杆が立て並べられた弥生時代の祭場では、蘇塗に鈴鼓がかけられたように、銅鐸もまた大きな役割を果したであろう。シベリアのシャーマンが祭儀にあたって打ちならす太鼓には、しばしば、彼らの世界像が描かれていて、そのなかには、銅鐸の絵画といくらか共通するものが見られる。ゴルドの神杆の一つには、ヘビ、カメ、ガマガエルなどを描いた例もある。興味深いのは、このゴルドの神杆の根本に立てられた二本の木偶である。それらは、それぞれ男女二神を表わし、平頭のものが男神、尖頭のものが女神だとされている。* 頭形によって男女の区別を示す点では、佐原真氏が銅鐸の人物像で推定された男女の表現と同じである。私は、伝香川県出土の銅鐸や、兵庫県桜ヶ丘出土の銅鐸のあるものに表わされた絵が、祭儀執行過程を示しているのではないかと疑う。別の機会に考えたい。

＊註(13)に同じ、一一二、一二二、一四〇、一四一

(36) 『朝日新聞』奈良版、一九七三年、五月三日

(37) 註(1)に同じ、一四、七五―七七

(38) 金関 恕『土井ヶ浜遺跡』一九六二年、一〇、一一

この小冊子で、私は誤ってこれをウミウとした。この機会に訂正しておきたい。

(39) 金関丈夫・坪井清足・金関 恕「山口県土井浜遺跡」『日本農耕文化の生成』第一冊本文篇、一九六一年、二三〇―二三九

(40) 註(38)に同じ、一〇

国分直一「呪術―その役割―」『日本文化の歴史 一 大地と呪術』一九六九年、一四一

なお、シベリアでは、シャーマンの天への旅出ちに際して、カモメを殺してシラカバの樹につける習俗のあることが知られている。

註(14)初出に同じ、四八三

(41) この資料は、その製作地が日本であるのか朝鮮半島南部であるのかについて問題であり、また表わされている動物意匠も、馬であるのか鳥であるのか定かでない。岡内三真氏は、この頂部の小突起が、コウライキジや、ミミズクなどにあるような、耳羽を表現したのだという可能性を考えておられる。

岡内三真「金海良洞里出土遺物について」『史林』第五六巻第三号、一九七三年、一四八

(42) 佐原　真「銅鐸の祭り」『古代史発掘 五 大陸文化と青銅器』一九七四年、一〇〇

(43) 御船恭平「岡山県三明寺の押型文弥生式土器について」『古代学研究』第六号、一九五二年、二九

(44) 名越　勉・甲斐忠彦「スタンプ施文土器の新例」『考古学雑誌』第五八巻第四号、一九七三年、五九—六七

この資料は、古式の土師器である可能性も考えられる。

(45) 註（9）三行目に同じ、一四、二三四

(46) 註（18）初出に同じ、二四八、二四九

(47) 註（1）に同じ、五三、五四

(48) 石野博信「兵庫県西宮市仁川五ヶ山弥生遺跡採集の男根状石製品」『古代学研究』第三七号、一九六四年、二三、二四

その後、山口県郷遺跡でも、前期に属する石製の例が出土している。

(49) 飯田武郷『日本書紀通釈』第五巻、一九〇二年、三六八六、三六八七他

(50) 古事記の歌謡中、時に、我鳥、汝鳥と歌い、あるいは、鳥の所作を伴うと見られるものがあるのも、鳥に扮装した演技者が、これを歌い演じたからであろうか。また、慶州南山出土と伝える土器の刻画に、鳥装の人物が装わされていることは、古くから知られているところである。

今西　龍「新羅時代の土器に彫刻せる神話」『東京人類学会雑誌』第二三巻第二六二号、一九〇八年

(51) 杆頭につけたものかどうか不明であるが、石川県散田遺跡の中世の井戸の中から、経木製の例が出土している。

高堀勝喜他『普正寺』一九七〇年、七、八

現代の習俗として、鳥取県西伯郡淀江町福岡の岩屋古墳に接した墓地で、羽を組み合わせた板製の鳥を杆につけ、喪屋の傍に立てた例があることを、春成秀爾氏より教えられた。

(52) 奈良県石見遺跡は、径約三〇mの広場の周囲に溝が繞らされ、溝の内側にそって形象埴輪、円筒埴輪、須恵器などのほか、

木製品が出土している。木製品のなかには、長さ一mの奇怪な人形四と一三の円盤があったと報告されている。石野博信氏によれば、この人形木製品とされているものは、鳥形を表わしたとも見られるよしである。

森　浩一「形象埴輪の出土状態の再検討」『古代学研究』第二九号、一九六一年、三

森　浩一「奈良県磯城郡三宅村石見遺跡」『日本考古学年報』一九、一九六一年、一七三、一七四

また、現代に遺る祭の例として、下関市忌宮神社の「数方庭祭」がある。八月七日より七日の間、鳥の羽をつけた長竿を立て並べ、これを担いで、新羅の将の首塚と伝える境内の鬼石の周囲を、鈴鼓に和して踊り舞う祭である。祭の名がソッテーに類似していることも興味深い。同様の祭は、下関市の井田の「のぼり舞」にも見られるよしである。これらについては、国分直一教授、伊東照雄氏の教示をえた。

(53)　この条については、西谷真治教授より教えを受けた。

第3章　祖霊信仰から首長霊信仰へ

一　はじめに

弥生時代のみならず、すべて史料の乏しい時代の社会生活や精神生活を、考古学的な方法によって探ろうとするばあい、いくつかの仮説を立てておかなければならない。ここでは弥生時代の精神生活を復原するために、その時代の精神生活の中心になったものが農耕儀礼であり、その儀礼の基本は、水稲農耕文化複合の一要素として、朝鮮半島を経由して伝えられたものであるという仮説を立て、以下の議論を進めたい。

二　『魏書』東夷伝

このような仮説を設けるならば、弥生時代の農耕儀礼について、もっとも示唆に富む史料は、しばしば指摘されていることではあるが、『魏書』東夷伝馬韓の条の叙述中、つぎに意訳をした一節であろう。すなわち、三世紀のころ、朝鮮半島西南部にあった馬韓では、

毎年五月に種を播きおわると鬼神を祭る。人びとは集まって歌舞し飲酒し、昼夜休むことがない。その舞は数十人がともに立って調子を合わせ、あるいは高く、あるいは低く足をあげて地を踏み、手ぶりも足の動きとあっている。その節奏は鐸舞に似たところがある。十月に農耕がおわればまた同様の祭をする。人びとは鬼神を信仰し、国邑ではそれぞれ一人を立てて天神を祭らせている。この人を天君と名づけている。また諸国には

別邑があり、これを蘇塗と名づけている。大木を立て鈴鼓を懸けて鬼神につかえる。逃亡者たちがそのなかに入れば、ここから出ることはない。（追捕を免れうるので）悪事をなすものが多い。蘇塗を立てる意義は仏教に似ているが、その効果の善悪はおなじではない。

このように意訳をしてみたが、なおじゅうぶんに意味は通らず、従来から解釈も分かれたままである。しかしこの一節は、東夷伝のなかでも表現がいきいきとしていて、あるていど信用度の高いインフォーマントから得られた情報ではないかと察せられる。文は全体として前半の農耕祭事と後半の蘇塗の説明の二つの部分に分けうるであろう。

前段の農耕祭事についていうならば、これが三世紀における朝鮮半島の西南部でおこなわれていること、五月に種を播き十月に収穫をおえると解釈しうることから、まず稲作の祭りであることはいちおうみとめてよいであろう。この儀礼では、農耕神として鬼神が祭られている。

鬼神の祭りは、東夷伝中、高句麗や弁辰の条にも登場する。そのうち高句麗の条について、川副武胤氏は、その俗に「鬼神を祭り、また霊星社稷を祀る」とあること、その五族のうちの涓奴部の条に、涓奴部本国主は「また宗廟を立て、霊星社稷を祠るを得たり」とあることから、この二つの叙述を対比したばあい、鬼神の祭りは宗廟の祭りに対応し、したがって、土地神である社稷、農耕神である霊星とともに、祖霊神である鬼神の祭りがおこなわれたであろうと推定しておられる。東夷伝を通じて鬼神がつねに祖神を意味していると断定してよいかどうかはともかくとしても、その可能性は高いとみてよいであろう。

この鬼神の祭りにさいして、人びとは歌舞飲酒するが、その舞の節奏は鐸舞に似たものであるとのべられている。鐸舞については、『宋書』巻十九、志第九、楽一に鐸舞歌が説明されている。すなわち鐸舞歌は鞞舞歌、幡舞歌、鼓舞伎などとともに陰暦元日の朝会にさいして演じられたものであるらしい。同様の説明は『晉書』の楽志にもみられるが、これは『宋書』のそれを踏襲したものであろう。『宋書』はこのうちの鞞舞について、いま（梁）

の鞞扇舞なりとしているが、杜佑の『通典』も「鞞舞は梁のころ鞞扇舞とよばれた」とする。鞞は大型の太鼓のリズムを助ける小太鼓である。南陽画像石の舞楽百戯には、柄つきの小太鼓である鞀もみられる。陳の釈智匠の撰になる『古今楽録』も鐸舞についてその由来の古いことをのべ、鐸は舞者がもつこと、魏の太和のころにあったことなども伝えている。鐸舞とともに、この史料に登場するものに払舞があるが、これも舞者が払子をもって舞うものであるらしい。

おそらく魏晉のころ、幡や扇や払子や鐸をもって舞う各種の舞があり、それぞれに特有のリズムがあって、当時の人びとの耳には熟していたとみられる。

東夷伝の農耕祭の歌舞は、その節奏が鐸舞に似ているというだけで、舞人が鐸をもって舞ったのだと考えることはできないであろう。当時の鐸についていえば、『宋書』の楽志では、金属音を発する楽器として、鍾・鎛・錞・鐲・鐸があげられ、鐸については大鈴であるという『説文』の解説がそのまま引かれている。『古今楽録』では、鐘の類に、鐘・鎛・錞・鐲・鐃・鐸がふくめられ、鐸については、「大鈴の如し」としている。しかし、鐸に似た鐃について「鈴の如くして舌が無く、柄があってこれを執る」と説明しているので、鐸が大鈴の如しといわれていても、鈴のような鈕をそなえたものだということにはならない。鐸は古来の形のまま、有柄有舌の楽器で、舞者がふり鳴らすのにふさわしい形だと考えられるものである。朝鮮半島では鐸の出土は乏しく、広い分布をもつ朝鮮式小銅鐸とよばれる類が、正しくは鈴とよばれるべきものであることは、すでに佐原真氏の説かれるとおりである。この点でも東夷伝の農耕祭に鐸をもった舞がおこなわれたとは考えにくい。

ともかく、この前半の部分はあたかも農村における祭儀を描写した趣きがあり、公的・国家的な儀式・儀礼の類とは思われない。これについで、諸国の都で天君とよばれる司祭が天神を祭るとのべられている。馬韓の人びとが信仰する鬼神と天神との関係は明瞭ではない。異なった神格であろうが、鬼神のほうは水稲耕作とともに伝来し、北にも伝えられていったもので、天神は、夫餘、高句麗、濊などの祭天習俗とおなじく、北の牧民の信仰が伝えられていたものか、あるいは、おくれて中国から招来されたものであるかもしれない。

鬼神は、後段の蘇塗の叙述のなかでも祭祀の対象になっている。蘇塗とはなにかということについては、まだ解釈が定まっていない。蘇塗に関しては『後漢書』東夷伝、『晉書』四夷伝、『通典』辺防門もふれている。これらの表現は多少異なるが、その源はいずれもこの『魏書』東夷伝によったもので、あらたに成文したものはない。しかも『後漢書』以降のものは記事もいっそうあいまいで、すでに蘇塗の実態があきらかでなかったことを示している。

三　朝鮮半島の祭祀

『魏書』東夷伝の記述をそのまま読むかぎりでは、蘇塗は別邑をあらわす普通名詞であるようにみられる。しかし、「蘇塗を立てる意義は」とあることをみれば、別邑に立てられた大木を指す可能性ものこされている。事実、これまでこの蘇塗については、別邑説と杆木説が対立していた。蘇塗について、これまでもっとも詳細な研究を進めた孫晋泰氏は、杆木説をとり、東夷伝のこの部分はもともと「諸国には別邑がある。大木を立ててこれを名づけて蘇塗となす」とあったものが誤写されたのであろうと推定した。孫氏がこのように強く杆木説を主張する根拠のひとつは、最近まで朝鮮半島でひろくおこなわれていた立杆習俗にもとづいている。

このような朝鮮半島における立杆習俗については、早くから秋葉隆氏らによって調査されてきた。これらの杆頭には通常木製の鳥がつけられ、ソッテー、スサルテーなどの名でよばれている。多くは、怪奇な顔を刻んだ一対の木偶（長生）とともに、村の入口や寺院の門前に立てられていて、朝鮮半島では南半の各道に多く分布している。秋葉隆氏は、蒙古王爺廟郊外の蒙古人村落でも鳥杆例を採集したと伝える。中国東北からシベリアにかけて広がっている鳥杆習俗については、凌純声や膨大な資料を駆使したウノ・ハルヴァ、エリアーデの著書によってうかがいうる。またその儀礼の実態は、アニシモフの報告から推察しうるが、シベリアのエベンキ人のばあいでも、鳥杆と祖神をあらわす木偶が複合していることに気づくのである。

こうした鳥杆習俗がいつまでさかのぼるかについてはまだあきらかでない。崔吉城氏は、全羅北道の扶安にある石鳥神杆を紹介しておられるが、その下部には「康熙二八年……」の銘が刻まれ、十七世紀後半にはこの習俗があったことを示している。また、『高麗図経』にもその存在を暗示する記載があるという。おそらく、古代にさかのぼることが確実な長生とともに、その歴史は古いとみとめうるであろう。孫晋泰氏は、こうした鳥杆がソッテー、スサルテーなどの音をもつことに注目し、その下のテーは杆をあらわすことを考証し、上のソッまたはスサルは聳の音をあらわしたと推定して、これが聳杆であろうと考えた。このような名称と習俗によって、蘇塗聳杆説をとなえたわけである。

蘇塗が聳杆の音訳であるかどうかはともかくとして、それが現在の鳥杆とつらなり、立てられた柱を意味することはみとめてよいと考える。ソッテー、スサルテーなどの音は、あるいは鳥杆そのものをあらわすとみてよいのではないだろうか。同様の考えは、かつて金元龍氏も示されたことがある。かりにそうだとすれば、蘇塗は鳥形木製品をつけた柱だということになる。蘇塗はたしかに別邑の名であるけれども、もともとは杆木の名称であり、それが立てられた場所の名ともなったのではないだろうか。中国や日本で、柵といえば立てられた防禦用障害物であり、かつまたそれらがとりかこむ要塞をも意味する。郭もまた石などを積んだ構築物であって、しかもそれが囲繞する一郭を意味する。朝鮮語のウリも同様であろう。普通名詞に複数形のないばあいには、一般にこのようなよびかたがおこなわれうるであろう。したがって、蘇塗が聖域であるならば、立てられた蘇塗は複数であり、想像をたくましくするならば、鳥杆を立て並べて区画した聖域と解釈しうるであろう。

さてこの別邑にも鬼神が祭られ、アジール（聖庇所）としての役割を果たすとされている。「鬼神が祖先霊であるとするならば、祖先霊はとうぜんそれぞれの民族の守護霊となるであろうから、その一氏族の利害を超えたところに成立するであろう超越的霊格としてのアジールとはならない……」という考察も出されている。しかし「さまざまな文明段階にある多くの民族の間で、聖なる場所はすなわち聖庇所である」とするヘイスチング編の『宗教学・倫理学事典』の豊富な挙例によるならば、聖庇所の発生と機能はきわめて多様である。いったん聖域となった域内では、出自の異なる敵であっても捕えられない例（北米ミズリー州アリカラ族）も引かれている。

とにかく、この別邑に祭られている鬼神は、すくなくとも前段に登場する農耕神としての鬼神と同様の神格であり、個性を失い融合した死霊の実体としての祖霊神であり、農耕を主生業とする社会ではとうぜん子孫に豊饒の加護を与える霊として馬韓の人びとに崇拝されたとしても不思議ではない。『魏書』東夷伝では、この個所にかぎって「鬼神に事える」と書かれている。「事える」には「祭る」という意味もあり、文章表現のうえでおなじ動詞の重出を避けるために用いただけのことかもしれない。しかし他の個所にはすべて、祭、祠の字が使われていることから、あるいは「事」は、形を具えた鬼神、すなわち神像のようなものがおかれ、これに供物などして事えていることを表現しようとしたものかもしれない。

最近にいたるまで、朝鮮半島から中国東北地方、シベリアにかけて広がっていた鳥杆習俗と男女一対よりなる祖神木偶との複合はきわめて古い歴史をもつものであろう。朝鮮半島の長生は、「上元周将軍」「下元唐将軍」とか「天下大将軍」「地下女将軍」の名が刻まれたり書かれたりしている。多くのばあいこうした一対が立てられ、彩色のちがいによって男女の差をあらわしたものもすくなくない。これらは、境界神として、あるいは道祖神として、強調された邪視が威力を発揮している。おそらく元来は、男女一対の祖霊像であり、儀礼の中心の場にあったものが、鳥杆とともに村境いに追放され流竄した姿だとは考えられないであろうか。『周書』異域伝の高句麗の条に、「また神廟が二ヵ所あり、一つを夫餘神といって木を刻んで婦人の像を作っており、もう一つを登高神といって始祖で夫餘神の子だという」（礒部真氏他訳『東アジア民族史』による）というくだりは示唆的である。

蘇塗として立てられた杆木には鈴・鼓が懸けられている。前述のように朝鮮半島における独特の型式の銅鈴出土地の分布は広く、北は平安南道から南は慶尚北道におよぶ一〇カ所を数え、鋳型の出土も知られている。これらの出土品のほとんどは墓の副葬品であるが、もちろん銅鈴は副葬品として作られたものではない。墓に入れられたためにかろうじてのこっていたものである。その元来の用途は馬などにつける鈴であったかもしれないが、朝鮮半島における鈴の使用を示した唯一の史料を無視することはできないであろう。すなわち、それらのあるものが蘇塗につけられていた可能性を吟味しなければならない。

銅鈴を出した遺跡の年代は、共伴遺物の組み合わせなどによって、前二、三世紀ごろから後一世紀ごろにおよぶであろうことが推定されている。しかし銅鈴そのものの使用年代が、その間に厳密にかぎられているということはできない。かりに副葬習俗の廃絶がそのころにおかれるとしても、使用の下限年代の特定はむずかしい。いっぽう、『魏書』東夷伝の記事は三世紀の状況をのべたものである。いうまでもなく聖域の成立にはより古い歴史があったと考えうるであろう。その聖庇所としての機能が強調されている点よりみれば、これはこうした聖域の歴史として末期的な段階にあることを示すと想像される。したがって、銅鈴が蘇塗の杆木に懸けられていた可能性はじゅうぶんにあると思われるのである。鈴とともに懸けたと記述されている鼓は、腐朽して実態をとどめていないのであろうが、ふさわしい類似例に懸鼓などが挙げられるであろう。

『魏書』東夷伝の馬韓の条に関する以上の考察は、仮説に仮説を重ね、いささか従属事象の確率的結果となってきたが、要するに、蘇塗は鳥杆を立てて区画した聖域であり、その中心にはおそらく一対の木彫祖霊像が祭られていた。その原型であり、また馬韓の人びとが心中に描いた理想の聖所は、聖浄な森のなかの空間地にあたり、周囲の木々の梢は、時には穀霊の運搬者、時には霊の化現だと信じられていた鳥禽が集まるところであった。そのような姿は、前三世紀に年代づけられている忠清南道大田地方出土の小青銅板に鋳出された絵によってもうかがうことができる。すなわちその青銅小板の一面には、木の梢に集まった鳥をあらわし、他の面には、鋤を踏む耕作者の姿があらわされている。鋤を踏む人の頭には尾羽根のような飾りがつけられ、鳥装の人をあらわしたのではないかと想像されるのである。

朝鮮半島に稲作が伝来したのは、前五〜六世紀にさかのぼるとみられるであろうが、農耕社会の成立と展開の過程で、稲作とともに伝えられた祭儀の形態もさまざまに変容したものであろう。しかし農耕社会であるかぎり、なんらかの農耕儀礼がおこなわれていたはずである。もっとも、あるいは情報不十分であったためか、記述の重複をできるだけ避けようとした編輯方針がとられたためか、『魏書』東夷伝の、辰韓や弁辰の条にも、また倭人の条にも、農耕の祭りについては触れられていない。しかし、銅鈴はこれらの地方にも分布している。その分布圏のすべての地で馬韓の蘇塗と同様の聖域が形成されたということはできないとしても、聖域を構成する他の要素が加わっているということになれば、その蓋然性はより高くなるであろう。

四　弥生時代の農耕儀礼

日本では弥生時代の遺物として、いわゆる朝鮮式の銅鈴が出土している。一つは大分県別府《びゅう》出土で、弥生時代後期の土器片とともに投棄されたような状況でみいだされた。一つは鋳型で、福岡県春日市岡本で出土している。したがってこの地で銅鈴が製作され使用されていたことはあきらかである。鹿児島県山ノ口遺跡のA地点では、一対の軽石製の岩偶が出土している。そのうち小型のほうは、胸に乳房を表現する突起があり、他はそうした表現を欠く。男女一対と考えてよいであろう。これらが出土したA地点では、弥生前・中期の土器がともに出土しているので、この岩偶の時期もそのいずれかに属している。報告書の河口貞徳氏は、ここが農耕儀礼などの祭場であろうと想定し、「当時の砂丘上に集落の共同の祭祀が行なわれた遺跡ではないかと思われる」と記している。

滋賀県大中の湖南遺跡でも二例の木偶が出土している。これらは出土地点を異にするとはいえ、ともに弥生時代中期に属するもので、大型円頭のものと小型平頭のものが作り分けられている。それぞれ男女を表現しようとしたものであろうか。大阪府池上遺跡や京都市深草遺跡では、弥生時代中期の鳥形木製品が数点出土している。深草遺跡出土資料についてはあきらかではないが、池上遺跡の例は、つくりのうえで大小・精粗のちがいがあるとはいえ、すべて腹側に一孔が穿たれている。杆木につけられ鳥杆として用いられたものであろう。

このように、西日本の全土を通じてまことに寥々たるものではあるが、蘇塗的な聖域の構成要素と判断される弥生時代の出土遺物をとりあげてみた。こうした祭場が地表につくられ、遺構として遺りうる条件に乏しく、また遺物として保存され難い木製品が発見されていることを顧慮するならば、寥々という表現はあたらないかもしれない。西日本の各地で、祭場の形成と展開の過程には地域ごとにちがいがあったであろう。おそらくその構成要素のひとつであった銅鈴の型式学的発展のある段階では、銅鐸が創り出されたと考えられるが、これこそ祭儀の特殊化していく姿を示すものであろう。

男女一対の軽石製岩偶（鹿児島県山ノ口遺跡）

俗世の村々が国へと統一されていく経過のうちに、豊饒の加護を祖霊への祈りにこめた各村の祭りは、やがては国の祭りとして統合される時期を迎えたであろう。弥生の神々の威光は衰え、銅鐸の響きも絶えるようになる。祭場は、社会統合の中心的役割を果たす国の祭り場と、伝統的な村の祭り場に分離しはじめたかもしれない。あるいは司祭たちも統轄され、序列が形成されるようになったかもしれない。その間の事情を語る考古学的資料はまことに乏しい。蘇塗的祭場の構成要素であったと思われる銅鐸が埋納されたまま忘れられ、あるいは統合にさいして集めて埋められた情況を示しているのが、その間の事情を語っているにすぎない。いっぽうでは、おそらくは家内祭祀に用いられたのではないかと思われる遺物が量的に多くみいだされてくる。

　俗世の国々のあいだでは、大乱を経て連合的纏まりが形成されるまで、いくたの苦難を迎えたであろう。それとおなじように聖の世界にも統一への苦しみがあった。その世界は、俗世の強い要請のもとに擁立された、鬼道を事とし従来の司祭とは隔絶的な力の保持者である女王によってまとめられることになる。その鬼道が、今日の南方的憑依型シャマニズムであるのか、道教的要素が多少とも加えられた呪術であるか、判断のかぎりではないけれども、従来の祭儀を超えた神秘性を備えたものであったようである。その死とともに祭るものは祭られるものに昇格し、祭場のプランに合わせて土を盛った墳丘が形成される。村々に加護をたれた祖霊の信仰は、あらたに構成された首長霊信仰と分離し、日本のいわゆる基層信仰に組み入れられていくという図式がまとめられるのではないであろうか。

第4章　考古学から観た古事記の歌謡

一　方法論の吟味

わが国の古典のうちでも、もっとも重要な位置を占める古事記については、江戸初期以来の永い研究の歴史があり、その研究の現在の段階は、考古学を志す筆者のような門外漢の容喙を許さない程の高い水準に達していると見られる。しかしその研究史を顧みるならば、従来までは、専ら文学、語学、史学、やや時代が下っては、神話学、民俗学や民族学などの方面から努力が傾けられて来たように見うけられる。もしも、近年急速に成果をあげつつある考古学の現段階に立って、古事記に照明を投げかけるならば、いくらかでも今までとは違った画像が浮かび上るのではないであろうか。

もちろんこれまでにも、考古学者が古事記を蔑ろにして来たわけではない。発掘された古代の遺跡の地名や性格を同定する場合も、遺物の名称や用途を推定する場合にも、さらにそれらが暗示している古代の習俗を臆測する場合にも、古事記はもっともより処となる古典の一つであった。尤もその反面で、遺跡の発掘調査を通じて出土した遺構や遺物が、古事記に記述されている構造物や品物のイメージに、より生いきとした印象を刻みつけていることも否定できないであろう。ただし、古事記全体を遺漏なく分析し、それを構成する個個の説話の成立について納得の行く段階的な区分を設定し、それらを考古学的に確立されている時代区分の枠組にあてはめて行く作業は、少なくとも考古学の側からは試みられていない(1)。古典に関するこのような包括的研究を専門外の立場から行なうことが、今日ではもはや不可能に近いという点に加えて、こうした試みを進める際には、次のような障害が予測されるからである。

すなわち、古事記などの古典に登場する物的資料の名称が、地下から掘り出された考古学的資料の名称として採用されることは少なくない。その考古学的資料の累積とともに、型式学的研究が進展し、与えられた名称は編年された一系列の遺物の名称として定着する。この場合、その一系列の遺物は、考古学的な時代区分の枠組、例えば、弥生時代とか古墳時代などのいずれかに属し、時にはその系列の遺物の発見によって、それを含む遺構や遺跡の年代が特定されることもしばしばある。したがって、古典説話の成立の段階を、考古学的な時代区分の枠組と対比する際に、登場する物的資料がその説話のなかで果たす役割の軽重や、その出現頻度を考慮して時代決定しようとしても、循環論法の罠に陥らざるをえない。これが考古学者をしてこうした試みを躊躇せしめてて来た原因の一つである。

他方、神話学や民族学研究の立場からは、個個の古典の説話を人類に共通の文化発展の段階に位置づけ、また、考古学が設定した時代区分の枠組をも同様、文化発展段階に組みかえ、発展段階を媒介として、説話と考古学的時代区分を整合しようとする努力が払われているように見られる。しかしこの場合、少なくとも日本列島にあっては、人類誌的文化段階説形成の場として参照されたヨーロッパや西アジアに比べて、歴史の進行が決して定型的でないことを顧慮しなければならない。つまり、縄文時代として区分された時代が新石器時代に属するといわれても、その文化内容は、農耕、牧畜、土器、磨製石器などの要素を伴なった典型的新石器文化の内容とは一致していない。したがって、人類誌的文化段階区分を、日本考古学の時代区分の枠組にあてはめる際には、幾分なりとも齟齬をきたすおそれがないわけではないであろう。

国文学の側では、古典研究を通じて形成されたイメージを、直接に考古学的時代区分の枠組に定着させようとする試みが行なわれているようである。それらのうちで、筆者が興味深く感じているのは、神田秀夫教授による解説である。神田教授は次のように説かれる。すなわち、縄文時代人が現代日本人の直接の祖先であるとしても、日本語の祖語を口にし耳にしていた民族とは考えられないから、文芸の歴史とは結びつけようがない。したがって古事記の神話は、弥生時代以後に発生したものがほとんどであるといってよい。その大成は六世紀とみられるが、そのなかの、いざなき・いざなみ神話を溯って考えて見ると、縄文末期から弥生初期に移る前三世頃の古い時代の声もきこえるように思う。(2)

ここに述べられた趣旨については、筆者も同感を覚える。古事記に画かれている神話世界は、イメージとしては古墳時代後期の頃を中心として形成されているように感じるが、そのなかには弥生時代の開幕の頃から伝えられた儀礼や説話の残映もほのかにうかがえると思うのである。特にその歌謡の中で海人によって歌いつがれたと見られているものには、その色合が濃いと感じられる。ここでは、方法論的には問題を遺すおそれがあるかも知れないが、古事記の歌謡のあるものをとりあげ、無知を顧みずに考察を試みたい。幸いにして、古事記については一般読者を対象とした優れた解説書が近年いくつか刊行されている。それらを道しるべとするならば、踏み迷うことなく分け入れるのではないかと思う。(3)

二　古事記歌謡の鳥

古事記の歌謡にしばしば鳥が登場することは、すでに指摘されているところである。神田秀夫・太田善麿両氏の校註になる『古事記』上下巻のうち、下巻に収められた解説中に、次の記述がある。「まず第一に、古事記の歌謡詞章は、鳥を素材とすることにおいて、注目すべき徴候を示していることをとりあげてみよう。」と述べられた後、雄略天皇段に御製と伝える第一〇三番歌、神武天皇段に見える第一八番歌が例としてあげられ、「このやうに、人間の行為や状態の形容に鳥の名を列挙するやうなやり方をした歌は、日本書紀には勿論、万葉集にも、その他の古代文献にも、例を見ない。」とされている。さらに、「古事記には、鳥の名もしくは鳥といふ語を含む歌謡詞章（前後の説話の内容から、人名と解すべきものも含めて）が二三首ある。日本書紀には同じく一六首ある。これを記紀のそれぞれ総歌数で除すると、古事記では二〇％、書紀では一二・五％といふことになる。全歌数の五分の一が、鳥のことを何らかの形で口に上せているといふのは、古事記歌謡詞章の著しい特徴であると言へよう。」と指摘されているのである。(4)

鳥の登場が目だつ古事記の歌謡のなかでも、特にその出現頻度が高いのは、神話と天語歌ではないであろうか。五首を数える神話中の三首、三首の天語歌中の一首、合わせてその半ばで鳥が歌われている。しかも、これらに登場する鳥には、繰り返えして歌われるものや、その所作を表現しようとされているものもある。

大国主命、すなわち八千矛の神が、高志の国の沼河比賣に求婚に出かけられたとき、その沼河比賣の家に着いて歌われた歌に次の一首がある。

夜知富許能　迦微能美許登波　夜斯麻久爾　都麻麻岐迦泥弖　登富登富斯　故志能久邇邇　佐加志賣遠　阿理登岐加志弖　久波志賣遠　阿理登伎許志弖　佐用婆比爾　阿理多多斯　用婆比邇　阿理加用婆勢　多知賀遠母　伊麻陀登迦受弖　淤須比遠母　伊麻陀登加泥婆　遠登賣能　那須夜伊多斗遠　淤曽夫良比　和何多多勢禮婆　比許豆良比　和何多多勢禮婆　阿遠夜麻邇　奴延波那伎奴　佐怒都登理　岐藝斯波登興牟　爾波都登理　迦祁波那久　宇禮多久母　那久那留登理加　許能登理母　宇知夜米許世泥　伊斯多布夜　阿麻波勢豆加比　許登能　加多理其登母　許遠婆

すなわち、求婚に通いつづけられた八千矛の神が、「太刀の緒もまだ解かず、襲をもまだ解かないうちに、孃子の寝ている家の板戸を押したり引いたりしてゆさぶり立っていられると、青山で鵼は鳴き、野の雉は声をあげ、庭つ鳥の鶏も鳴く。憎らしくも鳴く鳥だ。打ちたたいて鳴きやめさせてくれ。海人駈使よ。この物語を語り事としてお伝えいたします。」と歌っている。三人称の八千矛の神の命で始まり、後半では一人称の歌となり、おわりには、語り事として伝えるとあるこの歌が、演劇的要素を示していることは、すでに指摘されているところである。(5)ここで歌われている鳥は、鵼、雉、鶏と、それぞれ、夜半から明け方にかけての時間の推移を示す上に、巧みにとり入れられているとされるが、劇として上演される場合には、おそらく、鳴き声をあげる声優が、あるいは鳥装の俳優が、登場したのではないであろうか。

この歌に答えて、沼河比賣は未だ戸を開かずに内から歌われた。

夜知富許能　迦微能美許等　奴延久佐能　賣邇志阿禮婆　和何許許呂　宇良須能登理叙　伊麻許曾婆　和杼理邇阿良米　能知波　那杼理爾阿良牟遠　伊能知波　那志勢多麻比曾　伊斯多布夜　阿麻波世豆迦比　許登能加多理碁登母　許遠婆

以下さらに歌いつがれるが、略すことにする。さて、ここでも、沼河比賣は、「我が心浦渚の鳥ぞ」と鳥にたとえ、また、「我鳥」「汝鳥」といい表わす。前歌に鳥が歌われたので、鳥で受けたとも考えられるが、わがままをいって意に従わぬ自分を我鳥、あなたのものになる自分を汝鳥と歌う理由については、なお充分に納得が行かない。想像をめぐらせるならば、この劇は、その遠い過去には鳥装の演技者によって演じられていたのではないであろうか。

八千矛の神の嫡后、須勢理毘賣の命は、非常に嫉妬深かった。夫の神は困りはて、出雲から大和に上ろうとされ、族装を整えて出発される時、片手を馬の鞍に置き、片足を鐙に入れて、歌われた。

奴婆多麻能　久路岐美祁斯遠　麻都夫佐爾　登理與曾比　於岐都登理　牟那美流登岐　波多多藝母　許禮婆布佐波受　幣都那美　曾邇奴岐宇弖　蘇邇杼理能　阿遠岐美祁斯遠　麻都夫佐邇　登理與曾比　游岐都登理　牟那美流登岐　波多多藝母　許母布佐波受　幣都那美　曾邇奴棄宇弖　夜麻賀多爾　麻岐斯　阿多弖都岐　曾米紀賀　斯流邇　斯米許呂母遠　麻都夫佐邇　登理與曾比　淤岐都登理　牟那美流登岐　波多多藝母　許斯與呂志　伊刀古夜能　伊毛能美許等　牟良登理能　和賀牟禮伊那婆　比氣登理能　和賀比氣伊那婆　那迦士登波　那波伊布登母　夜麻登能　比登母登須須岐　宇那加夫斯　那賀那加佐麻久　阿佐阿米能　疑理爾多多牟叙　和

加久佐能　都麻能美許登　許登能加多　理碁登母　許遠婆

ここでは、黒い御衣、青い御衣、藍色の御衣と三度着替えられ、その度に鳥の羽ばたく所作が繰り返されている。その羽ばたく様は、まさに眼前に彷彿と浮ぶように歌われている。また、「群鳥の我が群れ往なば、引け鳥の我が引け往なば」という句も、鳥の習性から発した表現だと説明するだけでは心にかかる。この歌では、枕詞に「ぬばたまの」や「若草の」が用いられいること、先の歌と共に記紀歌謡の中では特に長い歌であること、さらに、歌詞や表現法の特色からも、新しい時代の作であると見られている。[6] しかし、歌謡として完成された時期は新しいとしても、古い芸能伝承の面影を遺しているのではないであろうか。

なお、この歌に応えて、その后の須勢理姫の命は大御酒杯を取って立ち寄り、歌われたが、そのあとは、次のように結ばれている。

如此歌、即為宇伎由比〔四字以音〕而、宇那賀氣理弖〔六字以音〕、至今鎮坐也。此謂之神語也。

これについては、「互いに首に手をかけ合って、現在に至るまで鎮坐していられる。」と解かれており、男女交歓の様を表わした彫像が祭られている状況を述べた、と考えられることは興味深い。[7]

神語の他、これと近い性格の歌とされる天語歌にも鳥が歌われている。さきに引用した太田善麿氏の解説に、例としてあげられている雄略天皇の御製という歌謡である。すなわち、長谷の百枝槻の下で豊楽をされた折、伊勢の三重の歌に応えて、大后に続き次のように謡われた。

毛毛志紀能　淤富美夜比登波　宇豆良登理　比禮登理加氣弖　麻那婆志良　袁由岐阿閇　爾波須受米　宇集須麻理韋弖　祁布母加母　佐加美豆久良斯　多加比加流　比能美夜比登　許登能　加多理碁登母　許袁婆

ここに登場する鶉や鶺鴒は、それぞれ、領巾や尾行き合えの枕詞的序詞であって、特に穿鑿する程の意味はないのかも知れない。しかし、天語歌が神話に類し、神語と共に新嘗祭の豊明などの席で海人族の語部によって謡われたと考えうるならば、その席では、歌や語りに合わせて所作事も行なわれたであろうし、大宮人を演ずる演技者は、鳥の所作を真似たと想像されるであろう。
神語や天語歌ではないが、神武天皇の段で、大久米命と伊須気余理比賣の間で交わされた歌謡のうち、比賣の問いかけの歌にも鳥名が羅列される。神武天皇の命を受けた大久米命が、天皇のおことばを比賣に伝えようとした時、その大久米命の黥ける利目を奇しく思われた比賣は、次のように問いかけた。

阿米都都　知杼理麻斯登登　那杼佐祁流斗米

この歌については、問題とされる点がいくつかある。大意としては、記伝の解釈の通りに、「あまとり（胡鷰）、つつとり（鶺鴒）、千鳥、しととどり（鵐鳥）のように、どうして目に入墨をしているのか。」と取られている。このように諸鳥の名があげられているのは、これらの鳥の目は円くて鋭いから、大久米の命の目に譬えたのであろうと考えられているのである。この場面もまた、劇的に構成されている。特に、丹塗矢の物語からここに続く話は、滑稽な所作を含む演劇の筋書きとしてふさわしく感じられるのである。

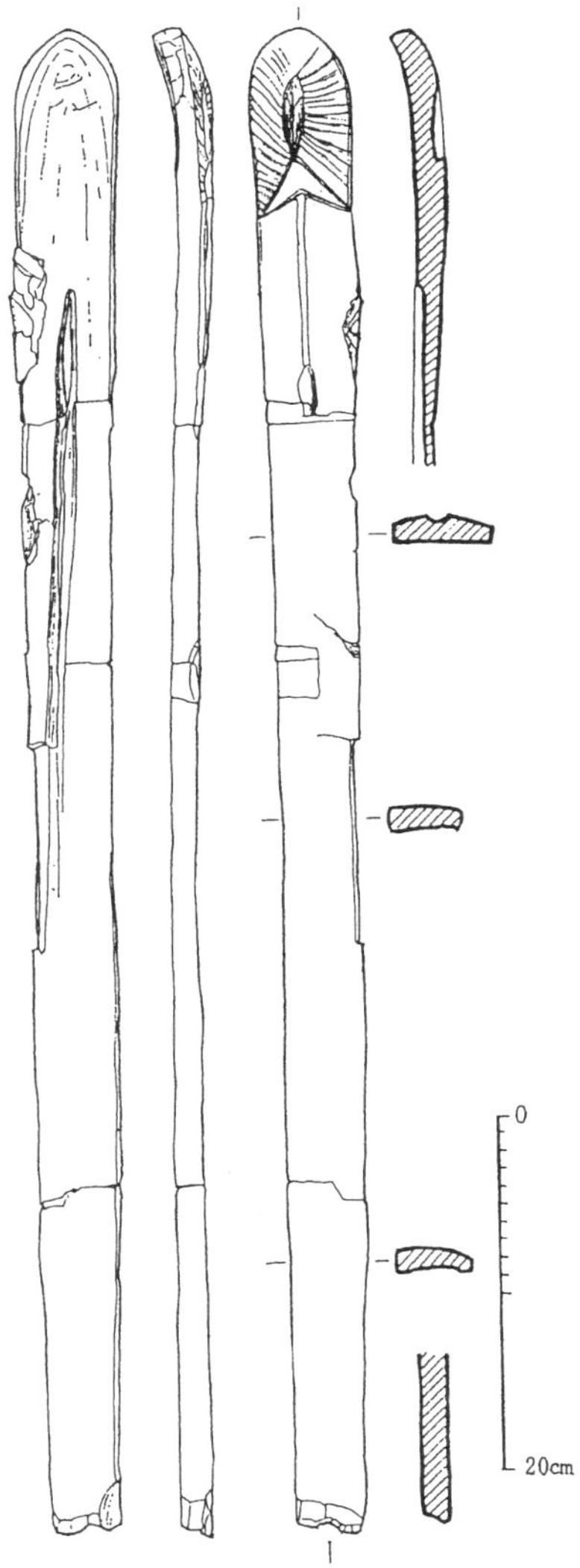

第１図　拾六町ツイジ遺跡出土木製品

一九八〇年から八一年にかけて実施された、福岡市拾六町ツイジ遺跡の発掘調査では、奈良時代末から平安時代初期に年代づけられる遺構より、長さ八五糎余の木製品が出土している。(8) これは、スキーの板状に狭く長く先端が反っていて、反り上った先端には、女陰と、これに突き刺さらんとする矢が線刻の手法によって表わされている。まさに丹塗矢の伝承を反映する考古学的資料というべきものである(第1図)。八、九世紀の頃、この物語は各地で上演され、その際このような小道具が所作に用いられて参会者の笑いを誘ったものであろう。こう観るならば、さきの伊須気余理比賣の問いかけも、連続展開する劇の一場面であり、そこには大久米命に扮した演技者が、目に入墨、あるいは彩色を施して登場したと考えうるであろう。そして、そのもととは、入墨をした鳥装の演技者が活躍した時代があったと想像されるのである。

仁徳天皇の段に語られる、速総別王と女鳥王の悲劇も、出てくる人物の名が、いずれも鳥にちなんでいるのは偶然ではないと見られている。(9) その物語も、遠い過去には鳥装の演技者が上演した名残りと考えうる。

ここにあげた歌謡の他にも、また歌謡以外の神話や記録のなかにも鳥が登場する。天若日子の物語では、鳴女の名のある雉が神命を受けれ天降り、天若日子の死に際しては、河雁、鷺、翠鳥、雀、雉などが、葬祭の役割を分担した。あるいは、倭建命の魂が、八尋の白智鳥となって空に舞い上り、后や御子がそれを慕い追う清景の描写は、古事記のなかでも、もっとも心をうつ件りである。

これらの鳥は、死と葬祭にまつわって現れ、先の幾分か滑稽な趣のある鳥の現れ方とは違った感がある。その現れ方の違いは、何か時代的な背景の違いに帰しうるのであろうか。次章にはこの問題も検討したい。

三　資料と考古学的資料

神語や天語歌、あるいはその他の歌謡に登場する鳥は、さきに述べたように鳥装の演技の行なわれていた遠い過去を想像せしめるものがある。それらの歌謡が、新嘗の祭の豊明の折などに朗唱されたとするならば、または、歌劇的に上演された演技のうちに謡われたとするならば、その系譜を遡った古い時代に、鳥装の祭司によって執行された農耕儀礼の片鱗をうかがうことができるであろうか。

記紀以前の史料としてまず顧みられるのは、三世紀頃の倭国の状況を記録した、『魏書』東夷伝の倭人の条である。倭人の条は、葬儀の風習について、幾分筆をさいているが、農耕祭祀については触れていない。しかし、ある程度政治な統合も進み、発達した農業社会で農耕祭祀の行なわれなかったことは、考えられないであろう。東夷伝のうち、農耕祭について、やや詳しく記述されているのは、次の馬韓の条である。

常以五月下種訖、祭鬼神、羣聚歌舞、飲酒晝夜無休。其舞、數十人倶起相隨、踏地低昂、手足相應、節奏有似鐸舞。十月農功畢、亦復如之。信鬼神、國邑各立一人主祭天神、名之天君。又諸國各有別邑、名之為蘇塗。立大木、縣鈴鼓、事鬼神、諸亡逃至其中、皆不還之、好作賊。其立蘇塗之義、有似浮屠、而所行善惡有異。

この記述は、三段に分けることができる。前段では、村の空地のような場所に群衆が集い、神を祭り、歌舞飲酒する様を生いきと叙述し、中段では、国の祭りとも見られるような天神の祭りを述べ、後段に、別邑、すなわち蘇塗について触れている。前段によって知られるのは、五月に種を播き、十月に収穫がおわることである。朝鮮半島西南部に位置し、三世紀当時といえば、この作物が稲であったことは、まず信じてよいであろう。朝鮮半島へ稲作が伝来したのは、前五、六世紀頃と考えられ、前三、四世紀頃には、日本にも伝えられている。稲作の伝来は、単に種籾や農耕用の器具や農耕技術だけが渡って来たのではなく、当然、農耕神も、その祭儀も伴なって来たと考えなければならない。この東夷伝馬韓の条の記述は、稲作伝来後すでに数世紀が経過した頃の状況を示しているが、このなかには、その原型的なものもいくらか反映されているであろうし、日本に伝来し、弥生文化として華開いた農耕文化の儀礼的要素と共通するものもある筈だと考えてよい。

馬韓の条では、その地で祭られている神格として、鬼神と天神の二つがあげられている。前段の農耕祭儀に祭られているのは鬼神であって、鬼神こそは、稲作と共に伝えられた神格、おそらくは天神より古くからこの地に定着し、また稲作と共に日本にも伝えられた神であろう。ただし、この神が、中国の史書に「鬼神」と書かれていることは、祖霊神であることを示すものであろうが[10]、想像を逞しくするならば、個々の霊格をそなえた祖霊ではなく、融合し個性を亡なった祖霊だと思われるのである。これに対して、天神は、夫餘、高句麗、穢などの祭天習俗と同じく、北の牧民の信仰が伝えられたものか、あるいは、稲作伝来よりはおくれて、中国から招来されたものかも知れない。

鬼神はまた、後段の蘇塗でも祀られている。蘇塗がどのようなものであったかということについては、多くの論議が出されながら、なお充分に明きらかではない[11]。蘇塗は、『後漢書』の東夷伝、『晋書』の四夷伝、『通伝』辺防門などにも言及されている。しかし、これらはいずれも『魏書』の記述に発していて、表現に違いがあるとしても新しい資料によって成文したものではない。したがって、蘇塗に関する限りでは、この『魏書』東夷伝の記述を基礎にして論じなければならない。蘇塗は、三世紀の当時、馬韓の地で呼ばれていた名称に漢字を宛てたものであろうが、『魏書』のこの記述を素直に読めば、これが、鬼神に事える聖所であり、また罪を犯した人びとが逃れうる聖庇所としての役割をも果していたと判断してよい。しかし、記述には幾分曖昧な点があり、蘇塗は聖所に立て鈴鼓を懸垂した大木を意味すると見られないこともない。筆者は、これが鳥形木製品を先端につけた杆、すなわち「鳥杆」の語の漢字表現であり、鳥杆を周囲に立て並べた聖所をも、後にこの名で呼ぶようになったであろうという説を立てている。そして、蘇塗では鬼神に事える儀礼が執行されていると見られるので、その本来の機能は農耕儀礼の場であり、聖庇所としての役割は、遅れて附加されるようになったものであろうと考えている[12]。

また、蘇塗にあって事えられるべき鬼神とは、決して空なる存在ではなく、実体のあるもの、つまり木彫像の如きものであったと想像される。それも、『周書』異域伝の高句麗の条の記述や、弥生時代の遺物、あるいは、朝鮮半島から東北アジアやシベリアの広い地域にわたる民俗例が暗示するように、男女一対の像であったと想像されるのである。

　杆頭に木製の鳥形をつけるのは、天然の木に鳥禽の蝟集する情景を固定しようとする願望の所産であろう。したがって、蘇塗の原型とでもいうべきものは、清浄な森に空地を拓き、男女一対を表わす鬼神像を祀り、農耕儀礼を執行した。その周囲の森の木々には、穀霊の運搬者である小禽が群がっていた。このように復原した祭場の原型を如実に示すのは、韓国忠清南道大田市附近で出土したと伝える青銅小板の絵である。すなわち、その一面には大木に群がる鳥禽を、他の面には鋤を踏む人の姿を表わしている。人像の頭部には長い尾羽根状の装飾がつけられている（第2図・第Ⅱ部第1章図4参照）。鳥装の司祭が予祝儀礼を行なっている情景の描写と見られないこともない。この青銅小板は、前三世紀頃に年代づけられている。したがって弥生時代開始の頃と、さほど時期的な隔りはない。弥生時代の初期に、海岸平野で稲作に従事する傍ら漁撈をも行なっていた人びとが営んだ祭場も、系譜の上ではこれと同源であり、形式もまた同様であったと考えられる。尤も、弥生時代前期の祭場を示す考古学的資料は、きわめて乏しい。そのうちの一つとして取りあげるべきものは、前期でも終り頃に造り始められた銅鐸であろう。その祖形と見られるものは、朝鮮式小銅鐸と名づけられた銅鈴である。銅鈴は、朝鮮半島に広く分布し、北九州にも及んでいる。蘇塗の大木に懸垂された鈴も、これに当たると考えてよい。銅鐸の製作使用の開始はまた、日本において蘇塗的祭場が整え始められたことを示すものであろう。

第３図　池上遺跡出土鳥形木製品

　弥生時代も中期以後ともなれば、農耕儀礼の情景を示すと見られる資料が幾つか数えられる。大阪府和泉市の池上遺跡(13)や、京都市深草遺跡(14)などでは、杆頭につけたと推測される鳥形木製品が出土し（第3図）、鹿児島県山ノ口遺跡では、男女一対の岩偶(15)が、また、滋賀県大中の湖南遺跡では、性別は不明ながら、これも一対の木偶が発掘されている。[16] 岩偶や木偶は、祖霊像を表わしたものだと臆測される。さらに特記すべき資料として、鳥取県西伯郡淀江町稲吉の小字角田で出土した、壺形土器の線刻画がある。[17] 土器は中期の晩田式に属しており、その頸部に、第4図（第Ⅱ部第1章図5参照）に示すような光景が展開しているのである。佐々木謙氏作製になるこの展開拓本図の左端には、一対の紡錘形のものを懸垂した樹木が表され、次いで二棟の高床式建物が連なり、その右に、建物の方向に漕ぎ進む様を示す一隻の船が描かれている。他に、鹿や同心円を刻んだ破片もあるが、上の画面との位置関係は明きらかではない。

建物の方に漕ぎ進む船は、舳先も艫も反り上り、船上に数人の櫂をもつ漕手が並んでいる。特に興味深いのは、これらの漕手の各おのの頭部に、逆U字形の装飾がつけられていることである。装飾は、二重の平行線で区画され、その中に平行斜線を充塡して示されている。すでに、国分直一教授が指摘されたように、これは鳥の羽根の表現であり、この船が鳥装の漕手によって進められていることは、充分認められるであろう。[18] 国分教授はさらに、福井県大石出土の銅鐸の船も、奈良県唐古遺跡出土の土器に刻まれた船も、古く東南アジアに普辺的であった同形の船と系譜的に繋り、ドンソンの銅鼓や、雲南省晋寧石寨山出土銅器破片に見られる、鳥装の漕手を乗せた船も同系統だとする見解を出されている。

従来、弥生土器に描かれた線刻画は、断片的なものが知られているに過ぎず、その全体の構図を窺う由もなかった。しかし、この稲吉出土の土器の絵によって、これまでの断片的線刻画に意味が与えられ、蘇塗的祭場と、その祭儀の情景が察知されるようになった。祭場には大木が立てられ、一対の銅鐸が懸垂されている。[19] 中心には高床式の二棟の聖祠が建てられ、おそらくは、男女の木偶が、それぞれ祀られている。傍らの鹿の角の表現から見れば若い雄鹿であろう。春の渡り鳥は穀霊を運搬して来るが、その状況をここで実現するのは、祭場に向かって漕ぎ進む鳥装の人びとである。このように、弥生時代の中期には、祭場も祭儀もととのい、鳥装の人びとがこれを担当した。そうした蘇塗的祭場を示すのが、この線刻画である。

稲吉出土の土器に見られる鳥の羽根と同巧の表現は、奈良県坪井遺跡で発掘された弥生時代中期の土器の破片の線刻画にも認められる[20]（第5図―1）。この絵については、貫頭衣を着た人像の左肩から頭上にかけて羽根飾のようなものがあると説明されている。肩から頭上に広がる飾りは、平行斜線を充填して羽根を表わしこの人物が両手に翼状の袖をつけ、それを羽搏くように上にあげた姿、すなわち鳥装人物の所作を描いたものだと見られないこともない。もしそうであるとするならば、前に例を引いた、古事記の八千矛の神が妻の須勢理毘賣を謡う衣替えの情景を想起せしめるものがある。

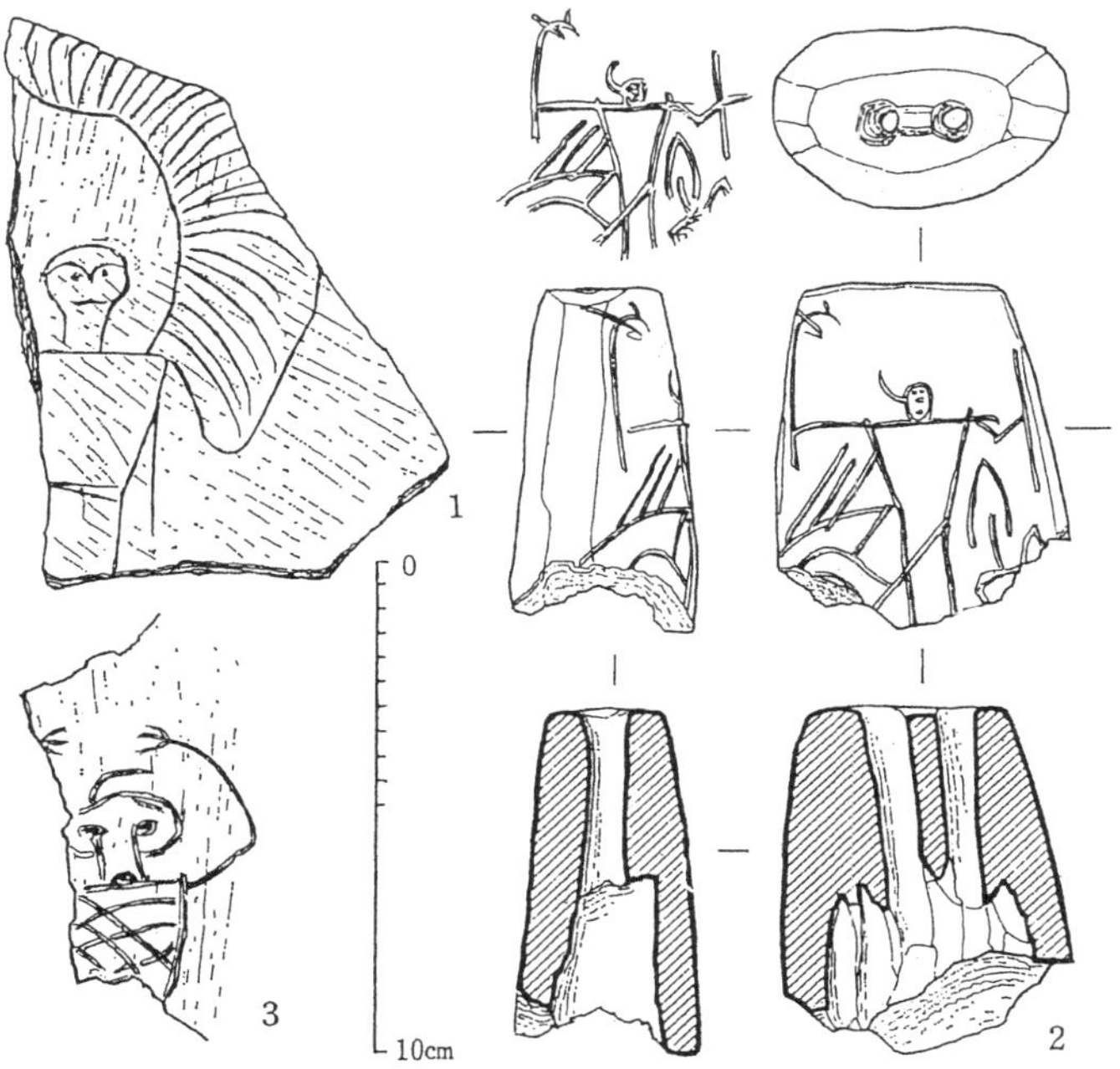

第５図　弥生土器片、銅鐸形土製品の線刻画
（1　坪井遺跡出土　　2　川寄吉原遺跡出土　　3　唐古遺跡出土）

　上記の資料のようにはっきりとした表現はとっていないが、佐賀県川寄吉原遺跡出土の鐸形土製品に表わされた人物絵画も、鳥装表現の可能性がある（第5図―2）。その縦長楕円形の頭部の右側には、斜上方に向かって一条の線が刻まれている[21]。すでに記述されているように、長く髪を結い上げた姿であるとも見られるが、鳥の尾羽根をつけた姿の表現だとも解釈されうる。同様の表現は、奈良県唐古遺跡の出土土器片に刻まれた人像にも認められる（第5図―3）。弥生時代の人々の精神生活を示す資料のうち、鳥に関するものは決して多いとはいえない。しかし、その僅少な資料でも、時代的背景をわきまえた上、考察の対象とするならば、状況把握の援けとすることができるであろう。

四　結び

弥生時代の社会の発展を巨視的に眺めるならば、次のように概括できるであろう。すなわち、その前期に、海岸に臨む平野に居住し、半農半漁の経済生活を営んでいた人びとは、中期には内陸部にも新しい農村を拓き、農業経済を主とする社会を形成するようになる。そして後期になると、ごく原初的な政治的態勢が萌芽し、小国家的纒まりを見せるようになった。前期から引き続いて海浜に生活した人びとは、もっとも伝統的な、おそらくは、もっとも保守的な暮しを維持し、海人にその系統を伝えたであろう。

さきにあげた資料から類推するならば、弥生時代の全期間を通じて、農耕の祭儀は、鳥装の人びとによって執り行なわれたと考えられる。中期には祭場も整い、農耕儀礼は、社会を統合する上に大きな役割を果すようになる。そして後期には、小国家的な纒まりが進行すると共に、祭儀の地域的統一も進められるようになった。

弥生時代から古墳時代への移り変わりは、農耕祭儀の上でも大きな移り変わりの時期であった。地域ごとに行なわれていた祭祀は、やがて国家的祭祀へと統一され、神を祀る最高司祭の出現を境として、鳥の霊力は、もはや穀霊運搬者としては発揮されなくなる。銅鐸の音は絶え、弥生の祭場を囲繞していた鳥杆も、最高司祭の奥津城として築成された墳丘の周囲に立て並べられるようになった。(22) 鳥は死霊の運搬者であり、死者の魂の化現であるとも信じられるようになった。

弥生時代の資料のうち、鳥装の踊る人が示すような、何か陽気な鳥にまつわる雰囲気は、古墳時代ともなれば、暗い死の世界と結びつくようになったであろう。鳥装の司祭者達の後裔は、祭儀の主たる担当者の地位を喪い、祭儀に附随する演劇の俳優となった。あるいは、葬儀の担当者に変身していった。

以上に、想像を混じえながら概観を記した。これによって察せられるように、古事記の歌謡のあるもので、鳥の登場する劇的な要素を示すものは、遠く弥生時代以来の鳥装の祭儀の系統を引くものであろう。その系譜を辿るならば、朝鮮半島、山東半島、さらには、稲作の原郷である中国南部から東南アジアに行きつくであろう。

蘇塗的祭場の中心には、男女二神の祖霊神像が祀られていたと考えられるが、古事記の神話に、男女神交歓の木彫像を祀った状況が暗示されていることから見れば、弥生時代の祭場においても、春には、男女二神の交合を祭儀にとり入れていたかも知れない。かつては、共同体の全員が参加し執行した儀礼も、やがて司式者と参列者に分裂し、古墳時代以降には、演技者と観客として定着する。

古事記で、鳥を謡い、あるいは語った歌謡や物語を、もし、無邪気で明かるく、何となく滑稽味を含んだ類と、暗く悲劇的なものに分けるとするならば、前者、すなわち、神語や天語歌、あるいは丹塗矢の説話から大久米命と伊須気余理比賣のやりとりに至る段などは、その原型が弥生時代に由来し、後者、すなわち、天若日子や倭建命の白智鳥の件りなどは、おそらく古墳時代以降に語り継がれるようになったものであろう。

［註］

（1）古事記に叙述されている習俗や物品、建造物などを考古学的資料に当てはめて解釈し、あるいは、考古学的資料によって古事記の成立年代を論じたものとして、次の研究があげられる。
後藤守一「古事記に見えた生活文化」坂本太郎編『古事記大成』歴史考古篇　一九五六年　平凡社

（2）神田秀夫「余談」『日本古典全書』古事記上　附録　一九六二年　朝日新聞社

（3）土橋　寛・小西甚一　校注『古代歌謡集』日本古典文学大系3　一九五七年　岩波書店
荻原浅男・鴻巣隼雄　校注『古事記　上代歌謡』日本古典文学全集1　一九七三年　小学館
次田真幸　全訳注『古事記』上・中・下講談社学術文庫　一九七七年～一九八四年　講談社、その他

(4) 太田善麿「解説」(六) 神田秀夫・太田善麿　校注『古事記』下　日本古典全書　一九六二年　朝日新聞社
(5) 西郷信綱『古事記の世界』岩波新書　一九六七年　岩波書店
(6) 次田真幸　全訳注『古事記』上　講談社学術文庫　一九七七年　講談社
(7) 荻原浅男・鴻巣隼雄　校注『古事記　上代歌謡』日本古典文学全集 1　一九七三年　小学館の註による。
西宮一民　校注『古事記』新潮日本古典集成　一九七九年　新潮社の註では、「出雲大社に二神和合して鎮座していること。」とされている。
(8) 山口譲治「線刻画を有する木製品」『月刊文化財』第218号　一九八一年、この中で山口氏は、「この木製品は、水田址の溜状遺構から出土したことや線刻画の絵柄から農業祭祀に関連する遺物と考えられる。また古事記神武天皇の項にある丹塗矢説話と符合する絵柄であること、奈良時代末期から平安時代初期の遺物であること、農業祭祀に関連する遺物と考えられることなどから、古代農業祭祀の溝杭とも考えられる。」と説明しておられる。
福岡市教育委員会『拾六町ツイジ遺跡』福岡市埋蔵文化財調査報告書第92集　一九八三年　福岡市
(9) 次田真幸氏の前掲書　下巻の解説で、「メドリ・ハヤブサワケ・オホサザキなどの人物の名が、いずれも鳥にちなんでいるのは、偶然ではあるまい。」とされている。
(10) 鬼神が祖霊神であることは、次の論文で考証されている。
川副武胤「三世紀極東諸民の宗教と祭式—倭人伝宗教習俗の位相—」『日本歴史』第378号　一九七九年
(11) 橋本増吉『東洋史上より観たる日本上古史研究』1　邪馬台国論考　一九三二年
孫　晋泰「蘇塗考」『民俗学』第4巻第4号　一九三二年
白鳥庫吉「満鮮に於ける竿木崇拝」『史学雑誌』第47巻　第1号　一九六三年
上田正昭「神道以前」『古代の日本』第2巻　一九七一年
(12) 金関　恕「神を招く鳥」『考古学論考』—小林行雄博士古稀記念論文集—　一九八二年　平凡社
金関　恕「前方後円墳の起源」『展望アジアの考古学』—樋口隆康教授退官記念論集—　一九八三年　新潮社
(13) 江谷　寛「鳥形木彫」『池上・四ツ池』一九七〇年　第2阪和国道内遺跡調査会
大阪文化財センター『池上遺跡』第4分冊の2　木器篇　一九七八年

(14)註(13)『池上・四ツ池』参照

(15)河口貞徳「山ノ口遺跡」『鹿児島県文化財調査報告書』第7集　一九六〇年

河口貞徳「弥生時代の祭祀遺跡―大隅半島山ノ口遺跡―」『えとのす』第10号　一九七八年

(16)滋賀県教育委員会『大中の湖南遺跡調査概要』一九六七年

(17)淀江町教育委員会『宇田川―鳥取県淀江町・宇田川地区土地改良に伴う調査概要―』一九七一年

佐々木謙「弥生式土器の原始絵画―鳥取県西伯郡淀江町字角田―」『季刊どるめん』第28号　一九八一年

佐々木謙「鳥取県淀江町出土弥生式土器の原始絵画」『考古学雑誌』第67巻　第1号　一九八一年

なお、この土器の器種について、筆者は、これまで甕として記述していたが、壺の誤りであることがわかった。この機会に訂正しておきたい。

(18)国分直一「船と航海と信仰」『えとのす』第19号　一九八二年

金関　恕「弥生時代の祭祀と稲作」『考古学ジャーナル』第228号　一九八四年

(19)春成秀爾「銅鐸の時代」『国立歴史民俗博物館研究報告』第1集　一九八二年

(20)橿原市千塚資料館『貫頭衣を着た人々のくらし』一九八三年

(21)高島忠平「佐賀県川寄吉原遺跡出土の鐸形土製品の人物絵画」『考古学雑誌』第66巻　第1号　一九八〇年

(22)奈良県石見遺跡は、従来古墳時代の祭場と考えられているが、筆者は墳丘の削平された古墳であろうと推定している。ここでは、鳥形木製品の出土が知られている。

末永雅雄「磯城郡三宅村石見出土埴輪報告」『奈良県史蹟名勝天然記念物調査報告』第13冊　一九三五年

森　浩一「形象埴輪の出土状態の再検討」『古代学研究』第29号　一九六一年

森　浩一「奈良県磯城郡三宅村石見遺跡」『日本考古学年報』19　一九六一年

同例の遺物は、奈良県黒田大塚古墳の周濠でも出土している。

藤田三郎「黒田大塚古墳」『大和を掘る』一九八四年　奈良県立橿原考古学研究所附属博物館

また鳥杆を立てるために用いられたと推定される台形の木製品は、京都府今里車塚、奈良県飯豊陵、大阪府応神天皇陵にも出土が見られる。

高橋美久二「長岡京跡右京第26次発掘調査概要」『埋蔵文化財発掘調査概報』一九八〇―二、一九八一年
土生田純之「昭和53年度陵墓関係調査概要」『書陵部紀要』第31集　一九八〇年

第5章　高荘墓出土の画象紋について

一　高荘墓とは

一九七八年三月二六日、江蘇省淮陰県の高荘村で多数の青銅器、陶器、玉器などの副葬品を納めた一基の古墓が見いだされた［淮陰市博物館一九八八］。この小論の目的は、高荘墓の副葬品のうちのいくつかの銅器に表現されている画象紋（図1）を取り上げ、その紋様のあるものが『魏書』東夷伝馬韓の条に記載されている蘇塗と関連するのではないかという憶測を述べようとすることにある。

表題に掲げた高荘墓は、南東に流れていた黄河旧河道が北東に向きを転じるあたりの河道の南、現在の淮陰市市街地の南南西約一〇kmの地点にある。この一帯には古墳が多く分布し、なかでも漢の韓信墓（『清河県志』『淮安府志』）、漂母墓（『水経注』淮水）などが知られている。高荘墓は両墓の中間に位置を占める。高荘墓は付近の城南郷の農民が溝の掘削作業中に発見し、淮陰市博物館員の手によって発掘調査された。発掘調査に先だって、農民は槨を構成する木板や若干の遺物を取り上げた。これらは調査員によって回収されたが、破損したものもあり、いくらか佚失したものもあったとみられる。

墓はほぼ東西に長軸をとる平面長方形の壙を穿って造った木槨墓である。壙の上口の長さは一〇・五m、幅は九m、深さは三・九m。壙壁はいくらか傾斜して東、南、北の三辺は深さ二mのあたりに狭い段（二層台）を造って掘りこんでいる。壙の西壁は垂直であるがその北隅に一辺二・六mの、ほぼ正方形の台状の部分が掘り残されている。槨は壙の東北隅を占める。壙底に長さ六mばかりの一五枚の木板を敷き並べている。板敷の中央やや北寄りの壙底には小穴（腰坑）を設け犬一匹を埋める。板敷の東北寄りに東西五・七m、南北三・七m内外の木槨をつくる。槨はその西端に一・一mの空間（足箱）を木板で区画し、主要部は長軸と平行して三つに仕切る。これらの仕切りのうち、中央と南にはそれぞれ木棺一を置くが、北の仕切りには棺がない。遺体の残存状態はよくない。中央の棺は盗掘されていたためか遺体はなく、南の棺内にも残っていない。南の棺の外側、北の仕切りの中や、足箱その他の部分に殉葬者とみられるものたちの遺体が散在している。概観したところでは槨内に一一体、槨外に三体が数えられる。

二　副葬品の画像紋

副葬品は陶磁器、武器、工具や車馬具や炉を含む青銅器類、玉器その他の品目にわたっている。このなかで注目されるのは、一七六点におよぶ青銅器である。青銅器のうち彝器、すなわち儀礼用の容器類は五四点が採集されている。前に述べたように、高荘墓発見の際に農民が取り出したため破損したものも少なくない。容器の種類としては、鼎、鑑、盤、洗、盉、匜、罍、甗、鈚の破片とみられるもの、磁製の香炉の銅蓋、甑のすのこ（箅）かと推定される円板に円い孔を打ち抜いたもの、さらに原形不明の銅器破片などがある。これらの青銅器は鋳造品ではなく原型に赤銅板をあて敲打して整形したものである。

これらの銅器を飾る紋様は二種類ある。鼎、鑑、盉、甗などは戦国式銅器に通有の蟠螭紋などを布置しているのに対して盤、洗、匜、箅、磁製香炉の銅蓋などは奔放な画象紋を鏤刻する。

興味深いのは画象紋である。香炉の銅蓋は、中央に鳥形の鈕を置きその周囲を絡紐帯に区画された二帯に分かつ。内帯には同方向に奔る五匹の馬が表され、それらの間に鳥かとみられる図形を鏤める。外帯には違った方向に奔る二列の馬とその空隙を充たす鳥形を表し、紋様帯を中断した一ヵ所に牛頭双馬身よりなる怪神像を置いている（図1）。

図2は破損した盤の器壁の部分である。器壁内側の、縁の素紋帯と二つ重ねの三角形を連ねた縁取りのあいだの紋様帯は、中央とみられる個所に殿堂を描く。殿堂は一見して三層の建物かと思われるが、この種の画象紋の建物についてすでに考証されているように、一階建のものを上中下に重ねて表現したとも考えられる［林巳奈夫一九六一・一九六二］。上の屋蓋下の部分には觚をもって行き来する人々、向かい合って觚を捧げもつ二対の人の姿がある。殿堂の左はこの紋様帯を二帯に仕切り、外側は樹木が並列する。列の一部を画して円圏から放射線の出る図形を入れる。報告者が推定しているように太陽の表現であるかもしれない。内側は建物の柱が並んでいるから、明らかに室内の情景である。ここにも觚を捧げもった人々が行き来している。殿堂の右も一線を入れて紋様帯を内外に分かつ。外帯は戸外で、一匹の走る獣と、脚を踏ん張り両手を水平に開いた人が立つ。その上には絃に一対の磬とみられるものが吊り下げられている。開いた手の異常に長い表現は、磬を打つ撥をもっているからであろう。内帯は左と同じく屋内で、觚を運ぶ人々を表す。

別の盤の内底は、輪環紋や絡み合った蛇紋帯で飾っている。その内壁に表された紋様帯は図2のそれと同趣である。この紋様帯は外縁を並列した樹木紋で、内縁を三つ重ねの三角形が連なったもので区画し、主紋様帯は部分的に内外二帯に分かつ。図の左には三段に殿堂を描き、堂の内外には八人の人物像を表す。すべて高冠を被し、裾

図１　磁製香炉銅蓋の画象紋
（怪神と奔馬）

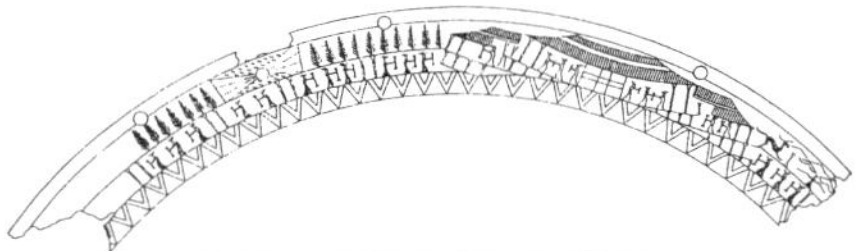

図２　銅盤縁部の画象紋
（堂内宴楽）

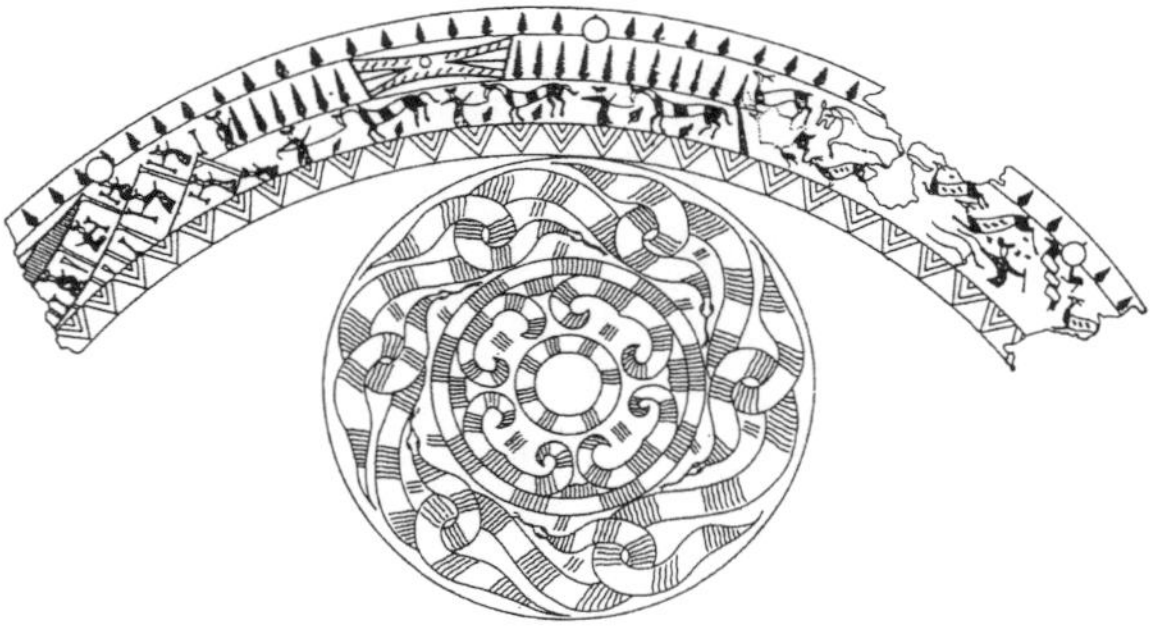

図３　銅盤縁部（堂内宴楽、牽馬）と
内底（龍蛇）の画象紋

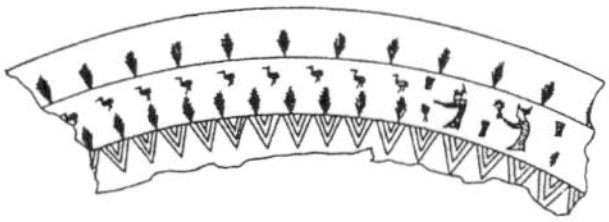

図４　銅盤縁部の画象紋（農耕、樹上の鳥）

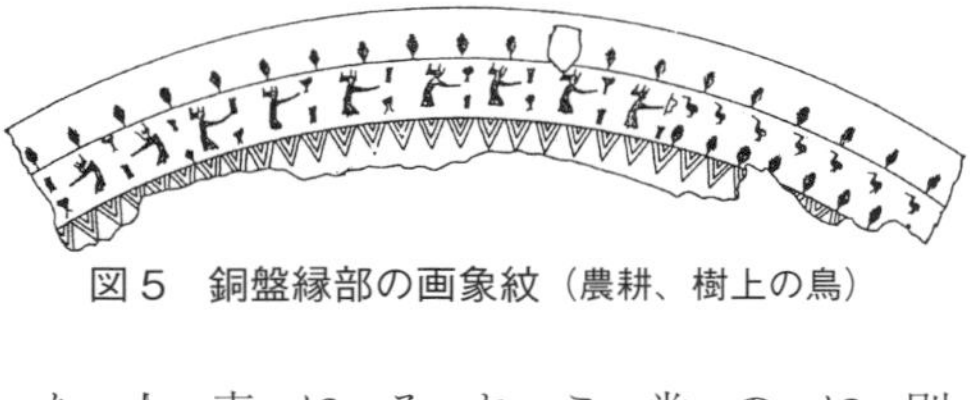

図５　銅盤縁部の画象紋（農耕、樹上の鳥）

の長い上衣を着け佩剣している。これらが別人であるのか、同一人物の動きを連続的に示したものか分からない。この盤は殿堂のところで破損しているので、図の左端が堂の中央に当たるか否か確かでないが、そこに觚を置いて跪いている人があり、これに背を向けて觚を支えながら跪く人がある。さらに、この人に対して戸口のところに、いくぶん身を屈め觚を捧げもつ一人を表す。中段は堂の外に觚を前にして立つ人、戸口に觚を捧げて身を屈めた人、入ったところに觚を捧げ深く腰を曲げた人を表す。これなどはいかにも同一人物の連続動作の表現のようにみえる。下段は戸口に跪拝する人、堂内に觚を捧げていく人を描く。殿堂の右は界線を引いて紋様帯を内外に分かつ。外には並び立つ樹木を表すが、樹木列の中間には図2と同じような太陽らしき表現がある。内には一列になった高冠、長衣、佩剣の三人がそれぞれ一匹ずつの馬をしずしずと牽いている。これも連続画であろうか。人と馬のあいだには傾いた矮樹を挿入する。内外に分けた部分の右は界線を省き、紋様帯の幅いっぱいに奔る鹿、馬とこれらを駆る人を描く。人物は右手に鞭、左手に杖をもち、体を曲げてしなやかな鞭さばきをみせる（図3）。

副葬されていた盤はこれらのほかにもあるがすべて破片である。器の内外壁の画象は、先の例と比べてやや拙劣で硬化しているが、興味深い画題もある。図4の例は、左に立ち並ぶ樹木があり各樹木の上にはそれぞれ一羽の鳥がいる。右の方には二人の長衣の人物が、苗を植える、あるいは収穫をするような動作をしている。針葉樹と覚しき樹木と禾苗は描き分けている。農事作業に従事している表現であることは認めてよい。図5は左の方に農事を行う長衣の人々が列をなし、相対する右には樹木が並列し各梢の上に鳥のいることは、前図の表現と同様でる。これらの長衣の人々はもちろん農業労働者ではない。公侯など貴族が、おそらくは祭場で予祝などの農耕儀礼を執行している姿であろう。

図6は破砕した洗の図紋である。内底の中央は二条の絡紐紋帯を中心に蛇体ともみえる双頭渦紋を四花状に配し、ふたたび絡紐紋帯を隔てた外に夔龍紋帯を繞らす。その外にも樹木や動物をあしらった紋様帯があるらしい。内壁の紋様帯は三つ重ねの三角紋帯を縁取りとして、樹木が並列し、その一つおきの梢に鳥がとまっている。洗の口縁部頂面は二条の絡紐紋帯のあいだに髭のある魚が繞っている。

これらの他の盤、匜、箅などの破片にみられる画象紋の世界は、また別種の面影がある。それは怪力乱神の世界であり、山岳、生

図6　銅盤縁部（怪神世界）と
内底（龍蛇）の画象紋

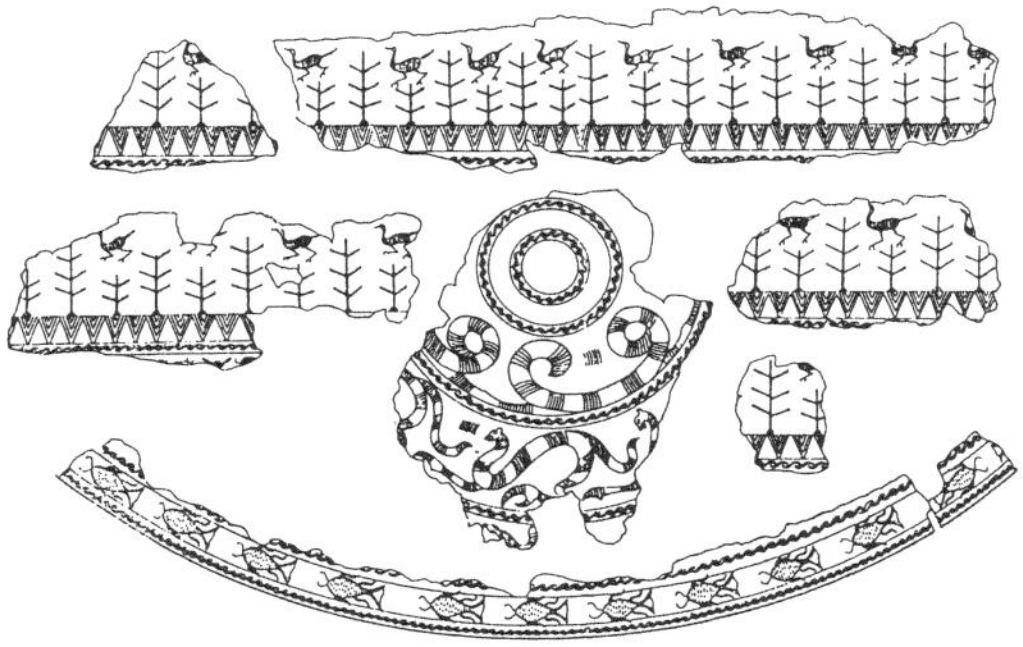

図7　銅盤内底（樹上の鳥、龍蛇）と
縁部（魚）の画象紋

い茂り傾く松のような木々、跳びはねる動物、鳥禽、地を這う蛇、尋常の人の世ではなくまさに鬼神の領域である。図7に示した盤の一つは、内底の中央に輪環状の紋様を置き、これを中心にして四花的表現をみせ、絡紐紋で仕切った内帯には柔らかい曲線で夔龍の紋様帯を、同じく絡紐紋で仕切った外帯には絡み合った蛇紋帯を表す。こうした点では図3の盤の内底の意匠と同趣であるが、器の内壁の、三角紋帯と絡紐紋が区画した狭い帯状の空間には、一定の間隔をおいて樹木を立て、そのあいだに壇をもつ台状の山、角のある双馬身の怪神像、四馬を操る人、馬や鳥などを自由に表している点でも鬼神の世界に近い。

奇怪な姿の怪神縁は『山海経』の記述と対比しても興味深い。発掘調査の報告者も、匜の内壁に表された画象紋のなかの九尾の獣を『山海経』海外東経の青丘国にある九尾の狐とし、二、三の箅の画象紋に表された背に角が二つある獣を、同じく海外西経の白民国の乗黄に比定している。匜の内壁の画象紋に表された怪神で、両手に一匹ずつの蛇をにぎり両耳に蛇を耳飾りとしているのは、海外東経の雨師妾の人であるか、または大荒北経のいう成都載天の人、夸父の姿であるかもしれない。原形不明の破片の画象紋には蛇を踏まえ両耳に蛇を飾る人面鳥身と覚しき人が両手に一匹ずつの獣の尻尾を捕まえている姿がある。これも同じく大荒北経の北海の渚の神、禺彊であろう。そのほかにも、両手に蛇をもち、両耳に蛇を飾り、頭には軽業師のように一対の蛇つきの戴竿をのせた神像があり、龍を踏まえ両手に龍を握る神、双獣身双角の神像、弓を射る人身で鳥頭の神など多様な神の姿がある。跳躍する動物に、馬、鹿、猿、狼、狐、兎、鳥などがあり、馬車を駆る人も表されている。これらは『山海経』の世界というよりは、こうした画象を解説したものが『山海経』なのであろう。

戦国時代の画象紋については、早く、それまでに知られていた資料や業績を網羅して、林巳奈夫が優れた論考を出している［林巳奈夫一九六一］。林は画象紋の主題を次のように分類している。

1 宴楽（a）建物、（b）料理、（c）飲酒、（d）音楽、（e）舞踊、（f）射、（g）車馬
2 狩猟（a）畋猟、（b）繳射、（c）漁

3　採桑
4　鬼神
5　戦争（a）舟戦、（b）攻城、（c）歩兵戦

高荘墓出土銅器の画象紋は、この分類のうちの、建物、飲酒、音楽、畋猟、鬼神などが含まれている。弓を射る怪神はあるが繳射しているかどうかは分からない。魚、鼈は登場するが漁の光景はなく、料理、戦争や採桑に当たるものもない。とはいえ、墓中から佚失した副葬品もあるから本来なかったのだとはいえない。一方この分類にみられない画題として農作業の情景がある。林は銅器の画象紋の意義をまとめ、「豊饒等を祈る祭祀の光景そのものが祭祀用の器に飾られてゐることが分かつたのである」と述べ、また一見これにそぐわないとも思われる戦争についても「宴楽、狩猟、鬼神の光景が、いはば形而上的な力に頼つて富と幸福にあづかる所とすれば、戦争の光景は形而下的な力に頼つてこれを獲得する所であると見られよう」と結んでいる。戦争の画面のなかには、河南省山彪鎮一号墓副葬の水陸攻戦紋鑑の画象のように戦闘中に首を斬られた光景や、斬られた首が転がり、逆さまに落ちる首なしの胴体が描かれているなど、凄惨な場面もあるが、これが恐ろしい戦争というものの概念的な描写であるとするならば、戦争の光景は豊饒を祈る祭祀に伴った模擬戦の表現だとも考えられる。

ともかく、高荘墓の銅器の画象紋は、宴楽、飲酒あり、行列や農事作業あり、また、おどろおどろしい鬼神も活躍する。鬼神像も観念的に描かれたものではなく、木彫像として祭られている祖霊の姿や、農耕祭祀の儀礼に踊り狂う仮面を着けた鳥装の祭司の姿を描き出したものであろう。豊饒を祈る祭祀の光景が祭祀用の器に飾られるという林の指摘の重要性が改めて感ぜられるのである。弥生時代の銅鐸や土器の絵画についても同じことがいえるであろう。祭祀の情景が描写されていとすすれば、その背景のように点ぜられている樹木の列、あるいはとくに、樹木列の各梢の上に鳥の配されている光景は何であろうか。その祭場の背景にある、そして祭場を区画する人工的な施設でないであろうか。もしそうだとするならば、ここで想起されるのは『魏書』韓伝の触れている蘇塗との関連で

ある。

蘇塗については、すでに古くからいくつかの考察が出されている。筆者もまたその形状を推定したことがある［金関恕一九八六］。ここでは読者の便宜に資するため、再説の煩雑を顧みず、これについて触れておきたい。

『魏書』東夷伝馬韓の条には、その地の農村が年ごとに行う播種、収穫の祭りを記述した後に、次のような文章が続く。

「（その国では農業神として）鬼神を信ずるも、国邑には各一人を立て天神を主祭す。これ天君と名づく。また諸国にはおのおの別邑あり、これを名づけて蘇塗となす。大木を立て、鈴鼓を懸け、鬼神に事う。諸（人）の亡逃してそのなかに至るや、皆これより還らず。好んで賊をなす。その蘇塗を立てるの義、浮屠（仏寺を建てるに）に似たるあり。しかるに所業の善悪異なるあり」

『魏書』東夷伝こそは、蘇塗ついて述べた唯一の基本史料である。『後漢書』東夷伝や『晋書』四夷伝、『通伝』辺防門などに蘇塗する記述はすべてこれにもとづいている。上の『魏書』によるかぎり、蘇塗は三世紀頃の馬韓の地における別邑を意味すると考えられる。しかし「蘇塗を立てる」とあり、また「大木を立て、鈴鼓を懸け」とあることから、蘇塗は立竿だとする説も主張されてきた。筆者は、これまでに再々述べたように、蘇塗は古朝鮮語の鳥竿を漢字で表した語であると考えている。藤堂明保編の『学研漢和大字典』は蘇の古音がサグに近いことを示している。一方、孫晋泰は塗が古代にさかのぼって杆を表すことを考証した［孫晋泰一九三二］。鳥の朝鮮語古音はサリ、杆のティと併せて蘇塗と音訳されたものであろう。これらの鳥竿を柵のように、垣のように立て並べたために、鬼神を祭る聖地もまた蘇塗と呼ばれるようになった。恐らく国邑は五十余国という馬韓の国々におけるそれぞれ中心的邑落であり、別邑はもともと各国邑に属する地方的邑落であったものが、その祭祀の場の目立つところから蘇塗の名が与えられるにいたったのであろう。

聖地の周囲に鳥竿を立て並べる習俗の背後には、鳥霊信仰のあったことを示している。森を伐り拓いて祭り場を設け、周囲の樹木に鳥禽の群がることを願い、鳥竿はその代替物として立て並べられたものであろう。『魏書』馬韓の条が伝える鬼神が祖霊神であり、稲作文化に伴うものであるとするならば、蘇塗もまたその文化複合の一要素だと考えられる。蘇塗を構成する鳥形木製品は弥生時代の遺跡から出土し、蘇塗で祭儀を執行したとみられる鳥装の祭司の姿は韓国の、あるいは弥生時代の資料によっても知られる。彼らは古代中国人からみて大きな範疇で東夷とされていたが、東夷と高荘墓の関係はどうであろうか。

三　高荘墓の年代と被葬者

高荘墓の年代や被葬者について報告者は次のように考えている。まず年代は、墓壙の構造、副葬された土器、陶器の型式、青銅容器の器種の組合せや紋様などを既知の資料と比較し、戦国時代中期前後の頃であると結論づけている。妥当であろう。戦国初期、高荘墓のある淮陰は楚に属していたが越人もまたこの地で活躍していた。楚がここで完全に覇権を確立したのは戦国中期以後である。副葬品の銅器には確実に楚器としうるものもあるが、越、徐などの銅器と似たものもある。したがって、この被葬者が楚人であるのか、越人であるのか、または徐人であるのか今後の検討が必要である。高荘墓は戦国中期の墓として殉葬者の多いことが目立っている。淮陰とさほど遠くない山東省の莒南大店や劉家店子などは、春秋時代の墓ではあるが、殉葬者の数が多い点でも、墓底に掘られた犬の埋葬壙（腰坑）も高荘墓と似ている。これらの位置する江蘇省北部から山東省南部にかけては東夷の活動舞台であり、高荘墓の被葬者も東夷と関係の深い人ではなかったであろうか、と推定されている。

高荘墓の画象紋に多少とも東夷の習俗の反映があるかどうか判断の限りではない。同趣の画象紋を表した奩が河南省輝県琉璃閣一号墓でも出土しているからである。この資料にみられる双獣身の怪神、人身鳥頭の射手などはとくに強い類似性がある。あるいは河南省輝県趙固村一号墓出土の鑑の画象の構成、殿堂、馬を牽く人、並列する樹木に鳥をあしらった表現なども近似している。恐らく相当広い範囲に古い祭祀習俗を遺していた人々があり、鳥霊信仰が生き残こっていたのではないであろうか。そして彼らこそ鳥夷の末裔ではなかったかと考えられるのである。

古代中国に鳥夷と呼ばれる夷族のいたことは、『尚書』禹貢、『史記』五帝記、『漢書』地理志などの記述から察せられるが、その存在は卜辞によっても明らかである。すなわち、陳夢家は『殷虚書契後編』巻下、三六頁第六に収載された、図8上に示す資料を見いだし、これについて同図下のように解読して次の考証を行っている［陳夢家一九三六］。まずこの破片にみえる（1）―（8）の卜辞は二組に分けられる。（2）、（4）は確実に「西あるいは北の隹夷を搏つべきか」とあり、卜辞の用例から考えるならば、東や南の隹夷についても占っているはずである。しかし、商の時代、南方は未開だから南隹の存在は意識されていなかったかもしれない。陳はこの資料にみられる鳥形の字を隹と釈し、「隹夷は鳥夷である。古文では隹がすべての鳥類を表し、そのなかでも、嘴が鋭く、鶏や鳳凰のように長尾豊羽で冠のあるものを鳥と呼び分けた。『説文』も綱目で鳥と隹を分けてはいるが、用例は混乱して同じように使われている」と述べ、結論として、隹夷とは弓矢を用いて鳥をよく繳射する東方の民であろうとしている。鳥夷については、古文、今文『尚書』のあいだでもあるいは鳥夷とし、あるいは鳥夷とするなど名称の混乱があった。しかしこの卜辞によって古典に登場する鳥夷は決して架空の存在ではなく、殷人に意識されていた実在の民族であったことが分かった。

その名の由来については古来いくつかの解釈があるが、戦国時代の画象紋に鳥頭の射人の描かれていることをみても、『漢書』地理志の記述「鳥夷被服」について顔師古の注にいう「これは東北の夷族であり、鳥獣を捕らえその肉を食らい、その皮を身にまとう者である。……一説では沿岸地帯に居住し服装も容貌も鳥を象っている」という解釈がもっともふさわしく思われる。鳥を象るのは当然彼らのあいだに鳥霊信仰が脈打っていたからである。春秋の頃、今の山東省南部にあった郯の人々が鳥トーテムをもっていたらしいことは『春秋』の昭子と郯子の問答によっても察せられる。その古い時代の農耕儀礼は蘇塗のような祭場で鳥装の司祭が執り行ったのであろう。

〔引用文献〕

金関　恕　一九八六「呪術と祭」『岩波講座日本考古学』第四巻『集落と祭祀』岩波書店、他
孫　晋　泰　一九三二「蘇塗考」『民俗学』第四巻第四号
陳　夢　家　一九三六「隹夷考」『禹貢』第五巻第一〇期
林巳奈夫　一九六一・一九六二「戦国時代の画像紋」『考古学雑誌』第四七巻第三・四号、第四八巻第一号
淮陰市博物館　一九八八「淮陰高荘戦国墓」中国科学院考古研究所『考古学報』一九八八年第二期

第III部

アジアの中の弥生文化

第1章　東アジアの青銅器文化

東アジアにおける青銅器文化の研究が、西アジアやヨーロッパのそれに比べて、著しく立ちおくれていることは否定できない。一八一八年頃、デンマークのトムゼン（C.J. Thomsen）が、石器時代・青銅器時代・鉄器時代の三時期区分を、人類の歴史における共通の時代区分法として案出して後、時を移さず、ヨーロッパ、メソポタミア、エジプトなどの各地で大規模な発掘調査が行われ始め、それぞれの地で各時代の文化像が描き出されてきた。ボッタ（P.E. Bota）やレイヤード（A.H. Layard）がメソポタミア地方の遺丘の発掘調査を開始し、レプシウス（K.R. Lepsius）がエジプトの諸遺跡に対する本格的な調査を始めたのは、一八四〇年代のことである。それに対して、李済等が、殷墟に発掘の鍬をおろしたのは、ようやく一九二八年のことであり、まして、東アジアの全土にわたる活発な発掘調査が行われるようになったのは、ごく最近に属する。シベリアから東南アジアに至る広い地域のうちで、遺跡に科学的な調査のメスを入れ始めた時期もまちまちであり、発掘調査に携わる考古学者人口の密度も一定していない。いわば、この茫漠たる地域にともされた研究調査の灯は、あまりにも暗く小さく、青銅器時代を照らし出してその全体像を浮かび上がらせるには至っていない。

人類の永い歴史のうちで、青銅器時代の果たした役割は決して小さいものではない。人類が、武器や道具として、青銅器を造り使い始めた段階に至って、社会的分業、広域交易体制の確立など、今日の文明の型の基礎が、ようやく形成された。その過去に青銅器時代を経験した民族文化と、その段階の欠落した民族文化には、大きな違いが認められる。また、同じく青銅器文化段階を経過したといっても、それが十分な成熟を遂げたか、あるいは瞬間的に経過して、未成熟のまま次の段階に移行したかによって、それらの民族文化の特質の上に差異を生ずることも考えられるであろう。青銅器時代以後の歴史は、個別史的な色あいが強くなる。青銅器時代の研究は、こうした意味から、個別化して発達する各民族文化研究の、共通の出発点ともいえるであろう。

東アジアの全域を覆う、国際的な民族文化の研究討論会が、ユネスコによって企画された時、その第一回のテーマとして、「東アジアにおける青銅器文化」がとりあげられたのも、東アジア各国の考古学者が、等しく興味をもちうるテーマとしてふさわしいと判断されたためであった。第一回の研究討論会は、一九七六年、バンコクにおいて開催され、各地域の研究の現状が報告された。一九七八年五月、韓国ユネスコは、ユネスコ本部の後援をえて、その第二回にあたる研究討論会を、ソウルで開催した。この第二回の討論会は、「朝鮮青銅器文化の研究」をテーマとし、日韓両国の代表が参加して行われた。その内容は、多岐にわたり、幾分専門的な領域に属するものもある。しかし、韓国ユネスコの事務総長である金圭沢博士が、開会の辞のなかで強調したように、文化の伝統や文化価値に関する問題は、専門家の間だけであげつらわれるべきではなく、討論の輪を広げなければならない。ここでは、まず、東アジアの青銅器文化を概観し、あわせて、筆者の参加したソウルの研究集会の内容を簡単に紹介しておきたい。

一　青銅器文化の起源の問題

起源の問題をとりあげる場合、基本的に二つの仮説がありうる。一つは、採鉱・冶金から合金としての青銅器製作技術のすべてについて、東アジア独自の起源をもつと考える立場であり、一つは、西アジアから製作技術が伝えられたと考える立場である。もっとも、東アジアで独自に導きだされた技術と、西からの伝播による技術が、同じ東アジアで、地域を異にして併存して行われたという考え方も成り立ちうるであろう。また、東アジアにおける起源の地を複数にとる考え方もありうる。しかし、今日の段階では、こうした青銅器文化の起源論が細部にわたって検証されているわけではない。

一九六八年の初頭、タイのノンノクタ（Non Nok Tha）遺跡の墓地で、一体の遺骸に副葬されていた銅斧が発見された。墓はノンノクタ文化期でも早期にあたると判断され、前四〇〇〇年の年代が与えられている。この銅斧は、木柄を挿入するためのソケット（銎）を備えており、有銎の金属製の斧としては世界最古の例であると紹介された。分析の結果、成分中に、ごく微量の燐と砒素を含んでいることが判明した。これについて、ソルハイム博士（W.G. Solheim II）は、この銅斧が、ただ自然銅の塊を鍛えて成形されただけのものではなく、銅を熔融し、あるいは少なくとも熱を加えて成形されたものであることを主張している。彼はさらに当時、ここに、ある程度進歩した金属加工の知識があったこと、またそれが、この地で、次の前三〇〇〇年に用いたとされる鋳造の青銅斧の前駆をなしたことを想定する。そして、これまで前二〇〇〇年頃を遡る有銎斧が知られていないことから、東南アジアは、西アジアで発生した金属文化とは独立した金属文化が、より早く発祥した地でありうるという可能性を指摘している（Solheim II W.G., An Earlier Agricultural Revolution, Scientific American Vo1.226, No.4, San Francisco 1972）。図示された資料を一見した限りでは、問題の有銎斧は、刃部がいくらか外彎ぎみに広がっている点でも、金属斧として原初的な型式だとはいい難い。あるいはさらに、それに至る前史のあったことも考えられるであろう。また、前三〇〇〇年に位置づけられている青銅斧の例も、型式学的には発達したものであって、雲南省石寨山の古墓出土例との類似が指摘されるであろう。問題は、比定されたその年代にある。ノンノクタ文化期の年代は、他地域の考古学年代とのつながりを顧慮するよりは、放射性炭素による測定値をもって独立に定められているようである。ここでは、果たしてその数値が全面的に信頼できるかどうかについて疑問をのこしておきたい。というのは、弥生時代の出土資料を測定した放射性炭素による年代が、あまりにもバラついており、筆者らはその判断に苦しむという身近な経験を持っているからである。これについては、佐原真氏によって纏められ、ソウルの研究討論会で提示された弥生時代の放射性炭素測定表が参考になる。この表によれば、その最古の年代は、前九世紀を、最新のそれは八世紀をさし、単純に通算すれば、約一六〇〇年間の継続期間があることになる。平均値をとっても妥当な数値を示しそうにない。一方、考古学的な年代としては、長く見つもっても前二、三世紀から四世紀初頭までの六〇〇年間内外が考えられるに過ぎない。ただ一回の放射性炭素の測定値に大きな比重をおく危険性は、これによっても知られるであろう。

一九七六年のバンコクにおける研究討論会に参加した田中琢氏によれば、「この年代観に関して、タイの考古学者は、決して断定的ではなく、極めて慎重な態度を持していた」ということである。ただ、そこで強調されたことは、「東アジアの広い地域において、青銅の原料である銅の原鉱と、錫の原鉱が近接して所在する一つの地域として、雲南からベトナムに至る間の地帯があげられる」ということであった。青銅製作技術が発生する有力な条件としては、銅と錫の資源の近接が考えられよう。この点で、東南アジアのこの一帯は、独自発生の条件を備えているといえる。従来から東アジアにおける最古の青銅器文化発祥の地と考えられている黄河流域地方では、今日知られている限り銅、錫の原鉱の産出は乏しい。しかしその分布は、河南省北部を中心に、河北、山西、山東の各省にわたり、半径三〇〇㎞の範囲で古代の需要をまかなうに足る産量があったと推定されている。ただし、こうした問題を考える場合、常に次のことは念頭におかなければならない。すなわち、資源の存在が発生の可能性を示していることは当然であるが、資源が知られていないからといってその可能性がないとは断言しえない、ということである。

今述べたノンノクタの例や、西方に起源をもつことがあきらかな、東シベリアのミヌシンスク地方の青銅器を別として、これまでに知られている最古の青銅製品は、河南省二里頭遺跡出土の例である。ここで発掘された青銅器は、刀子・鏃・錐・釣り針や鈴など、いずれも小型品で、容器類は見いだされていない。この遺跡によって命名された二里頭文化は、殷代早期に位置づけられ、河南省竜山文化と殷文化を結ぶ特色を示している。その遺跡は、二里頭のほか河南省西部に分布し、殷王朝発祥の地が、この地方にあたることを暗示する。青銅製品は、二里頭文化期でも後半にあたるので、前一六〇〇年前後の年代を考えてよい。一方、西方の甘粛省斉家期の諸遺跡では、青銅ではなく、銅製の錐など小型の工具が刀子と共に出土している。工具類は鍛造品である。その年代は確定し難いが、おそらく前一七〇〇年頃に比定しうるであろう。鍛造の小型工具と刀子の組み合わせは、南シベリアのアンドロノヴォ文化期にも認められるので、その伝播によるものであろうかとも考えられている。興味深いのは、甘粛省斉家期の土器のあるものに、把手の付け根の部分に一対のボタン状の飾りをつけたものが見られ、これがおそらく、鍛造の金属容器の形を土器に写したものだと考えられていることである。鍛造の金属容器の模倣といえば、中原の竜山文化期の土器にもその傾向を認めうるであろう。金属容器の鋳造は、鍛造よりも技術的にははるかに難しい。西アジアでは、はやくから銅や金・銀の展性を利用した鍛造容器の製作が始まり、その伝流は現在にまで及んでいる。ヨーロッパでも、北欧を除けば、青銅器~鉄器時代を通じて、鍛造の金属容器が主流を占める。一方、三代の尊彝として知られている中国の青銅容器は、すべて鋳造品であって、鍛造の例はない。その最古の例は、殷代中期に遡る。河南省二里岡や輝県出土例などがそれである。これらの最も古い銅容器には、一種の共通性がある。すなわち、概して薄手で、平底と円筒形に近い器身をもち、鋳出された文様も浅い。こうした特徴は、とりもなおさず鍛造品の特性と通じている。その近い過去に鍛造の手本のあったことを推察せしめるのである。果たしてそうだとするならば、殷代前期あるいはそれ以前に、鍛造の銅製容器が造られていて、中原の青銅器時代が、青銅器鋳造をもって突然始まったのではないことを示しているといえよう。自然銅の鍛造が青銅器製作への一過程だとするならば、そして青銅器文化の発祥地ではこの段階を経過した筈だと考えるならば、黄河流域地方は、こうした条件を満足させる地の一つである。しかし、自然銅鉱石の利用や鍛造の技術をも含めて、西から伝来したのだという可能性は、依然としてのこされている。

なお、ここに付言したいことは、青銅器の遺り方の問題である。青銅器は、破損したり不用になっても、再熔融して新しい製品につくりかえることができる。材料としても、石器や土器よりは、はるかに貴重であるため、小片といえども棄てられることはない。墓に副葬品を容れる習俗もなく、ホード（財宝や資材の蓄積、または宗教的な理由による埋納遺物・遺跡）を設ける慣習のない社会では、青銅製品の遺される機会は極めて乏しい。したがって、豊富な青銅製品を遺している社会が、その時代に繁栄していたということは知りえても、出土遺物の乏しさが、その社会の貧しさを示すとは限らない。

青銅器鋳造技術に関しては、現在のところ、中国独自の起源説より、西アジアからの伝来を肯定する説が有力である。とはいえそれが、いつどのような経路によって伝えられたかについて具体的に論証したものはない。これについての数多くの論考のうち、特に注目されるのは、林巳奈夫教授の所論である。林氏は、中国先秦時代の馬車を、古代オリエントのそれと詳しく比較し、その構造、繫駕法、御法において全く共通していることを明証した。前二〇〇〇年にオリエントで発生した一輈式の馬車と同様のものが、前一四〇〇年頃、またはそれ以前に、中国に出現することは、これら両文明が、両地の間にあったいくつかの文化を仲介として、想像以上に密接な関係を結んでいたことを示し、また青銅器鋳造技術をも含む殷文化構成要素のいくつかは、その起源をオリエントに求めうるであろうと結論づけている。

その伝来の経路を論ずる際、一般にしばしば言及されるのは、北方系青銅器文化との関係である。ユーラシアのステップ地帯の各地では、広い範囲にわたって、前二〇〇〇年の頃、西アジアから伝えられた青銅器文化が、それぞれ独特の華を開いた。こうした北方系青銅器文化の一つとして、イェニセイ河の流域に栄えた、ミヌシンスク文化が知られている。ここでは、前二〇〇〇年から前一〇〇〇年にかけて、カラスク文化期、タガール文化期を経過している。これらの文化は、他の北方系文化と等しく、牧畜を主とし、農業を従とする経済に支えられたもので、農業を主とする中国中原の文化とは異質のものであった。このような北方系青銅器文化で発達した青銅器の一つに、ナイフ（刀子）がある。殷代後期の都跡にあたる安陽殷墟では、獣頭を柄頭の飾りとする刀子が出土した。その刀子の形は、カラスクの青銅製刀子と酷似する。

これをもって、北方から中国に青銅器製作技術が伝えられた証《あか》しだと考えられたこともあった。しかし、カラスク文化の内容が詳しく調査されると共に、その要素のなかには、戈や弭《ゆづか》のように、殷文化に起源をもつものがあることも気づかれ、単に個々の要素だけではなく、その鋳造技術をも、中原文化の影響と見る考えが出されるようになった。すなわち、カラスク文化期には、それ以前の鍛造を主とするアンドロノヴォ文化期の青銅器製作法とは違い、鋳造技術が駆使されるようになった。これを中国から伝えられたものだとする意見である。このように、中国中原の青銅器文化の源流を、北方系文化に求めることはできない。むしろ中国から与えられた影響がより強い。あるいは少なくとも互換的であったといわねばならない。

ともかく、中国では鋳造の青銅器以前に、発達した鍛造技術があったと推定されることを考えても、また、新石器時代の文化要素のあるものが、西アジアとの関係を強く示唆することを顧みても、古くから、アジア大陸の東西を通じて、相当密接な文化の交流がすでに行われており、受容された文化は、それぞれの地に応じて独特の発展を示したと考えるのが妥当であろう。

二　青銅器時代の意義

人類史の上に、その意義を正しく位置づけたのは、チャイルド（V.G. Child）であった。彼は、一九三〇年刊行の『青銅器詩代』（Child V.G, The Bronze Age, London, 1930）において、次のいくつかを指摘している。すなわち、この時代になってようやく専門工人が登場し、完全な社会的分業が成立した。さらに、自給自足の体制に終止符を打ち、広域にわたる交易体制が確立した。その結果、都市生活が充実し、文字の使用が始まり、政治体制が整い、科学や工業技術も洗練され、かくて未開から文明への移行が果たされた。

青銅器時代は、もともと、主要な刃器として青銅が使用された時代だと定義されている。たしかに、青銅の刃器は石器に比べて有効であろう。しかし、武器や工具として、個々の青銅器が、対応する用途をもった石器に比較して隔絶した効率を発揮するとは考え難い。青銅器の使用が、一般的な生産能率を高めたため、新しい画期的な社会がつくり上げられたのではなく、チャイルドが指摘したように、高度な技術をもった専業者が存分に活動できるような生産組織と、製品の需要と配給機構の完備した社会への発展が、青銅器時代の文化を開花させる条件になったのだともいいうる。あるいは、青銅器が使用されていたか、いなかったか、という問題よりも、それがその社会に有効な作用をもったか、もたなかったかということが、より重要な問題になるのだといってもよい。そして、青銅器が十分に有効な作用をもった社会だと考えられるのは、いうまでもなく古代都市国家であった。

宮崎市定教授は、古代史とは古代的発展の経過であると定義し、地中海域や中国におけるその過程を吟味して一つのモデルケースを呈示された。すなわち、人類が最初につくった社会的協同体である氏族制度は、やがて都市国家に発達する。都市国家は、普通群をなして成立する。都市国家間の争いは、やがて国家群同士の争いとなり、ここに都市国家連合体が組織される。連合体内の各都市国家の相互関係は、平等ではあり得ない。強力な一国が他を被保護国とするようになる。中心となった保護国が覇者である。そしてこの連合体は、覇者にまとめられた領土国家に変形し、領土国家間の対立をへて、最後に勝ちのこった一国が古代帝国を形成する。もちろん、世界のすべての地域が同じような径過を辿ったわけではない。ユーラシア大陸の両端において定型的に認められる経過である。こうした経過の中で、都市国家の段階では青銅器が、領土国家の段階では鉄器が、重要な役割を果たした。青銅器も鉄器も西アジアで発明され、その技術は東に伝えられたが、伝播の速度に差があった。青銅器の技術が伝えられる速度は、鉄器のそれよりはるかに遅い。したがって、西アジアや地中海域では、青銅器時代は長く続き、東アジアではその期間が短く、さらに日本列島には、青銅と鉄はほとんど同時に到着した。そのために日本には純粋の青銅器時代がない。青銅器時代の短いことは、都市国家の時代が短かったことになる。そして、古典文化は都市国家で形成され発達するものであるから、地中海域では古典文化が成熟し東アジアではそれが未成熟のままでおわった。日本では古典文化の形成されることがなく、後に、未成熟の古典文化を、他から借用しなければならなかった。文字も、市民意識の強まった西の世界では、完全な音符文字にまで発達したが、東の漢字は、象形文字と音符文字の中間のまま、その発達を停止した。

以上、大へん粗雑ではあるが、宮崎教授の「中国古代史概論」(ハーバード・燕京・同志社『東方文化講座』第八輯)の一部を要約した。青銅器文化と古代都市国家の間のつながりについては、なお十分明らかにされているわけではない。青銅器文化の継続期間の長短が、都市国家の形成発展と直接結びつくかどうかは考慮しなければならない。むしろ、その消長は、経済的な基盤によって左右されるであろう。とはいえ、青銅器時代の都市国家において、初めて古典文化が形成され、青銅器時代を欠く所に古典文化の形成は行われなかったという考え方は、極めて興味深い。

青銅器文化がどのような終末を迎えたのかは、同じく興味ある問題といえる。東アジアにおけるその終末については、起源論ほど論議されていない。一方、地中海域の青銅器文化の終末については、多くの論考が出されている。中でも、ギリシャの青銅器時代の終末を論じたベタンコートの所論は注意をひく(Betancourt P.P., The End of the Greek Bronze Age, Antiquity, Vol.L, No.197, 1976)。

彼によれば、後期ヘラディックⅢB期の繁栄の後、前一二世紀頃、イタリアから近東にかけての地中海世界を通じて、大変動がおこった。繁栄の中心地では、人口が急激に減少し、いくつかの村落は放棄された。ヘロドトス以来の伝統的解釈は、この大変動の因を、ドリア人の侵入に帰している。後には、ドリア人ではなく、北方ヨーロッパ人、あるいは海洋民族による侵略説も出された。しかし、異文化の侵入を証拠立てるような、物質文化のきわだった断絶はほとんど見られない。また、変動の原因を、気候の急激な変化(異常乾燥化または寒冷湿潤化)、火山の噴火、地震のような自然災害に求める説もある。さらに、疫病の蔓延、奴隷反乱、東方交易の途絶などに帰する考え、単一の原因ではなく、これらの複合原因とする説なども規出されてきた。

ベタンコートは、こうした原因説をすべて詳しく検証した結果退け、新しい考古学の調査、花粉分析、リニアB文字の新史料解読の成果を総合して、次の解釈を下した。すなわち、ギリシャでは、後期ヘラディックⅢB期までに、当時の技術で養いうる人口の限度に達していた。また、生産管理のための王を中心とする官僚組織が、極度に、繊細といえるまでに発達していた。そしてその社会生活は、基礎の浅い、しかも、あまりにも特殊化した諸産業によって支えられていた。いわば極限にまで達していた状況が、何かの、比較的弱い衝撃によっても連鎖反応的パニックを惹き起こし、その文化が急激に崩れたというのである。

中国では、春秋から戦国にかけての頃に、鉄器の使用が開始される。それとほぼ時を同じうして、いわゆる領土国家の形成が始まる。その青銅器文化の終末に際して、地中海世界に見られるような、古典文化の大没落があったとは考えられないが、これも、その青銅器文化が、地中海世界におけるほど成熟していなかったことによるのであろうか。

三　中国の青銅器時代

青銅の原料である銅や錫はそれほどとれやすいものではない。したがって、石器時代以来のすべての道具が、青銅におきかえられることはない。貴重な青銅をいかに役立てるかは、各民族文化の性格に係わる問題である。一般に、青銅器時代には、刃器や簡単な装身具などが青銅で造られるにとどまり、高度な技術を駆使して彫琢を凝らした工芸品を生産する段階にはない。むしろ、次の鉄器時代になって、その製作技術が熟し、儀器や彫像などの製作が始まる。この点で、すぐれた青銅の彝器が、殷周時代に造られたことは、例外に属するといわねばならない。

中国では、永い新石器時代以来の定住農耕生活のうちに形成されていた氏族社会が、都市国家の原型ができ上がる頃から分解し、新しい、大きな宗族的結合に纏められ始めた。この宗族結合を、より強固なものにするために、宗廟の儀礼は特に重要であったため、青銅器も、その儀器として異常に発達した。特に、砂笵を用いた鋳造技術の進歩は、他の文化圏に例を見ない程高度な域に達した。かくも高度に発達した鋳造技術があればこそ、春秋戦国時代に鉄器が導入された際、西アジアや地中海域の古代世界では達成しえなかった鉄器の鋳造にも成功し、鍛鉄と鋳鉄を使いわけたのであろう。

ともかく、殷・周の時代を通じて、儀器の鋳造にエネルギーが傾けられた結果、一般の生産用具に青銅の用いられることは少なかったと見られる。呂振羽や呉沢の諸氏は、以前に、殷代の農工具が主として青銅器であったという想定を示しているが、関野雄教授は、「殷王朝の生産的基礎」を考察した論考（『東洋文化研究所紀要』5、一九五三年）において、殷代の生産用具の材料が、主として石や木であったことを明らかにした上で、殷王朝の生産的基盤が、それらの石器や木器を、かなり高度な技術で活用する奴隷農耕にあったことを述べている。殷代の農耕が、全面的に奴隷労働に依拠していたかどうかは、今も論議の分かれるところである。しかし、その生産用具として、石器が多用されていることは認めなければならない。オリエントの青銅器時代でも、刃器の一部に石器の用いられていることはある。しかし、殷代ほど、石器への依存の度合いは強くないであろう。

中国中原の青銅器文化の特色は、やはり、洗練された技術によって、多量の青銅容器が鋳造され、支配階級の祭祀の器として用いられている点にある。また、鉄器時代への移行に際して、劇的な変動がなく、青銅器の祭器と共に、青銅の武器も永く使用され、鉄製品に変わるためには、若干の時間を要したこともあげられよう。

四　朝鮮半島の青銅器文化

朝鮮半島における青銅器文化には、二つの源がある。第一の、そしてより主要な源は、遼寧地方に栄えた遼寧青銅器文化であり、第二の源は、中国中原の青銅器文化である。もっとも、後に述べるように、遼寧青銅器文化の荷担者は朝鮮族であると解釈して、その民族文化形成の舞台をここに求める考えも出されている。遼寧青銅器文化は、内蒙古地方の綏遠青銅器文化と共に、おそらくは、タガール文化などの影響を受けた北方系文化の一分枝だと見られるが、その形成期から、中国中原の青銅器文化の影響をも受けていた。中原では出現の遅れた青銅剣が、北方系青銅器文化では、刀子と共に主要な文化要素に数えられる。青銅剣が重要な位置を占めているのは、朝鮮半島においても同様である。遼寧の青銅製短剣には多種類あるが、中でも独特の形式は、柱脊（剣の中央を縦に通る突起）がのびて短い茎《なかご》となった、有茎式銅剣の一種である。その刃部の中央は突出し、突出部の上下が曲線状を呈し、基部に近い方が外彎してふくれた形に造られたものである。この形式を祖形とする剣は朝鮮半島では細形銅剣（同じく有茎で細身のもの）として登場する。遼寧青銅器文化において、もう一つの重要な要素は、青銅鏡である。これも剣と同じく、その系譜を北方系文化に辿ることができる。遼寧省十二台営子遺跡出土のこの種の鏡には、半環状の鈕が二つ付き、幾何学的なモティーフで鏡背を飾ったものがある。こうした鏡を祖形として、朝鮮半島では、鏡背の文様を細かく表した、多鈕細文鏡の鏡式が完成された。これは、東アジアの青銅製品のうちでも、抜きん出て精緻な作品である。

今述べた細形銅剣と多鈕細文鏡は、日本列島にもたらされた最古の青銅器のセットでもあった。山口県梶栗浜遺跡では、弥生時代前期の箱式石棺から両者が組み合わさって出土している。同じ組み合わせは、佐賀県宇木汲田遺跡にも見られる。このように、日本にもたらされた最初の青銅器は、もともと北方系文化の流れをくむものであった。

朝鮮青銅器文化の、第二の源ともいえる中国中原の青銅器文化が、遼寧青銅器文化に、ある程度の影響を与えたであろうことは、先に記した通りである。遼寧式銅剣も、シベリア系文化の青銅剣の形式を基本としながら、その曲線刃や柱脊は、中国春秋時代の剣の形を継承していると見られている。また、銅鏡の文様にしても、中国青銅器に表された、幾何学文的細蟠螭文の影響を考えうるかも知れない。しかし、このように間接的に表れたものではなく、青銅の戈、矛や車馬具のように、中国から朝鮮半島に輸入されたものがある。また、それらを手本とした朝鮮半島製作の仿製品も早くから登場している。中国からの輸入品には、戦国時代の型式を示す武器も見られるが、その流入の時期は、ほぼ前二世紀頃と考えられ、紀年銘のある遺物や、伴出する銭貨がこれを証明する。中国中原からの文化の流入は、朝鮮半島における鉄器時代の開幕をうながした。したがって、朝鮮半島における青銅器時代の継続期間は、その文化圏の広がりをどのように考えるかにかかっている。また、これを遼寧地方に拡大して考えるならば、遼寧青銅器文化の開始時期の早晩によって左右されることになる。

ソウルの研究討論会では、まず、遼寧地方を民族形成の場として、遼寧青銅器文化を朝鮮青銅器文化の範囲に容れ、その開始の年代を古く、継続年代を永くとる企廷鶴教援の意見がだされた。金教授は、主として青銅剣の型式に基づいて時期を区分する。すなわち、前記の遼寧式銅剣を第Ⅰ式とし、その中央付近の突起の位置の上下(より高いものがより古い)によって、これをさらに、Ⅰa、Ⅰb、Ⅰcに三分した。ついで、この第Ⅰ式銅剣から変化した細形銅剣を第Ⅱ式とし、第Ⅱ式の中でも、基部の近くに外彎したふくらみの痕を遺すものをⅡa、柱脊に研ぎ出した鎬が短く、第一節帯(左右の抉りこみと対応する)の上でとまるものをⅡb、鎬が基部近くまで通るものをⅡcとした。また、鎬の左右に、基部近くまで樋が通り、抉入部の退化したものを第Ⅲ式、抉入が全くなく、両刃が直線的に平行するものを第Ⅳ式と細分した。そして、これらの青銅剣とその伴出遺物の関係などを通じて、各型式に一応の年代が与えられた。Ⅱa式は前四~五世紀、Ⅱb式は前三~四世紀、青銅剣の終末は一世紀頃と考えられている。Ⅰ式はさらに古く、近年、遼寧省南山根遺跡で、Ⅰb式が中国西周末~春秋前期の青銅器と伴出したことから、Ⅰa式には前九世紀の年代を与えうる可能性も示された。上の分類のうち、日本に輸入されたのは、Ⅱb式以降のものである。

金教授が、遼寧式銅剣型式分類の根拠とした、刃部中央の突起の位置については、銅剣の研磨によって先端が磨滅すれば、その相対的位置が変わりうるという批判も出された。しかし、全体に、もっとも対立的な説は、尹武炳教授のそれである。

尹教授も金教授と同じく、編年の基礎を青銅剣の型式変化においている。しかし、金教授のような細分は行わず、朝鮮半島で青銅器が用いられた時期を三期に分け、第Ⅰ期は遼寧式銅剣の輸入された時期、第Ⅱ期は細形銅剣をはじめ、各種の青銅製品が製作され始めた時期（この時期の細形銅剣としては、金教授の分類したⅡａｂ式が当たるであろうが、分類にはいくらかの違いがある）。第Ⅲ期は、細形銅剣（金教授の分類のⅡｃ式）などの製作と共に、中国からの輸入品が登場し、同時に鉄器の使用が始まった。したがって、朝鮮青銅器時代は、その特色ある細形銅剣の製作開始をもって開幕し、第Ⅱ期のみをそれに当てることができる。金教授は、遼寧式銅剣から細形銅剣への型式変化を一系列のものと把えている。一方、尹教授は、遼寧式銅剣は細形銅剣の祖形ではあるが、その末期には細形銅剣と分かれて独特の型式発展を遂げたと考える。細形銅剣の出土地の分布は、清川江を境としてその以南に限られている。一方、明刀銭（銭文に明字が表された刀子形貨幣で、戦国時代の頃、主として燕で鋳造され広く分布している）は、相当量が纏まった、ホードとして発見されることがあるが、そのホードの分布は、清川江を境として、その南にはない。尹教授は、ここに一線を引き、細形銅剣文化の荷担者となった朝鮮族が、遼寧青銅器文化の荷担者であった東胡族と、文化的交渉を断絶することによって、細形銅剣を始めとする、独自の青銅器の製作が始まり、ここに朝鮮青銅器文化が形成されると考えるのである。東胡と朝鮮族との断絶は、燕の遼東進出をもって解釈しうるので、その時期は、前四世紀末から前三世紀初頭頃に当ててよい。

ここで見られるように、青銅器時代の開始の時期は、そしてその継続年代の永さは、遼寧青銅器文化の荷担者をどのように考えるか、また、朝鮮青銅器文化のひろがりをどのように考えるかにかかっているわけである。

朝鮮青銅器文化を概観するならば、その骨組みとなったものは、北方系に源をもつ青銅器文化である。これを受容した朝鮮半島では、農業を主とする社会のうちに、その性格を改変していった。朝鮮青銅器文化を特色づけるものは、おそらく、呪具として用いられたと考えられる各種の青銅製品であろう。多鈕細文鏡の鏡背の文様に見られるような彫琢を凝らしたその作品は、当時の文化の性格の一斑を端的に示している。しかし、その文化の継続期間は短く、都市国家や独特の都市国家的古典文化を形成するには至らなかった。

日本では、弥生時代になって、青銅器文化と共に、鉄器もまた同時に受け容れられた。したがって、先にも述べたように、この地で、青銅器時代は存続しなかった。しかし、受容された青銅器製作技術は、稲作農業を主とする弥生時代の社会にあって、また独特の青銅器文化の華を開いた。受容された実用の品も武器も、弥生時代の進展のうちに独特の霊的呪具に組み変えられて行った。おそらくは中国の馬鈴を祖形として、朝鮮半島では独特の小銅鐸が造られ、農耕の祭儀に用いられたが、その小銅鐸が弥生時代の銅鐸のヒントとなった。剣・戈・矛といった青銅製の武器具も、銅鐸と同じように、祭器として作り変えられ、実用とは離れた大型のものが製作された。日本におけるこのような受容のあり方は、また、中国南部の地方、雲南省石寨山遺跡や、いわゆるドンソン文化のあり方と相通ずるものがある。水稲耕作を主とする、共同体的きずなの強い農耕社会に、進歩した青銅器文化がもたらされた場合の、共通の反応だと考えるべきであろうか。

日本で、青銅器時代の経過がなく、古代都市国家形成も行われなかったことは、しばしば述べたが、その欠落は、おそらく日本の伝統の中に、一つの作用を果たし、意識の下層に永く古い呪物崇拝的観念を温存して来たのではないだろうか。

第2章 『魏書』東夷伝沃沮の鏟と青森県今津遺跡出土の鬲形土製品

一 縄紋時代における大陸文化の影響

永い縄紋時代を通じて大陸文化の影響が希薄であることは広く認められている。ただごく僅かではあるが、出土した考古資料によって、渡来の可能性が論じられたいくつかの文化要素もある。

矢柄をまっすぐに磨き上げるために用いたとされる矢柄研磨器については、山内清男の研究が有名である。(1) 山内は縄紋草創期から晩期(河野本道氏の談話の引用)に至るまでの期間に使用されたこの種の石製品と同様のものが、欧亜大陸に広い分布をもつことを明らかにした。しかしその後の詳細な検討によって、矢柄研磨器とされていたもののなかに、矢柄整直に使った例がないとはいえないが、むしろそのほとんどは縄紋遺跡から数多く出土する有溝砥石のうちの溝が単条の類だと考えられるようになり、欧亜大陸における類似例との関係について再検討を必要とするようになった。(2)

縄紋時代の装身具の一つにあげられる玦状耳飾が、中国新石器時代のいわゆる玦(3)との類似によってこの名を与えられたことは周知の通りである。両者の関係について論ぜられてから久しい。(4) 縄紋時代の年代を推定するため、江南青蓮崗文化に属する玉玦を比較資料として採り上げたのは、山内清男であった。その後、中国では樹輪年代較正を経た放射性炭素による年代の資料が増加し、縄紋時代の同じ方法による年代と比較できるようになった。また彼我とも玦状装身具の出土例が増えている。おそらく現在中国で最も古い玦の例は、浙江省河姆渡遺跡の出土資料であろうが、その年代は古く取るとしても、紀元前五〇〇〇年前後にあたる。一方、縄紋の玦状耳飾の例は、福井県桑野遺跡出土の滑石製品が示すように、早期末に時代付けうるものがある。[5]前五〇〇〇年ごろにあてることができる。玦状装身具の形の時代的な変化の仕方が、彼我の間でよく似てはいることも指摘されているが、この形の装身具が中国からもたらされたといい切るためには、なお資料の増加をまたなければならない。

縄紋時代も後・晩期ともなれば、より確実な資料がある。一九五四年に山形県三崎山遺跡で出土した青銅刀子はその一つである。この刀子の出土状況は致道博物館が調査し、柏倉亮吉によって報告され考察されている。[6]これによって刀子は縄紋時代後・晩期の遺物と共伴していることが明らかとなった。刀子出土地点にもっとも近い層では、宮戸Ⅳ・Ⅴ式の土器が見いだされているので、属する時期は晩期前半期に当たると推定される。前一〇〇〇年ごろの年代を与えうるであろう。この刀子の形と類似した例として、中国河南省安陽小屯の出土品が上げられている。しばしば説かれているように、この種の青銅器が北方系のものであることは疑いない。[7]同似のものは、山西省二郎坡遺跡でも出土している。

三崎山の青銅刀子は、単に渡来品というだけでなく、東北・北海道の諸遺跡で出土した石刀などの形に見られるように、縄紋後期後半ごろの刀形の石製品に影響を与えたものであろう。縄紋の石刀については前期以来の古い系譜をたどりうるかも知れないが、青銅製刀子の伝来によって大洞C2のころに、刃関を設けた内反りの形の石刀が作られるようになった可能性も考えられる。[8]言い換えれば、北方系青銅器文化の多少の影響がこの地方の縄紋社会に及んでいたと見てよいかも知れない。しかし、藤沼邦彦氏のご教示によれば、同氏は石刀の内反りの形は、原形となった鯨の肋骨の本来の形から導き出されたものであろうという見解をお持ちである。一概に北方系刀子の影響のみを強調できないであろう。

縄紋晩期の遺物としてここで注目される他の一つは、鬲形の土器である。一九六一年、賀川光男は鬲の形をしたと見られる土器が、九州の縄紋時代の遺跡から出土したことを報告した。[9]梅原末治も鬲であることを肯定する論文を発表している。[10]しかし一方ではこれについて強い反対意見が出され、[11・12]現在では鬲との関係を否定する見解が一般的である。この小文では、東夷の沃沮が墓前に供えたと伝える鑩と、その後に青森県今津遺跡で出土した鬲形土製品を比較し、両者に関係があるかどうかについて蓋然性を考えてみたい。

二　今津遺跡出土の鬲形土製品

一九八四年の春から秋にかけて、青森県埋蔵文化財調査センターが行った、同県東津軽郡平舘村大字今津字オノ神にある今津遺跡の発掘調査で、鬲形の土器が出土した。(13〜15) 図示のように土器は上端部を失い、胴と足の一部も欠けているが、器身が三空足に支えられた鬲形のものである。器身の上半部には磨消縄紋の手法による二段の紋様帯がめぐっている。報告者の観察記録を以下に略記してみよう。地紋の縄紋施紋原体は、右撚の二条の紐を合わせ、これらを左撚りにして完成したものであり、これを横位に回転して紋様を表しているという。胎土には細礫が含まれ、共伴した他の土器に比べて粗質である。なお、器の表面は篦のようなもので丁寧に研磨されていて、器面と頸の付け根の裏面には、いくらか剥落してはいるが、酸化鉄を塗沫した痕跡が認められる。足部の内面には粘土の接合痕が微かに残っている。おそらく足部はそれぞれ独立して作ったあとで胴に接合したであろうと推定されている。

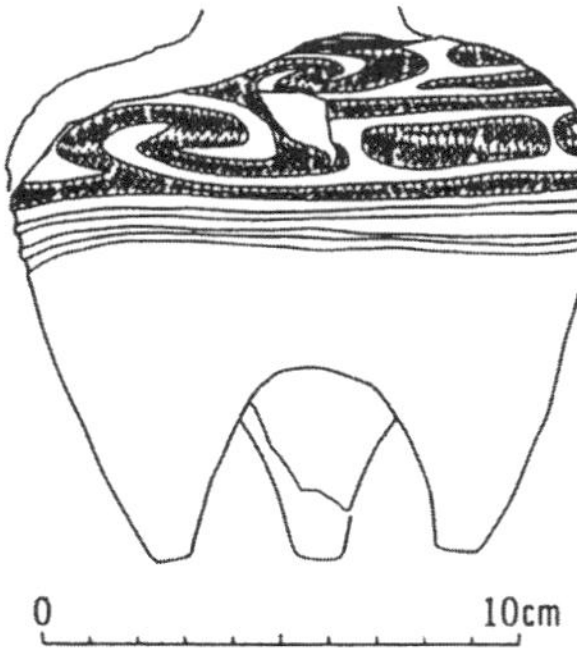

青森県今津遺跡出土鬲形土器
（註13文献の図による）

今津遺跡は津軽半島の東北端に位置を占め、西には中山山系から続く丘陵が迫り東は下北半島を隔てた平舘海峡が広がっている。丘陵を切って海峡に注ぐオノ神川の川口近くには河岸段丘上が形成されているが、遺跡は右岸の段丘上にある。その後、後背丘陵でも別に二か所の遺跡が見いだされているので、調査されたものは今津（1）遺跡と呼ばれる。この発掘調査によって、西寄りに散在する一一の土壙、四基の野外石囲炉、埋められていた土器二と三八〇平米に広がる遺物密集ブロックが見いだされた。報告者は密集ブロックを土器などの廃棄場であろうと想定している。鬲形の土器は直立状態を保ち、第Ⅱ層のブロック南西端で他の遺物と共に出土した。共伴遺物や紋様によって大洞C２式に属すると判断されている。その器形は常見のものでないとしても、晩期の縄紋人が製作した縄紋土器であることは疑いないであろう。出土した土器の廃棄場と見られるものは、それを取り巻くような野外石囲炉との位置関係から、そこで祭りが行われ祭祀に係わる土器も捨てられていたと考えられている。この鬲形の土器に鉄丹が塗られていることも祭祀用の特殊な器物だと見てよいであろう。

三　今津の鬲形土製品と大陸文化

今津遺跡出土の鬲形土器が、亀ヶ岡式土器文化の系譜のなかから生み出されたものであるか、中国大陸で生み出された陶鬲の影響を受けて作られたかという問題については、報告者も判断を保留している。この問題は中山清隆によって採り上げられ、広い視野に基づく積極的な議論の展開がはかられた。(16) その論旨は次のように要約できるであろう。

（1）報告者が復原するように、三つの袋足が別々に作られ胴部に接合されたとするならば、その製作手法は中国的なものではないようである。

（2）亀ヶ岡土器文化は多種多様な器形・器種を生み出している。そのなかで一見して大陸の土器に類似した形のものも、縄紋中期に系譜をたどることができる。

（3）鬲形土器の袋足にしても、藍胎漆器に類似の表現例があり、遮光器土偶の袋状の脚を見ても、成形の技術は当時の縄紋人に充分に備わっていた。

（4）たとえ偶然にもたらされた大陸からの搬入品を縄紋人が模倣したものだとしても、亀ヶ岡土器文化の体系に影響を与えたものではないであろう。

（5）　仮に大陸製品との関係を考えるならば、殷後期以後の陶鬲の形態に近いと思われる。この纏めでは論述の順序を変えたりしたために、果たして論旨が誤りなく要約できているか心もとないが、原文は説得的である。縄紋土器文化の知識に疎い私は、この鬲形の器形が縄紋土器文化の伝統のなかから生み出されうるものであるかどうかについて、はっきりと判断できない。いささか直感に基づく憶測ではあるが、これは縄紋人が、古代中国またはその周辺に展開した文化の産物である陶鬲をまねて、縄紋土器風に変様した作品であろうと私は考える。この仮説に沿って次の論述を進めよう。

仮にこの憶測が成り立つとするならば、今津周辺の亀ヶ岡の文化人は、入手した鬲をヒントとした土器を作り祭礼に使用した。この祭器の作成と祭りは、習俗として永続せず、また広い範囲に伝わらなかったかも知れないが、三崎山遺跡の青銅刀子の形が石製品にうつされて、縄紋後期の文化の一要素となったように、ある期間、ある範囲では何かに係わる祭儀の一要素となったものであろう。あるいは、少数にしろ渡来者があって、鬲と共に葬制を含む特殊な祭りをも伝えたであろうか。果たして当時、海の彼方から鬲が伝わって来るような可能性があるだろうか。彼岸の状況も探らなければならない。

四　『魏書』東夷伝に記述された沃沮の鬲

周知のように『三国志』魏書の烏丸鮮卑東夷伝は、三世紀当時の東アジアの諸民族の習俗を知る上に欠かせない史料である。この沃沮の条に次のような記事がある。ここで必要な箇所を意訳してみよう。

東沃沮[17]は高句麗の蓋馬大山の東にあって、大海に浜辺に居住している。その地形は東北に狭く、西南に長く千里ばかりである。北は挹婁、夫余と、南は濊貊と接している。五千戸ばかりあり、統一君主はなく、世々邑落それぞれに長帥がいる。その言語は高句麗とほぼ同じであるが、小さな違いもないわけではない。漢の初めごろ燕から逃亡した衛満が朝鮮王となった。そのころ沃沮はこの国に属していた。漢の武帝の元封二年（前一〇九年）に朝鮮を伐ち、衛満の孫の右渠を殺し、その領土を四つの郡に分け、沃沮城を玄菟郡とした。後に夷貊が侵入してきたので郡を高句麗の西北に移した。今の玄菟郡はここである。—中略—沃沮の土地はよく肥えていて、山を背にし海に面している。五穀がよくでき、農耕の適地である。人々の性質は勇敢で、牛馬が少なく、矛を執って歩戦する。飲食物、住居、服装や礼儀作法など高句麗と似ているところがある。沃沮の葬制は、長さ一〇丈余りの大きな木槨をつくり、その一方を戸口とする。新たに死んだ者が出ると、皆仮埋葬し、死体を覆う程度に土をかける。皮肉が腐ってしまった後、骨を取り出して槨中におく。一家ごとに一つの槨をもっている。死者の数だけ木を彫刻して人形をつくる。また土製の鑑のなかに米をいれ槨の戸口に吊り下げておく。母丘倹が高句麗を討伐したとき、高句麗王の宮は沃沮に逃げ込んだので、軍を進めて沃沮をも征伐した。沃沮の邑落はみな敗れ、首級を挙げ、捕虜にした者は三千余であった。高句麗王の宮は北沃沮に逃亡した。北沃沮は一名を置溝婁という。南沃沮を去ること八百余里のところにある。その風俗は南北ともすべて同じである。挹婁と境を接している。挹婁は船に乗ってさかんに侵略してくるので、北沃沮はこれを恐れ、夏の間は山のなかの深い洞穴に篭もって守備を固め、冬期に海が凍って航海できなくなると下の村落に下りてくるという。王は宮を討つために、別動隊となって北沃沮の東の境界まで行った。その地の老人に「海の彼方にも人がいないだろうか」とたずねると、老人がいうには、「この国の人がかつて船に乗って漁に出かけ、数十日の間風に吹かれ東方の島に漂着した。島には人が住んでいたが言語が通じない。その風俗として、毎年童女を選んで海に沈める」。またいうには「海の向こうには女だけが住み男のいない国がある」。またいうには、「海に浮かんでいる一着の布の衣を得たが、その身ごろは中国のものと同じで両袖の長さは三丈もあった。また難破船が一艘波間に漂い、海岸に打ち寄せられた。なかに一人がいたが、その人の項に別に顔がついている。生きてはいたものの言葉が通じない。食物をとらずそのうちに死んでしまった」。これらの話題の地域は、すべて沃沮の東海の彼方にある。

ここに引用した沃沮に関する記述のうち特に興味をひくのはその墓制の記事である。これについて簡略化してはいるが『後漢書』東夷列伝も同様に伝えている。沃沮の人々はいわゆる洗骨かとも思われる二重葬を行っていた。取り上げた骨は木槨墓に収める。墓は家族が共用する。死者ごとに木偶を作る。男女一対の祖先神の木偶を刻んで祭る習俗は『魏書』東夷伝、『周書』異域伝の高句麗の条にみられるが、そのより古い形であろうか。あるいは中国のいわゆる原始儒教期に行われていたという木主（神主）の名残であろうか。骨を槨に収めてから、米を容れた瓦を槨の一端に設けた戸口、おそらくは扉のような施設に懸ける。記述はこの木槨が横口式であるような印象を与えるが定かでない。面白いのは土製の鑩を懸けることである。鑩は鬲の異字である。『説文』に「鼎の属であってあるいは鑩に作る」とあり『呉越春秋』夫差内伝の徐天祐の注にも鑩は鬲の属であることを示している。なかに容れる米はもちろん稲米を特定するものではなく五穀一般を指すのであろう。ただし、『魏書』東夷伝などで、夷族が使用している器物の名称が示されている場合、そのままに受け取ってよいかどうか疑問が感じられるかも知れない。例えば「夷狄の邦と雖も而て俎豆これ象存す」また「食飲は皆俎豆を用う」あるいは「食飲に籩を用う」などと書かれているのは、礼儀正しく飲食することを意味するだけで、実際にそれらの器物が用いられていたかどうか分からないとも考えられるからである。しかしこの鑩に限っていうならば、特殊な墓制と関連して述べられていることを顧みても、実際の習俗を描写したものだと判断してよいであろう。

なお、喪礼に際して鬲を用いることは『儀礼』士喪礼にも述べられている。清の胡培翬の『儀礼正義』によった池田末利『葬制集録』士喪礼を私なりに要約すれば、「喪礼の第一日目に木を削り鬲を懸ける孔を穿ち、十字状に組んで中庭の南寄りに立てる。これを重という。神官が余った飯米を粥鬲に煮て、一対の鬲に入れ、青竹の皮を剝いで紐のようにして重に懸ける」。

沃沮は、今の咸鏡道付近の海辺にいた東夷の一民族である。古くは周初に始まる燕の文化が中国東北辺に及び、吉林省西団山遺跡を標識とする西団山文化にも間接的な影響を与えたであろうが[18]、その文化圏の周辺にあった民族だと推測される。西団山文化期の前期に属すると見られる永吉の星星哨遺跡は、粛慎の遺跡だと考えられている。報告書によれば、この遺跡では多数の鼎・鬲足が採集されたという。遺跡の放射性炭素年代として、前一千年前後の年代が与えられている[19]。吉林省西南部の奈曼旗南横溝では美しい彩紋を施した鬲が出土し[20]、西団山遺跡の住居跡でも鬲、鼎が多量に発掘されている。稀には墓にも伴うことがある。西団山石棺墓の発掘報告を執筆した佟桂臣は『後漢書』東夷伝の挹婁の条や『晋書』四夷伝を引き、この文化の加担者は古の粛慎であろうと推定している。挹婁は沃沮の北に接する民族である。吉林省東辺で、西団山文化の一要素に数えられる細長い磨製石鏃は、図門江地区の延吉市で発見された例のみが知られている。この一要素だけで推定するのは根拠が薄弱ではあるが、西団山文化の影響は沃沮の地にも広がっていたと思われる。ただし沃沮の文化かと推定されている吉林省東部、東南部の文化の遺跡では、鬲、鼎の類が見いだされていない[21~23]。従来までに入手している報告書によっても、最近、韓国文化財研究所が纏めた北朝鮮の文化財調査書を瞥見しても、今のところ朝鮮半島東北部出土遺物に鬲は見られないようである[24]。今後の調査でその発見を期待したい。

古代中国の、日常の炊事の用に当てられた土製の鬲の形は地方差があるけれども、概して殷後期から西周前期ごろまでは足高が大きく、春秋、戦国のものは足部が低く退化して行く傾向にある。竃の発達し始める漢代ともなれば主要な煮沸具の位置を釜、鍑に譲り、鬲は使用されなくなって行く[25]。しかし、保守的傾向のある祭祀の世界では、青銅の鬲として足の高い古い形をよく残している[26]。後漢ごろから盛んになった釈奠、釈菜の祭りなどには古器の制の守られることもあったであろう。

このように西周初期ごろから古代中国の物質文化は、わずかながら沃沮の領域に波及したであろうが、その後も燕文化の影響を受け、前二世紀初に建国された衛氏朝鮮の時代にはその支配下にあった。後に漢の玄菟郡に組み入れられたことなどから判断されるように、沃沮は古くから中国文化の影響下にあった。しかし中国から見れば僻遠の地に当たり、独自の文化的伝統も古くから遺していたと考えられる。例えば、沃沮と言語が同じであり、衣食住や礼儀作法がよく似ているという高句麗は宗廟、社稷、霊星を祭るなど中国化した面が多分にあるものの、墓制の点でも、東盟の祭り、隧神の祭りなどより古い独自の祭を遺している。

『魏書』の沃沮の記述でもう一つ興味をそそるのは、その老人が伝える東の大海の彼方の地の伝承である。『後漢書』は、先の女護ヶ島の記事に後に「その国には不思議な井戸があり、これを覗き込むと子を生む」ことも加えている。これらの伝説は別にして、三世紀ごろ朝鮮半島東北の海岸に住んでいた人々が、日本海を隔てた彼岸の言語習俗を異にする住民の存在を知っていたらしいことは認めてよいであろう。後の渤海使漂着の記録に見られるように、そのあたりを出港して海難に逢えば出羽、津軽の海域に至ることもあったと考えられる。

五　結びにかえて

先に述べたように、今津遺跡出土の鬲形土製品が大陸の鬲の影響を受けて作られたとするならば、その元となったもののうち多少の蓋然性が考えられるのは沃沮の鬲ではないであろうか。年代を取り上げるならば、今津の鬲形土器の属するのは前七〇〇年前後、『魏書』東夷伝の沃沮の鬲は三世紀ごろであって、約千年の隔たりがある。両者関連の蓋然性が大であるというためには、沃沮の習俗が西周、春秋の交のころまで遡ることを証明しなければならないが、今その手立てがない。鏖に米を入れて供える沃沮の墓は、骨を取り上げて入れる、家族ごとの再葬墓である。鏖はおそらく日用のものではなく、墓前祭祀用のものであろう。今津の鬲も祭祀に係わる遺物であろうと推定されている。

かつて喜田貞吉が報告して以来[27]、数を加えてきた青森県を中心とする縄紋後期の甕棺再葬墓は、縄紋社会のなかで独自に生み出された墓制だと考えられている。[28]しかし海を隔てた沃沮の鬲と今津の鬲形土器の間の、あったかも知れない関係が証明された場合には、あるいは将来資料が増加して、東北地方北部におけるこの時期の再葬墓の突発的な登場が考慮に上る場合には、東アジアの墓制の縄紋社会への影響について考察する余地が生じるであろう。

［註］

（1）山内清男「矢柄研磨器について」『日本民族と南方文化』一九六八年　平凡社

（2）小野田正樹「所謂矢柄研磨器に関する一考察」『文化』三九巻三、四号 一九七六年
宮下健司「矢柄研磨器の再検討」『信濃』Ⅲ・三〇巻四号　一九七八年

（3）ここで「いわゆる」としたのは、玦とは本来珮玉の一つで弓を引くときに拇指につける道具であり、『国語』韋昭の注の読み違えによって石器時代の装身具をこの名で呼ぶようになったからである。
林巳奈夫「佩玉と綬」『東方学報』京都四〇　一九七三

（4）樋口清之「玦状耳飾考」『考古学雑誌』二三巻一、二号　一九三三

（5）木下哲雄他『福井県金津町桑野遺跡発掘調査概要』一九九三年　金津町教育委員会

（6）柏倉亮吉「三崎山出土の青銅刀」『東北考古学』第二輯　一九六一年

（7）林　澐「商文化青銅器与北方地区青銅器関係之再研究」蘇秉編『考古学文化論集』一　一九八七年　文物出版社

（8）野村　崇「石劍・石刀」加藤晋平他編『縄文文化の研究』九　一九八三年　雄山閣出版

（9）賀川光夫「縄文式後晩期における大陸文化の影響」『歴史教育』九巻三号　一九六一年

（10）梅原末治「史前の玦状耳飾りについての所見」『日本古玉器雑攷』一九七一年　吉川弘文館、ここでは大分県秋庭遺跡出土の土器片が取り上げられている。

（11）乙益重隆「弥生時代開始の諸問題」『考古学研究』一四巻三号　一九六七年

（12）佐原　真「日本農耕起源論批判—『日本農耕文化の起源をめぐって』—」『月刊考古学ジャーナル』二三号　一九六八年

（13）新谷　武、沢田庄一郎、岡田康博、工藤　大『今津遺跡・間沢遺跡発掘調査報告書—昭和六〇年度—』青森県教育委員会　一九八六年

(14) 岡田康博「今津遺跡にみる亀ヶ岡式土器」『月刊考古学ジャーナル』二六一号　一九八六年
(15) 新谷　武・岡田康博「青森県平舘村今津遺跡出土の鬲状三足土器」『考古学雑誌』七一巻二号　一九八六年
(16) 中山清隆「縄文文化と大陸系文物」（『季刊考古学』第三八号　一九九二年、なお遮光器土偶の袋足との関連については、既に岡田康博氏も触れておられる。
(17) 『三国志』『後漢書』によるかぎり、沃沮は南北に分かれているだけである。ここに東沃沮としたのは、東方にある沃沮ということで、固有名詞ではないであろう。
(18) 佟　佳　臣「吉林西団山石棺墓発掘報告」『考古学報』一九六四年　一号
(19) 吉林市文物管理委員会永吉県星星哨水庫管理処「永吉星星哨水庫石棺墓及遺址調査」『考古』一九七八年三号
中国社会科学院考古研究所『中国考古学中碳十四年代数据集―一九六五～一九八一』一九八三　文物出版社
(20) 方起東・劉振華「吉林」（五味充子訳）文物編集委員会編『中国考古学三十年』関野雄監訳　一九八一年　平凡社
(21) 宋玉彬、朴潤武、馬成吉「吉林省延吉市新光遺址発掘簡報」『考古』七号　一九九二年
(22) 藤田亮策『延吉小営子遺跡調査報告』『満州国古墳古物調査報告』五　一九四三年
(23) 龐志国「吉林琿春四迎花南山遺址、墓葬発掘」『考古』一九九三年　八号、この報文では遺跡を遺した文化の荷担者を沃沮人にあたるであろうとしている。これらの他、吉林省文物志編委会によるいくつかの報告があるようだが、未見である。
(24) 文化財管理局文化財研究所『北韓文化遺蹟発掘概報―北韓文化財調査書第三冊―』一九九一年
(25) 飯島武次「西周時代の関中と中原の土器」『日本中国考古学会会報』三号　一九九三年
(26) 例えば林巳奈夫『殷周時代青銅器の研究―殷周青銅器綜覧―』一　一九八四年　吉川弘文館に採録されているものとして、西周Ⅳの鬲第七四（栄厚『冠斝楼吉金図』所収）、春秋Ⅰの鬲第八七　京山平覇公社蘇家壟、春秋Ⅰの鬲第八八（中国科学院考古学研究所『上村嶺虢国墓地』所収）などが挙げられるであろう。
(27) 喜田貞吉「青森県出土洗骨入土器」『歴史地理』六三巻六号　一九三四年
(28) 菊池　実「甕棺葬」加藤晋平他編『縄文文化の研究』九　一九八三年　雄山閣出版

この小論の執筆にあたっては、綾村　宏、桑原久男、小山田宏一、佐原　真、宮野淳一、渡邊昌宏の各氏から懇切な援助を受けた。特に佐原・渡邊の両氏は縄紋土器文化について筆者の蒙を啓いて下さった。記して厚くお礼申し上げたい。

第3章　弥生土器絵画における家屋の表現

一　はじめに

弥生時代の土器・土製品や青銅器には、時に刻線による図像の表現が認められる。土器・土製品には陰刻され、青銅器の場合は、反転陽出されている。このような、刻線による図像の二次元的表現は、弥生時代の工芸の一つの特色をなしているといいうるであろうし、前の縄文時代の工芸が、彫塑的、立体的表現によって特色づけられているのとは本質的な違いがある[1]。

弥生時代の土器の絵画については、佐原真氏による総括的な成果が出されており[2]、青銅器、特に銅鐸の絵画についても、同氏の優れた研究が発表されている[3]。ここでは、主として佐原氏の研究成果に依拠し、これらの図像のうち、家屋を表わしたものについて私見を述べたい。ただし本稿では、建築学的にその構造を解明することも、また図像分析を通じてその型式学的変遷をたどることも意図していない。むしろ、その表現の意味を探ろうとするものである。しかし、遺された片々たる物的資料のみによって、その元来の表現意図を探ることはきわめて困難であり、科学的論証の対象となる問題ではない。したがって、いくつかの点については、恣意的解釈を混えることもやむをえないであろう。

二　絵画のある土器の分布と時期

図像を表わした弥生土器の出土遺跡は五十数箇所を数える。その分布は、宮崎県下遺跡、佐賀県川寄吉原遺跡、福岡県小葎遺跡などの出土例のように九州から、神奈川県伊勢山遺跡出土例のように南関東に及んでいる。しかし、この範囲に均等に分布しているわけではなく、大和を中心とした畿内に分布の中心があり、他は点々と見いだされているに過ぎない。その時期は、第Ⅲ様式の例が時に知られているが、第Ⅳ様式の例が卓越し、第Ⅴ様式に続いている。

これらの資料は、写実的に描かれたものもあるが、また極端に抽象化されているために画題を確定し難いものも、あるいは、土器の小破片に刻画の痕跡は認められても、その原画の不明なものもあって、画題ごとに確実な数をあげることは容易でない。種類についていえば、鹿・家屋・魚・鳥・人物・竜・樹木・舟その他をあげることができる(4)。

そのうち、もっとも数が多いのは鹿であり、これに次ぐのが家屋であろう。管見の及ぶ限りでは、家屋を表わした資料は一八例余りを数える。ただし、そのうちの数例は確実に家屋を表わしたとみてよいかどうかわからない。一八例の分布は、これも畿内を中心として、兵庫、岡山、鳥取、香川の各県と、中部以東では一例のみ長野県で出土している。これらの資料の大多数は第Ⅳ様式に属しているが、一、二第Ⅲ様式に遡る例もある。畿内、特に奈良県を中心とし、主として西日本に広がっている分布の傾向も、第Ⅳ様式に盛行するという時期の点でも、絵画のある土器全体のあり方と基本的な違いはない。

三　土器に描かれた家屋図形の例

以下、個々の資料について摘要を述べる。

奈良県唐古遺跡　一九三六～三七年にかけての調査で壺に画かれた家屋の図がはじめて知られた。階梯を上って行く人像二が描きそえられている点で、夙に著名である。報告書ではこれを人物像と解し、「或はこの解釈には一般の完全なる同意を得がたいかも知れぬが、われわれはこれが人物画であるか否かということよりも、弥生式土器にはじめて原始絵画を得たことに、十分の満足を感ずるものである。」と述べられている。[5] 図像の上下は欠損し、階梯の下部もまた欠けている。構造が高床式であることは、報告書も認めるところである（図－1）。

この資料の他、同じ調査期間中に、家屋を表現したと認められる土器の破片が、三点数えられる。いずれも小さな破片であるために、図像の全容を知ることができないが、そのうちの二片は、屋蓋を、一片は高床建物の支柱の部分を表わしたのではないかと見られる。[6] なお、屋蓋を表わした破片の上部には、別の刻画があったかと推定される痕跡が遺っている。すべて第Ⅳ様式（図－2～4）。

唐古遺跡では、その後、山田富康氏によって、家屋を表現した土器の破片二点が採集された。一は大型の壺形土器の破片で、土器の胴部に画かれたものである。[7] 長さ一五・三cm、幅一〇・一cmの比較的大きな破片の右端に刻まれており、左半と下は欠損している。上方と右側の空間も広くはない。建物は切妻の屋根の転びが強く、太い棟持柱に支えられ棟端に半円状に反り上った装飾が見られ、床桁も表わされていて、高床式建物であることは明瞭である。第Ⅳ様式（図－5）。

他の一つも壺形土器の破片で、建物の左端が表わされ、右半、上方と下も欠損している。[8] 切妻の屋根の転びは強く、破片の左端には、かすかに棟持柱を表わしたかと見られる線がある。床柱は長く、これが高床式建物を表わしていることは疑いない。第Ⅳ様式（図－6）。

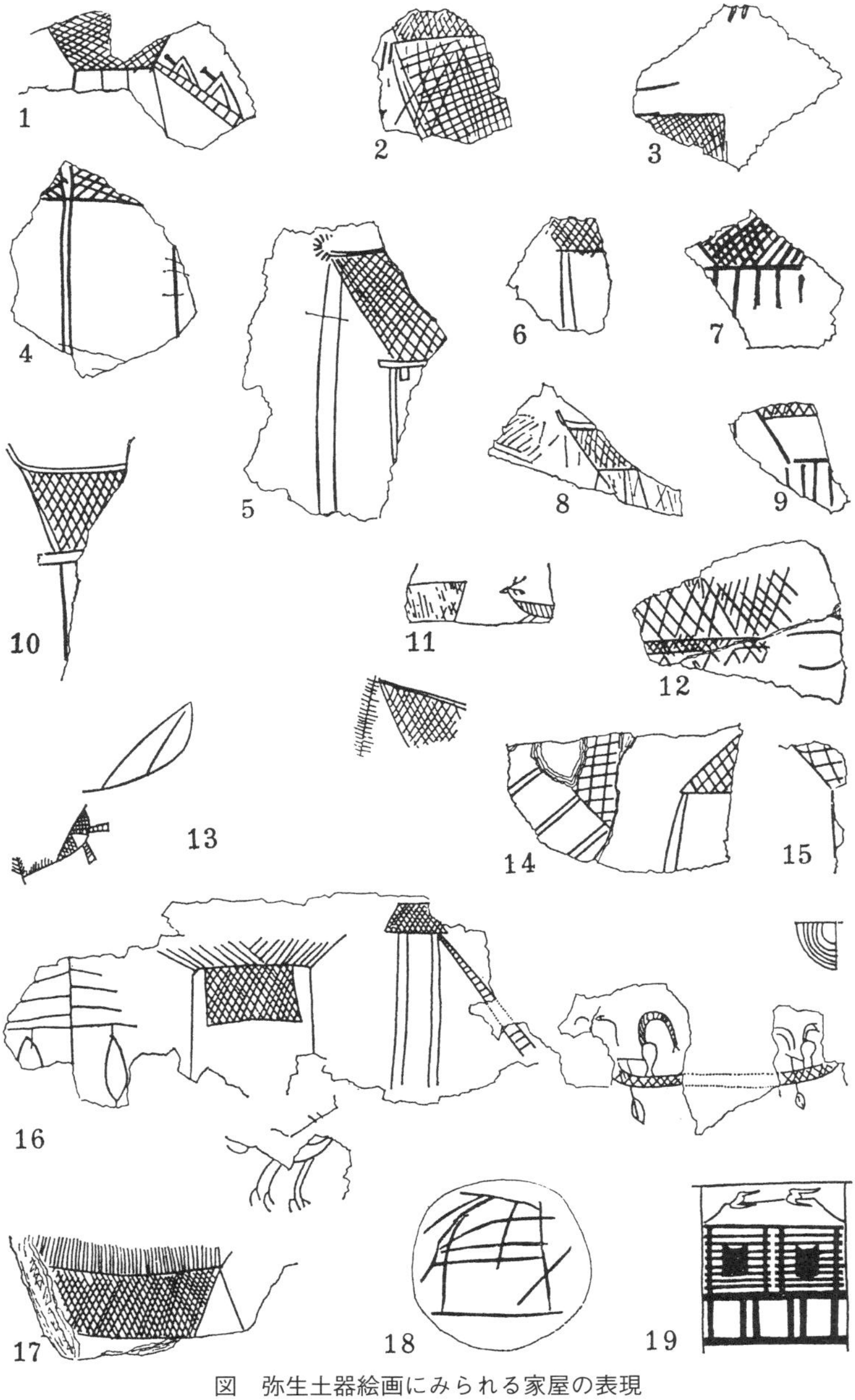

図　弥生土器絵画にみられる家屋の表現

唐古遺跡では、一九七七年八月から発掘調査が再び行なわれるようになり、一九七七年度の調査の際に出土した遺物のうち、家屋の図像を表わした破片が紹介されている。[9] 一は、壺の胴部または胴上半部の破片で、上の一部分と右端を欠くが、切妻高床式の建物が表わされている（図－7）。他の一つは、家屋の左端の一部が表わされ、他の部分は欠損している（図－8）。これについて報告者は、「まったく部分的にしか存在していないが、上部を斜格子で、下部は直線で柱状を表現しているもので」と説明し、先の例と類似していることから「家屋の一部を表現するものではなかろうか」と慎重に述べられている。[10] 報文の挿図によって判断する限りでは、転びの強い切妻の屋蓋に、棟持柱らしきものも表現されており、床柱も長い。高床式建物と判断してよいであろう。この右側の空間には、何か別の図像が描かれているように見える。家屋ではないであろうか。以上の二点のうち前者は、第Ⅲまたは第Ⅳ様式に属し、後者については時期不明の由である。

大阪府瓜生堂遺跡　生駒西麓の土で作られた大型の壺の小破片に描かれたものである。[11] 建物の上端、右端、下の一部も欠けている。斜に張り出した壁が転びのある屋蓋に続くように表現され、高床式建物であることは疑いない。なお、この破片の左端には一本の垂直な刻線が認められる。これについては、「これが、この絵の倉庫の棟持柱になるものか、あるいは別の建物が描かれていたのかは、欠損しているために明らかではない。[12]」と報告者は記述している。弥生中期（図－9）。

大阪府大塚遺跡　大型の壺の破片に認められたもので、一二×一一cmの破片の右端に建物の左半部が表わされ、破片面の左と上方は空白で他の図形はない。[13] 建物の棟の端は上に反り上っている。切妻の転びは強く床桁も表わされ、一条の刻線で長い柱が表わされている。これも明らかに高床式建物である。第Ⅳ様式（図－10）。

大阪府東奈良遺跡　鉢形土器の破片に描かれている。[14] 横七cm、縦四cmの小破片で、図形は口縁部の直下に表わされ、家屋の屋蓋の一部かと見られる図の右に、左向きの鹿が描かれている。鹿の表現は正確で、屋蓋様のものに近づくような動作も表現されている。この二つの図形について、報告者は、鹿と建物が同じレベルにあるとすれば、転びのある屋根の表現から判断して、建物があまりにも低い。棟持柱も表わされていない。鹿の刻線に比べて、この方は、磨滅によるかも知れないが不鮮明である。以上の疑問をあげながらも、「その形状からして、やはり倉庫らしきものとして考えるのが妥当であろう。」[15]と結論づけている。第Ⅳ様式（図－11）。

兵庫県加茂遺跡　壺形土器胴部の破片に認められたもので、粗い斜格子を施した下に二条の水平方向の平行線を刻み、この二条の線の間には、細い斜格子を入れている。[16]さらに、下には断片的ではあるが、斜格子状のものが見られる。この図形の右にやや隔てて、「こ」の字形の刻線がある。家屋と鹿の表現を意図したものであろうか。いくつかの疑点をあげながら、報告者は「なにかを表現した原始絵画とあえてみるならば、家屋図の一部と考えるほかあるまい。」と述べている。[17]第Ⅲ様式（図－12）。

兵庫県川島川床遺跡　壺形土器頸部の破片に認められるもの。[18]頸部内面に描かれ、破片の右端に、屋蓋と棟持柱がみられる。棟持柱には、直交する短線を重ねているが、破片の左端に左向きに表された鹿の頸にも同巧の表現があるので、単なる加飾と考えうる。その点屋蓋の斜格子も同様であろう。このような表現から、これは高床式建物とみてよい。この建物と鹿の間に、木の葉状の線刻がある。「筆運び等から鹿を描きかけたものらしいが、図柄の構成配置上、高床の絵に近すぎたのか、建物に比べて大きすぎたのか、失敗して消している。」[19]と考察記述され、これらの図形の配置から判断して、この土器には、四ないし五の図形が描かれていたであろうことも考えられている。こうした観察が正しいとするならば、これは単に図像を並列しただけのものではなく、おそらく、何かの場面を絵画的に表現しようとしたものであろう。第Ⅳ様式の土器も共伴するが、本例は第Ⅲ様式とされる（図－13）。

岡山県雄町遺跡　雄町遺跡では出土した二点の破片に家屋を表した図形が認められている。[20]一つは、壺の破片とみられるもので、近接した二棟が表されている。ともに寄棟風の屋根をもつもので、それぞれ建物の左端と、右半部が遺っている。報告者は掘立柱平屋建物を想定する。柱の方向が建物によって一定でないために、二棟をもって一画面を構成しようとしたものであるかどうかわからない。中期の資料である（図－14）。

他の一例は、壺または甕の破片の右端に辛うじて切妻式の屋蓋の端と柱が認められるが、高床式建物を表現していることは確かである。(21) 弥生時代後期と推定(図-15)

鳥取県稲吉角田遺跡 壺形土器の頸部をめぐって、四つの図形が絵巻物風に配置されている。(22) この中心をなすのが二棟の家屋の図形である。左は切妻の転びの強い屋根と、これを支える長い柱を表わし、屋根下の壁は吊り下げられた様相を呈している。右の家屋は、寄せ棟風の屋蓋に、これも長い柱が表わされ、右端に梯子がかけられている。これら二棟の右の寄せ棟風のものが高床式であることは疑いない。左の建物を平地住居とする考えも出されているが、長い柱の表現からみて、高床式建物と考えた方がよいであろう。二棟の建物の左には一本の樹木が描かれ、その下枝に一対の紡錘形のものが垂下された状況も示されている。また二棟の右には、反り上った舟が描かれ、舟上には、数人の鳥装とみられる人が、それぞれ櫂をとって建物の方向に漕ぎ進む状況を示す(図-16)。

この四つの図形は、一画面として緊密に構成されたと判断されるものである。なお、この土器の破片であることは確かながら、この画面のどの部分に置かれうるか明らかでないものに、鹿と同心円を表わした図形がある。後者は太陽の表現かと推察されるものである。土器は弥生時代中期中葉頃と認められている。

香川県久米池南遺跡 壺形土器の肩部の破片とみられるものに、切妻の屋蓋の右半にあたる部分の図像が遺っている。(23) 棟の線は反り上り、棟持柱が刻線で表わされている。下部は欠失しているが高床式建物の図と見てよいであろう(図-17)、

長野県関屋遺跡 径九cmの大型壺形土器の底部に表わされた図形で、「稚拙ながら、切妻式高床家屋を表現している。(24)」と判断され、右脇に柱と交叉する一線が入れられ、その末端は薄れて明らかではないが、樹枝状のものが二本描かれ、頂には笠のようなものがみられる。またその基部には人物らしきものを描きかけ、未完成のまま塗りつぶした形跡があるということなどが報告者によって観察されている。中期に属するものである(図-18)。

四　銅鐸に表わされた家屋図形

図像を表わした弥生時代の青銅器としては、銅鐸と武器形祭器などがある。ここにとりあげている家屋の図形を表わしたものは銅鐸に限られ、二例のみが知られている。

その一つは、有名な香川県出土と伝える例で、その一面下右区画に表わされている。転びの強い切妻の屋根の両端を棟持柱が支え、右側に梯子が描かれている。他の例は、福井県大石井向2号鐸の一面の下左区画に、やや形式化した形で表現されたものである。転びのある切妻の屋根の下縁が床となり広い露縁のついた高床の建物と見られるものである。

五　資料の吟味

次に、今あげた諸例の示す処を整理してみよう。

土器に表わされた家屋の図形は二〇、このうち瓜破遺跡例の二軒目のように非常に不確実なものをも含めるならば二二例を数える。銅鐸の二例を加えて二四例となる。これらのうち、同じ土器に二軒を表わしたものが二例（非常に不確実なものを数えれば、さらに二例）ある。したがって土器の個数としては一八例となる。

建物の構造としては、二二例中高床式と判断されるものが一六例、屋蓋の部分だけが遺っているために、構造不明のものが四例、平屋建と推定されたものが二例ある。しかし、平屋建であろうとされる雄町遺跡出土例も下まで遺っているわけではないので高床式建物を表わしている可能性もある。屋蓋は、二二例中切妻式とされるもの一八例、寄棟風のもの三例、不明一例となっていて、圧倒的に多いのは、高床式切妻の建物である。また図形としてはほぼ例外なくこれを平の方向から画いており、梯子のある三例は、ともにそれが右につけられている。破片としては、建物の左半のみをとどめる例が、右半の例の倍以上であるため、梯子つきの表現が少ないのかも知れない。ただし、全形をとどめるものにも梯子の描かれていない例もある。

土器の場合、家屋の図形が描かれているものは、二〇例中、大型壺とされるもの四、壺一一、壺または甕とされるもの一、鉢一、不明三であって、壺形土器がほとんどである。貯蔵形態である壺形土器に描かれていることは、この建物を、穀物貯蔵庫と推定する理由の一つになっている。

家屋図形と組み合わされている他の図像としては、稲吉角田遺跡のように、一対の物体を垂下した樹木・鳥装とみられる複数の人が漕ぐ舟・鹿・太陽かとみられる図形の例がある。また、唐古遺跡の例のように、梯子を登るとみられる一対の人像もある。また、鹿と組み合う東奈良遺跡や川島川床遺跡例もある。銅鐸については、佐原真氏の綿密な考察にゆだねるが、土器についていえば、比較的大型の破片では、家屋以外に何かの図が描かれていて、これが単なる図形ではなく、絵画の一部分であることを示している。家屋のみが認められるものは、関屋遺跡の土器の底に描かれた一例を除いて、すべて比較的小破片である。家屋以外の図の例でも、唐古遺跡出土の舟は、その前後に水鳥が表わされ、一つの場面を構成している。[25] ただし、単独の動物文をいれた例も幾つかある。

家屋の図形と組合って表現される例として稲吉角田例が参考になるが、常に同様の組合わせであるとは考えられない。今日知られている例からいえば、家や鹿に比べて、舟や樹木が極端に少ないからである。しかし、稲吉角田の例で特に注意を惹くのは、二軒の家が画面の中央を構成しているように見えることである。複数の家を描いた例は、他に、雄町遺跡の資料があり、不確実なものとしては、唐古遺跡、さらに非常に不確実ながら瓜破遺跡の資料も数えられる。したがって、稲吉角田例は決して孤例ではない。

六　高床式建物図示の目的

このような高床式建物は、何を示そうとしたものであろうか。弥生時代の高床式建物といえば、島田貞彦氏以来、一般に穀倉だと考えられている。(26) その実際の例としては、静岡登呂、山木両遺跡で出土した遺構と建築部材に基づき登呂遺跡に復原されているものがある。すなわち、三間×二間で切妻の屋根の転びの強い高床建物がそれである。その壁板は割板材の両端をそれぞれ凹凸に加工したものを、背違いに横に組んでいる。(27) この建物に鼠返しが取り付けられていることは、緊密に組まれた壁体とともに、穀倉として用いられたことを示している。前記の図形の中に、壁板の細部や鼠返しなどを表わした例はないが、簡略化された、あるいは稚拙ともみられる刻線画では、それらの表現が省略されたものであろう。そうだとすれば、図形の厚形も、もともとは登呂に復原されたような穀倉であったと認めてよいであろう。

弥生時代における高床式建物の痕跡は、岡山県津島遺跡において、その最古の例をみる。(28) 弥生前期でも古い時期に属するものではあるが、その最古の時期のものではない。とはいっても、この形式の建物は、弥生時代の西日本で発明されたものではなく、もともと、渡来した稲作文化複合に組みこまれていたものであろう。そして、耕作面積の拡大、収穫増加とともに、貯蔵用竪穴掘鑿の適地に恵まれない処から、漸次穀倉として顕在化するに至ったものであろう。すなわち、加工技術の習熟や木材資源の供給などの条件が整った折に、突如として登場したものではなく、おそらくは、小規模な形で、弥生時代当初から持続的に造られていたと考えられる。湿気と鼠の害を避ける施設に別して慎重に貯蔵さるべきもの、したがってまた、類焼を避けるためにも、幾分集落からは隔った地に建てられた穀倉に貯えられるべきものとしてまず考えられるのは、種籾であろう。(29)

高床式建物の来源については、当然朝鮮半島の例を考えなければならない。弥生時代に並行する時期の高床式建物の実例は見いだされていないようであるが、後世の新羅焼にその形式をとどめていることは周知の通りである。(30)

また近世の小倉も、あるいはその遺制をとどめているものであるかも知れない。[31]

弥生土器の図像にみられる高床式建物を含めて、こうした建物は、校倉式あるいは井籠組壁のように、木材を水平に横たえて組んだ形式のものであったであろう。単に井籠造りであることが高床式であることを意味するわけではないが、仮に一般住居が竪穴である場合、同時に井籠組壁の建物があるとすれば、高床式倉庫である蓋然性が高い。そうした点で、『魏書』東夷伝弁辰の条に引く『魏略』の記事「其国作屋、横累木為之、有似牢獄也。[32]」は、井籠組壁が三世紀の頃この地に行なわれていたことを示す史料として注意を惹く。また故弁辰の地に家形土器の分布が多いことも注意されている。[33]一方、北の高句麗について、同じく『魏書』東夷伝高句麗条には、その国に「無大倉庫、家家自有小倉名之為桴京。」として、桴京と呼ばれる小倉のあることを記している。桴京については、村田治郎氏の説かれたように、[34]桴は桄であり、京は平面方形の倉庫——おそらくは穀倉——であると考えてよい。したがって、桴京は校倉であろう。

一九六二年から六三年にかけて、吉林省博物館輯安考古隊が行なった鴨緑江中流北岸の麻綫溝の調査により、その一号墓とされた石室墳で壁画が発見された。[35]墓室は、墓室、羨道および羨道の左右の側室からなっている。壁画は墓室と側室に描かれているが、その南側の南壁の上部には、寄せ棟風の高床式井籠造りの建物が描かれている（図－19）。報告者は、「東北地方の農家の穀倉と同様のものである。[36]」としている。興味深いのは、この建物が双倉のような構造を示していることである。墓室壁画におけるこのような高床式建物の意味については、別の機会に論ずることにして、ここでは、『魏志』東夷伝の桴京とはこのような建物を指すであろうということを注意したい。

高句麗の桴京がかかる構造のものだとすれば、その来源をどのように考えるべきであろうか。一つの可能性は、欧亜大陸の北部に古くからあった井籠組建築文化の伝播によるとするものである。第二の可能性は、楽浪郡の木槨墳などに井籠組壁の先蹤と伝統があり、中国からの影響とするものである。第三の可能性としては、同じ中国からの影響であるとしても、中国の南部から朝鮮半島の中部を経由して伝えられたとするものである。[37]

以上三つの可能性のうち、第三のものがより蓋然的であろうと私は考えている。その立場をとる場合、この井籠組壁の高床式建物は、稲作文化複合の一要素として渡来し、朝鮮半島の北部へ、また北九州へと広がったと想像される[38]。稲作文化複合の別の一要素として顧られるのは、祖霊崇拝であろう。この神格は、個性をもったものではなく、おそらくは融合した祖霊であり、三世紀の中国の史家によって、「鬼神」と表現されたものであろう。

鬼神の祭祀は、『魏書』東夷伝では、馬韓の条、弁辰の条および高句麗の条にも記述されている。なかでも、馬韓の条にはいくらか詳しく、五月の播種と一〇月の収穫がおわった際に、人々が集って鬼神を祭ること、さらに、蘇塗と呼ばれる祭場では、鬼神に事えることなどが述べられている。三世紀の頃、朝鮮半島の西南部における農耕ともなれば、当然、稲作であったと考えてよい。その北部への伝播が比較的早かったことは、平壌南郊の南京遺跡における炭化米の出土が示している[39]。東夷伝における鬼神が別個の霊格に対して概括的に与えられた名称であるのか、融合した祖霊のように共通の農耕神と認識されていたかについては、議論の分かれる処である[40]。私は、前述のように、農耕神としての祖霊であると考える。

『魏書』東夷伝の高句麗の条に登場する鬼神も、同じく、稲作とともに伝来した農耕神であろう。高句麗の条には、「好治宮室、於所居之左右立大屋、祭鬼神、又祀霊星、社稷。」と述べられている。宮室の両側に神殿があり、その二つの神殿にそれぞれ鬼神を祀り、別に霊星と社稷を祀ると、とるべきか、両側の神殿の一方に鬼神を、他方に霊星と社稷を祀るととるべきかという点についても、見解が分かれている。

唐代の撰になる『周書』異域伝高麗の条では、「有神廟二所、一日夫余神、刻木作婦人之象、一日登高神、云是其始祖夫余神之子並置、官司遣人守護、蓋河伯女与朱蒙云。」と記述されている。すなわち、神殿二棟に祖神の男女二神の木像を造ってそれぞれ祀っているのである。三世紀の『魏書』東夷伝の記述と重ね合わせるならば、古く鬼神とされていた霊格が、それぞれ河伯女と朱蒙にあてられて行ったのであろうと理解することができる。したがって、三世紀の鬼神も、男女の木像によってあらわされていたと考えてよい。

三世紀の頃、高句麗で建てられていた神殿はどのようなものだったであろうか。史料は「大屋」とのみ記していて構造には触れていない。この点で証拠は全くないが、麻綫溝第一号墓に描かれている双倉風の高床式建物が念頭に浮かぶ。稲倉について総括的研究を公刊された八幡一郎氏は、その著書において、「ほくら」の呼称が、稲の穂を収納貯蔵した高倉、すなわち穂倉から転じたとし、その理由として、「インドネシアやフィリッピンなどで新穀を倉入れするに当って、その高倉に祖霊を始め八百万の神々を招き降して、初穂を供え、供物を積み、祭主の祝詞奏上も厳かに、豊作の感謝と来るべき年の豊穣を祈念する種族が少なくない。」ことをあげておられる。(41)

初穂あるいは種籾を収納する施設として、高倉が重要であるとすれば、おそらく、こうした形が「ほこら」となり、農耕神像をも納める神殿の構造も、これにならうようになったのではないだろうか。そして、農耕神像、すなわち祖霊像は、男女一対の木彫像として祀られ、双倉に、あるいは二棟の高倉にそれぞれ納められたと想像される。弥生時代における祖霊像の資料は乏しいが、鹿児島県山ノ口遺跡で男女一対の軽石製の像が出土し、(42)滋賀県大中の湖南遺跡でも一対の木彫像が出土している。(43)これらをその例としてあてることができるであろう。

七　結論

弥生時代の土器や青銅器に描かれた家屋については、穀倉を表現したとする意見が一般的である。しかし、特に注意をひく異説の一つに、桐原健氏の集会所説がある。(44)桐原氏はこうした家屋絵画を検討された結果、そのすべてを倉庫とすることに疑問を出され、(45)倉庫ならざる高床家屋（八本柱として描かれている類）は、「倉庫説と同様根拠となるべき考古学資料はない。」としながら、ポナペ島々民が無作意に、木鉢の画題として選ぶものは、アバイと呼ばれる集会所と一本の椰子の木、さらにアバイの前で舞踊する人々の姿の三つに限られている例を紹介しておられる。何ゆえに、これら三つの画題が選択されたかという理由については書かれていないが、おそらく、それらは島民の生活にとって重要な、あるいは神聖な意味をもっているからであろう。穀倉も、またもしあったとすれば集会所も、弥生時代の人々にとって重要にして神聖なものであったと考えられるが、先に想像したように、木彫祖霊像がこうした高倉に納められ祀られていたとするならば、祀堂としての高倉や祭儀の情景も画題として選ばれるに価いする、さらに重要な施設だったであろう。(46)

以上の論述を纏めるならば、

(1) 弥生土器に描かれた家屋の図形は、そのすべてでないとしても、大多数は、高床式建物を表現したものである。屋蓋の形式としては、切妻式も寄棟風のものもあるが、前者の例が圧倒的に多い。

(2) それらのなかには、図紋として単独に表わされたものもあるが、多くは他の図像と組み合わせられ、一場面を構成した絵画的表現の断片である蓋然性が高い。

(3) 表現された高床式建物は、二棟を一場面に描いたものがある。それらが、現実の世界における情景を描写したものだとすれば、二棟の高床式建物は当然穀倉として建てられたものであろうが、同時に男女一対の祖霊神像を祀った神殿でもあったと考えられる。描画の目的としては、神殿として描いたことが想像されるであろう。唐古遺跡出土の資料に見られる、梯子を登る（あるいは降る）二人の人物像とされるものも、男女の神像を描いたと解釈すべきかも知れない。

(4) これらの資料のうち、原状を知りうる最適の例は、稲吉角田遺跡出土の資料である。これには、当時の祭場と祭儀の場面が描かれていると考えてよい。

(5) 家形の図とともなう他の図形には鹿が比較的多い。鹿を贄とする神事は少なくないが、説話として念頭に浮ぶのは『播磨国風土記』の一節である。そこでは鹿の血を注いで、種籾を賦活する習俗が暗示されている。仮にこうした習俗が、古く弥生時代に遡って行なわれていたとするならば、鹿の図と種籾との関係は一考に価する。

（6）家屋の図を表わした土器の大部分は壺形である。おそらくは種籾の貯蔵用として、製作の当初から聖別するためにはこのような図を描いたものであろう。

（7）銅鐸に画かれている高床式建物も、神殿の描写だと考えられないことはない。しかし、銅鐸と土器は、使用目的が異なったものであるから、当然、その表現の意味も違っていると考えられよう。佐原真氏の考証によっても、農耕讃歌説がもっとも有力であるという。(47)

このささやかな仕事を進める上で、畏友佐原真氏から特別の御援助をえた。白石太一郎氏の御鞭撻、津野はるみ、水谷昌義氏の御助力にもあわせて篤く御礼申し上げたい。

【註】

（1）小林行雄「弥生式土器に描かれた原始絵画」『美術史』第4巻第3、4号　一九五五年
佐原　真『弥生土器』『日本の美術』125　一九七六年　至文堂
（2）佐原　真「弥生土器の絵画」『考古学雑誌』第66巻第1号　一九八〇年
（3）佐原　真「三四のキャンバス―連作四銅鐸の絵画の文法―」『考古学論考』小林行雄博士古稀記念論文集　一九八二年　平凡社
（4）佐原　真　註（3）論文では、画題・表現法・器種、銅鐸絵画との比較について詳しく述べられている。
（5）末永雅雄・小林行雄・藤岡謙二郎『大和唐古　弥生式遺跡の研究』京都帝国大学文学部　考古学研究報告　第16冊　一九四三年　桑名文星堂
（6）註（5）文献　第63図の1～3、図版56の1、2
（7）網干善教「高床式建築考」橿原考古学研究所編『近畿古文化論攷』一九六三年　吉川弘文館
（8）網干善教「高床建築再考」『史迹と美術』第34輯1号　一九六四年

(9)久野邦雄・寺沢　薫『昭和五二年度　唐古・鍵遺跡発掘調査概報』一九七八年　田原本町教育委員会・橿原考古学研究所

久野邦雄「唐古・鍵遺跡出土の絵画文土器について」『考古学雑誌』第66巻第1号　一九八〇年

(10)久野邦雄　註(9)論文。

(11)中西靖人「瓜生堂遺跡出土の原始絵画」『考古学雑誌』第66巻第1号　一九八〇年

(12)中西靖人　註(11)論文　瓜生堂遺跡ではこの他に、魚を銜える鳥、鹿、矢を受けた鹿などが描かれた資料があり、橇をひく馬と解釈されている図もある。

(13)塩見　勇・福岡澄男「高槻市大塚遺跡出土の建築物絵画のある弥生土器」『大阪文化誌』第12号　一九八四年

(14)奥井哲秀「東奈良遺跡出土の絵画土器」『考古学雑誌』第66巻第1号　一九八〇年

(15)奥井哲秀　註(13)論文。東奈良遺跡では、他に、鹿を描いたとみられる資料三点と魚らしきものかと解釈されている資料一点が出土している。

(16)橋爪康至・岡田　務「兵庫県加茂遺跡の弥生土器絵画資料」『考古学雑誌』第67巻第1号　一九八一年

(17)橋爪康至・岡田　務　註(16)論文。

(18)中溝康則「兵庫県揖保郡太子町川島川床遺跡出土の弥生中期絵画土器」『考古学雑誌』第66巻 第1号 一九八〇年

(19)中溝康則　註(18)論文挿図および図版Ⅱ下

(20)伊藤　晃「岡山県内出土の弥生時代絵画資料」『考古学雑誌』第66巻第1号　一九八〇年

(21)伊藤　晃　註(20)論文第6図。

(22)淀江町教育委員会『宇田川―鳥取県淀江町・宇田川地区土地改良に伴う調査概要―』一九七一年

佐々木謙「弥生式土器の原始絵画―鳥取県西伯郡淀江町宇角田―」『季刊どるめん』№28　一九八一年

佐々木謙「鳥取県淀江町出土弥生式土器の原始絵画」『考古学雑誌』第67巻第1号　一九八一年、この報告において、これが壺形土器に描かれていることを明らかにされた。

国分直一「海と航海と信仰」『えとのす』第19号　一九八二年、これにより、舟上の人物が鳥装をしていること、そして、その表現が中国晋寧の銅器の文様と相通じており、その影響と考えられることが指摘された。

金関　恕「弥生時代の呪術と呪具」『考古学研究』第30巻第1号　一九八二年

(23) 金関　恕「弥生時代の祭祀と稲作」『考古学ジャーナル』第228巻　一九八四年
(24) この資料については、佐原真氏より教示を受けた。
(25) 藤森栄一・中村竜雄「長野県下諏訪町関屋弥生式中期遺跡」『古代学研究』31　一九六二年
(26) 末永雅雄　他註（5）文献 第59図7、図版54右上。
小林行雄　註（5）論文。
坪井清足「土器の絵」『世界美術全集』I　日本（1）先史　一九六〇年　角川書店
従来、水鳥の群らがる水面を漕ぎ進む舟の情景描写と考えられている。しかし、水鳥が先導する舟の情景は、ドンソンの銅鼓にもある。鳥霊すなわち穀霊を迎える状況を示す、稲吉角田遺跡の描写と同類ではないであろうか。
(26) 島田貞彦「銅鐸に描かれたる家形と人物図様に就いて」『考古学雑誌』第14巻第8号　一九二四年
(27) 工楽善通「竪穴住居と高床住居」伊藤延男他編『文化財講座　日本の建築』1　古代I 一九七七年　第一法規出版
(28) 津島遺跡調査団『昭和四四年度岡山県津島遺跡調査概報』一九六九年　岡山県教育委員会
(29) 杉原荘介「対馬の考古学的調査」『駿台史学』1　巻1号　一九五一年
静岡県登呂遺跡における二棟の高床式建物についても、同様に考えるべきであろう。
(30) 金　元　龍「新羅家形土器―古代韓国에었어서의南方的要素―」『金載元博士回甲記念論叢』一九六九年　乙酉文化社　以下の訳読について、朝鮮学会書記の津野はるみ女史より助力を受けた。
(31) 申　栄　勲「咸陽介坪里鄭氏의宅小倉」『美術資料』第15号　一九七一年、国立博物館
(32) 関野　貞「原始時代の建築」『中央史壇』増刊　一九二三年、などから、井籠組壁を示す史料と考えられている。
(33) 金　元　龍　註（30）論文。
(34) 村田治郎「東洋建築系統論」其二『建築雑誌』第45輯545号　一九三一年、この文献については、同志社大学の水谷昌義氏より複写を賜った。
(35) 吉林省博物館輯安考古隊「吉林輯安麻綫溝一号壁画墓」『考古』一九六四年　第10期　一九六四年
(36) 吉林省博物館輯安考古隊 註（35）論文。なお、この構造についての考察は、
金　正　基「高句麗壁画古墳에서보는木造建物」『金載元博士回甲記念論叢』一九六九年　乙酉文化社、に詳しい。

(37) 系統について、村田治郎註(34)論文では、当時の入手可能な資料が博捜され詳論されている。

(38) 安志敏「干蘭式建築的考古研究」『考古学報』一九六三年 第2期 一九六三年、では、江西省清江菅盤里出土の、家形明器の屋蓋形と、銅鐸の高床式建物のそれとの類似が指摘されている。

金元龍(30)論文も同様の見解に立っている。

(39) チェ・インソン「平壌市内南京遺跡」『朝鮮画報』第21巻第2号 一九八二年、この報告では、平壌市三石区域湖南里所在の上記遺跡第36号住居跡から、粟・黍・モロコシキビ・豆などと共に炭化米の出土したことを記述している。長径四・五㎜、短径二・五㎜、長幅比一・八の短粒と伝えられる。

(40) 川副武胤「三世紀極東諸民の宗教と祭式—倭人伝宗教習俗の位相—」『日本歴史』第378号 一九七九年、では概括的に与えられた名称である可能性が考えられている。

(41) 八幡一郎『稲倉考』一九七八年 慶友社

(42) 河口貞徳「山ノ口遺跡」『鹿児島県文化財調査報告書』第7集 一九六〇年

河口貞徳「弥生時代の祭祀遺跡—大隅半島山ノ口遺跡—」『えとのす』第10号 一九七八年

(43) 滋賀県教育委員会『大中の湖南遺跡調査概要』一九六七年

(44) 桐原健「弥生式時代の家屋絵画が意味するもの」『考古学研究』第11巻第4号 一九六五年

(45) 末永雅雄他 註(5)文献、末永雅雄「唐古遺跡出土の原始絵画と文様」『信濃』第27巻第10号 一九七五年、などでは、これらのあるものが住居に使用された可能性が考えられている。

清水潤三・倉田芳郎『原史時代I—弥生文化—』『考古学ノート』3 一九五七年、でも、そのすべてが倉庫であったことを疑っている。

(46) 神殿と祭儀の情景を描いた著名な資料として、北イラク Tell Billa 出土の円筒印章に刻まれた例が知られている。これは後期ウルク期の影響を受けたと考えられている。図柄は、中央に正面を向いた神殿を、右に祭儀の行列、左に神殿に漕ぎ進む舟と一人の人物像を示したもので、稲吉角田のそれを想わせる。

また、ウルク出土のアラバスタの容器にも、神に奉献する行列が描かれている。雲南省晋寧出土貯貝器の図柄も同様であろう。

(47) 佐原真 註(3)論文。

第4章　池上曾根遺跡で見いだされた大型建物の宗教的性格について

一　はじめに

一九九四年から一九九五年に行われた、大阪府和泉市池上曾根遺跡の中心部と見られる94（Ｈ６）―１区の発掘調査によって、これまで知られていなかったような弥生時代中期の大型建物跡が見いだされた。この建物跡とその周辺地区について、調査は今日でも続行中であり、今回発見された遺構の下層から、あるいは未調査の周辺から、どのような別の遺構が見いだされるか予測できない。今後の発掘調査次第で、この大型建物が果たしていた機能などについて、一層はっきりした知見がえられるかも知れない。したがって、現在この建物の性格などを軽々しく論ずる時期ではないであろう。

とはいえ、池上曾根遺跡の全面的な発掘調査の終了を待つとすれば、遠い未来のことになる。既に発表されている調査の結果だけを根拠にしても、いくつかの推論を立てる余地があると思われる。またこの度企画されたシンポジウムのねらいは、大型建物遺構について不動の最終的結論を導き出すことにあるのではなく、いろいろな専攻分野の研究者が集まり、自由な発想を提示し、可能性を探ることにあるのだと思う。以下に述べる私の推論もこの趣旨に沿って出したものであって確実な論拠に基づくものではない。

二　大型建物群の復原

挿図に掲げた上記の高床式大型建物（以下大型建物1と呼ぶ）の復原案は、宮本長二郎氏によって示されたものである。何よりも長大で丈の高い高床式の建造物が私たちに強い印象を与えた。その上部の構造が細部に至るまでこの通りであるかどうかは別として、ここに棟持柱を備えた高床式建物があったことは確実である。宮本氏はさらに、一九九四年度の調査で発掘され、これまで柵列の遺構かと考えていた穴の列をも採り上げ、それらの位置関係に基づいて別に一棟の平地式の建物（以下仮に大型建物2と呼ぶ）を復原した。これは大型建物1の東南に接し南に延びている。復原案によれば、この建物は長さ約二三ｍにも達する規模をもち、既知の弥生時代の建物のうちで最長のものである。これにも増して興味をひくのは、これらの二棟の建物の配置である。すなわち、ほぼ東西向きに建てられた大型建物1の東端から、長手の建物が直角方向に軸線をとって位置している。しかも後者の西側沿いに廂がとりついた復原案が示されている。もしこの案が正しいとするならば、西正面に設計されたに相違ない。

仮にこの建物に相対して、大型建物1の西端から南にのびる別の一棟があるとすれば、これら三棟の大型建物はコの字形に中庭を囲むことになる。現在進行中の発掘調査では西の方にも若干の柱穴と考えられるものが見いだされているので、コの字形配置の憶測が全くありえないというわけではない(1)。

ただし東側の長手の建物、すなわち大型建物2の存在も一つの案であって確定し

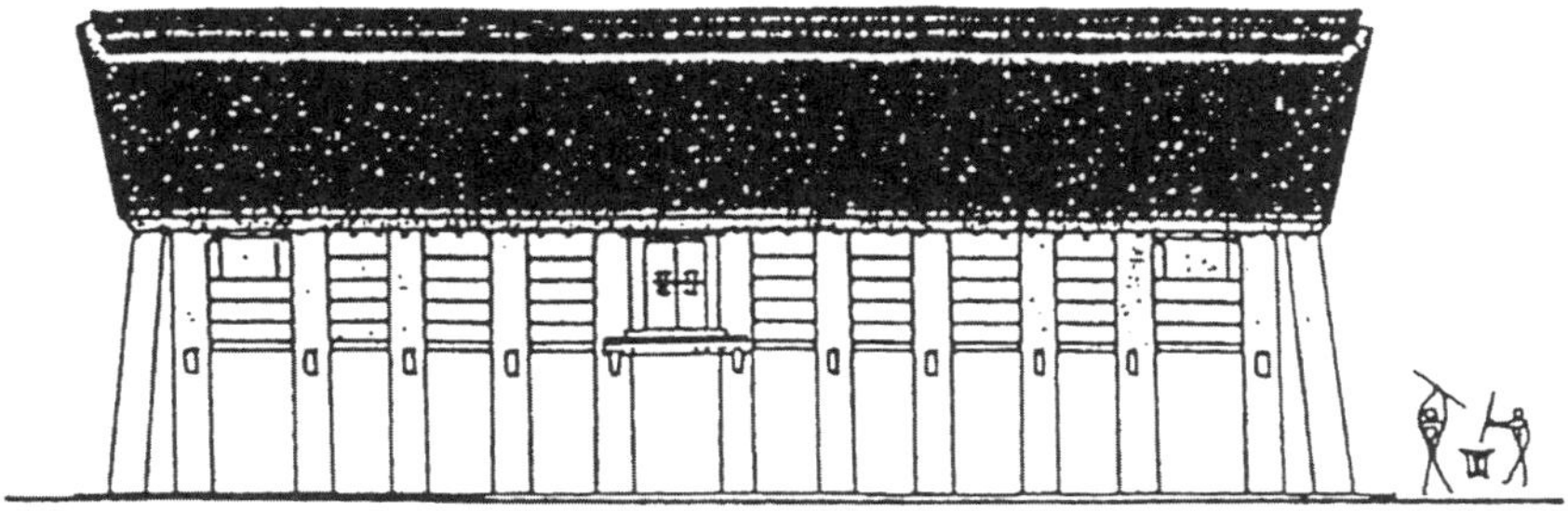

大型建物１（宮本長二郎氏復原案）

たものではない。つけ加えるならば、このシンポジウムの後、一九九六年三月二十三日に復原案の作成者、宮本長二郎氏と話す機会があり、復原案について率直な意見を伺った。「批判が在ることは承知しているが、自分としては、発掘調査の現場で一つ一つの柱穴について可能な限り検討し、建物の存在を確信した。上部構造の復原はあくまで一つの案である。屋内の棟持柱などあるべきところに痕跡のないことも認める。しかし発掘調査は予断をもって行うべきではないといわれるものの、建物跡などの場合、知識や予断なしに掘るならば、微かな痕跡を見逃すこともないわけではない」という趣旨の考えをもらされた。この談話について、私の理解に誤りがあり、あるいは要約が不適切であるかも知れない。またここに引用することが、同氏にとって不本意であるとすれば切に宥恕を乞いたい。池上曾根の同地区の発掘調査が、望みうる限り最高の技術を備えた調査員によって遂行されてきたことは認めなければならない。にもかかわらず、上記の宮本氏の考えも一般論としては首肯すべきことである。「汝ら目あれど見えず」とは、私自身が永い発掘調査の経験で毎度感じて来たことである。

三　大型建物群の区画

仮に東側の大型建物2の存在が否定されるとしても、北の大型建物1の東端に沿って二列以上の穴が、間隔を置いて南北に並んでいることは認められるであろう。これらの穴が同じ時期に属し、大型建物1とも同時期であろうこともまたほぼ認められている。列をなす柱穴は、当然何かの施設があったことを示している。先に述べたように発掘調査直後にはこれが柵列の遺構であろうと推定されていた。つまり集落内で特定の地区を区画する柵列であるかも知れないと考えられていたのである(2)。

一九九四年度に行われた乾哲也氏らによる精力的な発掘調査の結果、大型建物1の東に広がる一帯では工房跡と見られる施設のあったことが明らかになっている。乾氏は金属器生産のための工房であろうと推定しておられる(3)。

大型建物2の存在が否定されても、ここにはほぼ南北方向に連なる一、二列の柵列のような施設があったことは認められるであろう。そうだとするならば、この集落では不整形の環濠の内側に、おそらくはその中心付近に、東西南北のほぼ直角方向に交わる軸線に沿った施設の配置が考慮されていたことになる。もっとも東西南北の軸線は決して正確なものではなく、南北線は真北に対して六度五〇分内外、東に振れているという。天測などによってえられた正確な方位ではなく、海岸線と平行に南北に走っていたと見られる、当時の交通路に沿って設定された方角であったかも知れない。東西南北の方位に沿ったかどうかはともかくとして、直交する軸線に沿って施設を配置しようとする一種の設計思想が働いていたことは認めてよいであろう。近年の大規模な発掘調査によって、遺跡の全貌が明らかになりつつある佐賀県吉野ヶ里遺跡を始めとして、既知の北部九州の同時代の遺跡では、一条の線に沿った建物の配置はあるとしても、直角方向の施設配置の例は知られていない(4)。この点で、池上曾根の例は特に注目に値する。

四　大型建物1と井戸の年代

このシンポジウムの後、国立奈良文化財研究所の光谷拓実氏は、大型高床式建物1の遺構に残っている三つの柱根について行った樹輪年代測定の結果を発表した。周知のように、樹輪年代測定では、資料となる古材が樹皮の部分まで残っていなければ正確な伐採年代を求めることはできない。この場合には幸いにして資料の一つがこの条件を満たしたために、紀元前五十二年の年代がえられ、樹皮までは残っていない他の二点についても、これに近い数値がえられている。一方、上林史郎氏の仕事を引き継いだ秋山浩三氏は、大型建物1の遺構面を覆う土と、上記の柱根を固めた土の中の多数の土器片を採集し、それらの型式を綿密に調べた。その結果、この建物が第Ⅳ様式第3期に建てられたものであることが明らかにされた。なお、ここでⅣ—3としたのは、寺沢薫・森井貞雄氏の新編年(5)

に沿ったもので、佐原真氏の編年に従えば、第Ⅲ期新段階の後半にあたることになる(6)。これまでこの時期は、森岡秀人氏のように、より古い年代を与える案もあったが、一般的には五〇年前後と考えられていた。この度の樹輪年代による数値は、従来の年代観を一〇〇年あまり古くする結果となり、森岡氏の編年間観がより正しかったことを証明した(7)。

高床式建物の南正面に接して、クスノキ材くりぬきの大型の井戸が設けられている。建物と井戸の位置関係から見ても、また井戸枠設置の掘り方に含まれていた土器片が示す型式から考えても、両者は同時期に営まれていたと判断してよい。さらに、大型建物1の柱穴の重なりや、井戸の掘り方を埋める土の状況も、両者がより古い時期から共存していたことを憶測させる。

五　宗教史的段階の適用

従来この遺跡で発掘されてきた竪穴式のような尋常の住居と比較するならば、井戸とセットになる高床式の大型建物1は、非日常的な目的をもったものであると考えてよい。この建物の周囲では四〇個余りのイイダコ壺が埋納された状況で見いだされ、建物の建造に用いられたとも想像される完全な大型の縦斧を含む、サヌカイト片の集積埋納も三ヵ所発掘された(8)。砥石の埋納もまた見られる(9)。さらに、西側の独立棟持柱の掘方埋め土上層から小型の勾玉が見いだされている(10)。これらは日常的な建物にともなうものではないと想われる。建物が政治的、宗教的な用途に当てられたことを示していることを類推しうるであろう。後述するように、この時代の非日常的建物は、一つ一つがそれぞれ特定の機能をもつものではなく、多くの機能を兼ね備えていたものであると考えられる。いやむしろ、政治的、宗教的、社会的といった諸業務の分類は、私たちの時代から発想されるもので、弥生時代の非日常的生活は、それらが混然としながら、しかもある統一があったはずである。その統一の頂点はいうまでもなく宗教であったと考えて誤りないであろう。

弥生時代の宗教史的な段階をどのように位置付けるかについて確答は出されていない。私はかねてから、一九六四年にR・ベラが発表した『宗教進化論』[11]に一つのパラダイムを求めてきた。相当古い時期の業績ではあるが、世界的な視野のもとに宗教の歴史的な変化を大きくとり扱ったその後の業績は乏しいと思う。ベラが属しているとされる新進化主義が、従来の進化論から脱皮し、進化に価値の増大を認めない点などで、全く新しい提唱であるとしても、社会進化論（ソーシァル・ダーウィニズム）的な考え方の枠組みそのものを否定している訳ではない。宗教の進化が一定の路線に沿っているとは考えにくくなったために、世界の宗教の発展を法則的に理解しようとする試みが、一頃よりは顧みられなくなって来たのであろう。

ベラは「進化とは、どのような体系のレベルでも、生物でも社会体系でも、環境の変化に対して、より大きな能力で適応して行くために、組織が分化し複雑化が進んで行く過程である。」という趣旨の定義を下し、「進化したユニットは、進化以前の単純なものに比べるならば、環境の変化に対してより自律的になる。」ことを指摘し「進化は決して不可避的なものではなく、不可逆的なものでもない。また何か定まった路線に従わなければならないものでもない。」と考えている。したがって、単純な形態が、より複雑化した形態と併存して繁栄する可能性も否定しない。かつて宗教を呪術と区別し、呪術の発達した形態を宗教とするような見方もあったが、ベラは「宗教とは、人がその存在の窮極的条件に関係づけるような象徴的形態と行為である。」という趣旨の定義を下し、「原始人はどのような段階にある人々とも同じ宗教的である」とするM・エリアーデの考え方に同意を示している。[12]このような定義を与えた後に、彼は人類史的規模で宗教史を展望して次のような一連の段階設定を示す。原始（primitive）、古拙（archaic）、有史（historic）、初期近代、（early modern）、近代（modern）がそれである。これらのうち最も特徴的な変化は、古拙から有史への変化である。すなわち、紀元前一千年紀のころ、旧世界を通じて、いくつかの高度に発達した文明の中心地では現世拒否の宗教が現れて有史段階の宗教を特色づける。現世は仮の世であり真の住まいである来世に、神によって救済されるという思想である。日本ではおそらく仏教の伝来によってこの思想が普遍化するようになったのであろう。現世拒否がない原始、古拙の段階では救済の思想はない。

原始宗教の段階は、オーストラリアと隣接諸島の原住民の精神生活から抽出された現象によって説明されている。[13]一口にいうならば、現実の人の世に、神が常時臨在している世界である。「神話的世界」として特色づけられるこの段階では、人間世界と超自然が流動的に交流している。その世界の宗教行為の特色は儀式であって、いわゆる礼拝や犠牲を特徴としない。宗教集団は社会集団と一致し、日常生活は宗教生活と一致している。

古拙段階に属しているのは、アフリカ、アメリカなどの一部のほか、古代の中東や中国最初期の宗教体系である。その特色として、ベラは「神、祭司、礼拝、そしていくつかの場合には、神聖王権または祭司的王制などの複合体をともなった、真の祭儀の出現である。」としている。この段階で神観念が形成され、祭られる神と祭る人の区別が確立した。宗教行為として犠牲を伴う礼拝の型式も作り上げられる。社会における階層分化は宗教組織にも影響を与える。敵対する集団の間の戦いはそれぞれの集団の奉ずる神の争いだと見なされる。私なりにさらに敷延するならば、神は人の世に常在しない。空の彼方、あるいは海の彼岸に神の国があり、人は必要に応じて神を人の世に招き寄せ、送り返す。その役割は招神の技能を備えた特別な人、すなわち祭司、時には王または仮王が果たすようになる。犠牲を燔き、煮たきする匂い、古代中国ならば鬯酒のような美酒の香りは、神を誘う道具であった。『詩経』にはこうした状況を謡った詩が採録されている。[14]

六　弥生時代と古墳時代の宗教史的段階

弥生時代から古墳時代にかけての時期をこの「宗教的古拙」の段階に当てはめてよいであろう。もっとも、弥生時代にはまだ「原始」の気風を遺し、すべての行動には宗教的な敬虔の念が働いていた。おそらく弥生時代の各国

（古代国家のような国ではなく『魏書』東夷伝が伝える地域の統合体としての国）で収穫の豊凶を司る神が、祖霊であったとすれば、その信仰はどのようにして形成されたものであろうか。その信仰の基礎を強いて分けるならば、次の三つが考えられる。

（１）祖霊信仰そのものは、先立つ縄文の社会でも一般的なものであった。

（２）弥生稲作の原郷であった朝鮮半島南部の馬韓地方については『魏書』東夷伝馬韓の条が伝えるように、春五月の播種、秋十月の収穫の機会には、農民たちによって村々で鬼神、すなわち祖霊が祭られていた[15]。

（３）多くの場合、定住生活が開始されると開村の英雄が祖霊神として祭られる。しばしばその墓が聖所となり祭りの対象となる。

弥生時代の信仰対象であった祖霊は、縄文以来の伝統、水稲農耕文化にともない大陸や朝鮮半島から伝来した祖霊信仰、さらに弥生文化のなかで興った新しい邑落形成者の霊の崇拝などが重合して形成されたと考えてよい。

霊は人々のイメージの中で具体化して認識され始め、古代中国の例のようにその構成要素として魂・魄が考えられるようになる。臨終と共に体から大気に抜け出す魂と、死体に留まりそれを変化させる魄である。同じような観念はまた、古代エジプトのカーとバーにも認められる[16]。カーは人の死と共に肉体から脱け出してナイルの彼岸の死者の国に行く。バーは死体に残りこれを変化させる。カーが遺族・子孫の供物を要求し、墓に明器をいれる習俗も古代中国の場合と共通している。おそらくこの観念は、死について合理的な説明をしようとするならば、多元的に発生するものであろう。

魂といい魄といっても、それらを表す文字は甲骨文や金文にはなく、成立は戦国のころであるらしい。『礼記』郊特性に「魂気は天に帰し、死魄は地に帰す。」とある。また『礼記』祭儀に「気なるものは神の盛なり。魄なるものは鬼の盛なり。」とある記述の「神」は、より古い時期には一般的に後の「魂」を意味していた[17]。古代中国の、魂を祭る荘重な宗廟の儀式や、魄を供養する手厚い葬送習俗は史書に伝えられ、あるいは考古学的に確かめられていることを顧みても、その宗教的な思想はよほど早い時期から胚胎していたと思われる。果たして第Ⅳ期ごろの、畿内の池上曽根の弥生人たちの間に魂魄思想が伝播し理解されていたかどうかは分からない。むしろそんな可能性は乏しいかも知れない。しかし古代中国の魂魄の思想とは独立して、弥生人も霊の二重構造を自ら思いついていたかも知れない。『日本書紀』神代記にある幸魂《さきみたま》と奇魂《くしみたま》は、それぞれ人に幸福を与える神の霊魂であり、不可思議な力をもつ神霊だとされているが、神霊の二重構造の認識から発生したものだとも考えられるであろう。

これまで北部九州で知られている大型建物は、佐賀県の吉野ヶ里遺跡や柚比本村遺跡にしても、それらの軸線の延長線上に、大型の墳丘墓[18]、あるいは華麗な副葬品を容れた甕棺が位置している[19]。この位置関係を主な理由として、重要な人物、おそらくは武力に秀でた特定の人物または、人々の墓を崇拝の対象とする施設だと解説されている。特に吉野ヶ里の場合、墓前祭祀に用いた器物の廃棄状況から判断して、墳丘墓が遺骸を埋葬する施設として使われなくなった後でも、祭祀は継続されていることが分かる。おそらく、祖霊を対象とする祭りが、一族の社会的統合を固める役割を長期間にわたって果たしていたものであろう[20]。池上曽根の高床式建物1は、墓地とは無関係の位置に設けられている。この建物の機能の一つに祖霊に対する儀礼があったとるならば、祭祀の対象は墓中の遺骸にこもる魄のようなものではないであろう。むしろ肉体から遊離した魂のようなものが対象であったかも知れない。祭祀が社会の統合に果たす役割は、北部九州と同じであっても、池上曽根の場合、魂を招きこれを祭るとするならば、古代中国の宗廟に類似した役割が考えられるのではないであろうか。

古代中国における宗廟の考古学的資料として顧みられるのは『考古与文物』の馬家荘の発掘報告に示されている秦の跡である[21]。中央の奥まったところに一宇の建物があり、その左右に、奥の建物とは直角方向の二宇の建物が相対している。奥のものを祖廟とし、祖廟から見て左が昭王の廟、右が穆王の廟に比定する案もある。

大型建物1と共に注目をひくのは、この南正面に接して設けられた大型の井戸である。この井戸側の用材としてクスの巨木が選ばれていることも興味深い。もっとも当時この地方における成長の早い巨木としては、クスに指を屈しなければならないであろう。クスが単にえやすい巨木として選ばれたのか、その高い木の香りのゆえに聖木とされ、それが選択の理由であったのか判断の限りではない。また絶えず湧き出る水が、その木の香にたやすくそまるかも、わたし自身、実験したことがないので判断できない。しかしこの時代より後に『古事記』の枯野の説話や『日本書紀』景行紀、『播磨国風土記』逸文などが伝える巨木伝説は、このような時代の背景から生み出されたものであろうか。仮に巨木伝説が世界共通の説話大系に含まれ分類されているとしても、池上曽根における楠の井戸の存在は、こうした説話を背景として想い描くことができる。特に明石の郡の駒手の御井のほとりの巨木が、楠であったことを示した『播磨国風土記』逸文は興味深い。これが太古に遡るとするならば、淡路島を含む和泉、播磨の沿岸の船による結びつきが早くからあったことを示唆しているような気がする。

大型建物1の建造に、一定の尺度が用いられ、それが漢尺と一致しているであろうことをいち早く指摘されたのは、宇野隆夫氏であった。(22)その後の検討により、この建物が細部にわたって統一的な尺度で建てられたものでないことが判明した。しかし私が注目したいのは、二三・〇四cm内外の漢の尺度を適用するならば、細部はともかくとして、建物の桁行の長さとして報告された一九・六m、梁行の長さ六・九mの値が、それぞれ八五尺に近い数値でえられることである。発掘調査者、上林史郎氏が「出入り口に相当するものと考えられる。(23)」とされた西端の柱間も二・三mで一〇尺に当たる。この建物は、柱の礎板に廃棄された扉が転用されていることから知られるように、建てかえがあったと見られる。その際、柱の位置はいくらか動くとしても、全体として最初の規模を維持したものではないだろうか。もっとも尺度について上記の数は、都合のよいものだけを選んだものであって、この程度の資料で、可能性は残されているとしても、漢尺との関係を断言することはできない。また当時の建築が厳密な尺度に基づいて建てられたかどうかについても問題を残している。

七　和泉における大型建物1

酒井龍一氏は、弥生時代の社会生活を復原するうえに生き生きとしたアイディアを提出されてきた。[24]とくに集落間の結び付きと交通路についての考え方は興味深い。狭長な海岸平野が南北に連なる和泉の場合、路線は単純である。北の大和川南岸の山之内から南の淡輪まで、ほぼ五㎞おきに一〇ばかりのいわゆる拠点的集落が並び、それぞれの周辺には、拠点から分離したらしい小集落が分布している。渡辺昌宏、森井貞雄の各氏の教示によれば、これらのうち堺市の四ツ池遺跡から淡輪遺跡までの間で出土する弥生土器は、きわめて等質的であるという。弥生土器が女性によって作られていたとすれば、限られた地区内における土器の等質性は、ある程度密な婚姻関係を示しているものであろう。

森井貞雄氏が、大阪府立弥生文化博物館研究会資料として発表された『池上曾根・四ツ池遺跡』によれば、泉州の弥生集落の展開は次のようにまとめられている。[25]

（1）前期前半には、泉北地域の海岸部に、四ツ池や池浦など少数の集落が出現する。

（2）前期後半には集落の分布が拡大し、泉南地域や河川の上流地区でも集落形成が始まる。また四ツ池や池上曾根に大集落が設営される。

（3）中期前半には、各水系ごとに大集落が発展する。北から、四ツ池、池上曾根、栄の池、畑、石才南、男里などの諸遺跡が数えられる。

（4）中期後半には集落数がさらに増加する。

（5）後期前半になると低地の集落は減少し始め、高地牲集落が発達し始める。後期後半には水系ごとに営まれていた大集落が解体し、低地性集落が発達し、槇尾川流域に集中する。

森井氏はさらに、四ツ池と池上曾根を比較し、前者の方が集落形成が古く、縄文晩期に遡り、環濠は一重であると見られ、家屋は比較的広い面積の中に小集団が分散的に営まれているのに対して、後者、すなわち池上曾根は、出発はおくれるが、規模はより大きく、環濠は多重であり、家屋は一か所に集中しているという特色の違いを指摘している。堅田直氏によれば、池上曾根で発掘されたような掘立柱建物は、四ツ池のB地区でも見いだされている。東西約四・三m、南北約五mで高床式建物であろうとされている。しかし規模の点では、池上曾根のものにはとても及ばない。

和泉の海岸平野に分布しているすべての弥生時代の遺跡が、くまなく発掘調査されたわけではないが、四ツ池、淡輪間の各拠点集落に、この度池上曾根で見いだされたような、大規模な建物と整った祭祀空間のようなものが設けられていたとは考えられない。おそらく和泉の沿岸に並列する集落群は、弥生中期後半の時期には同祖的な親縁意識で結ばれ、池上曾根に共同の宗教センターともいうべきものをおき、定期的に、あるいは事あるごとに祭儀を執行していた、宗教的共同体ともいうべきものではなかっただろうか。古代地中海世界のギリシアやエトルリアなどにあったというアンフィクティオニーは、国家形成以前の諸部族が共通の聖所や祭儀、法などを通じて結成していた一種の宗教的部族連合であり、一般には隣保同盟と訳されている。各部族が月ごとに輪番で中央の聖所管理を管理するために六ないし一二の構成員からなるのを特徴としている。M・ノートは、古代ユダヤ国家形成以前の一二支族よりなるイスラエル民族の社会を説明するために、これを仮説として提出した。このアンフィクティオニー仮説に対しては多くの反論が出されているが、その過程で、国家形成以前の政治的・宗教的結び付きの様態が描き出されている。[26] 私は地域の広がりや部族構成員の数などの点で、広大な古代地中海世界と到底比較しうべくもないが、畿内弥生第Ⅳ期の社会にも同祖的・隣保同盟的な結びつきがあり、ごく小範囲で構成されていたものが統合され拡大して行ったのではないかと考えている。

八　おわりに

この度の池上曾根における大型建物の発見によって、弥生研究の上に多くの重要な問題が提起された。とくに、北部九州と比較して、従来よりも畿内弥生像の特色が一層際立って描き出されたように思われる。高床式で独立棟持柱をもった建築様式、直角方向に交わる区画線に沿った建物の配置、大きな井戸をともなう祭祀空間などをあげることができるであろう。これらのうち建物の構造については、すでに、銅鐸や弥生土器に表された絵画によって考えられていたものである。弥生時代中期以後に見られる、畿内と北部九州の間の習俗の違いは何に由来するのであろうか。古く縄文時代にあった相違が顕在化していったのであろうか。あるいは、畿内と朝鮮半島との直接の結びつきが始まり、北部九州とは異なった畿内社会の要請によって、別種の文化の導入を図ったのであろうか。または、朝鮮半島における結びつきの源が違っていたのであろうか。大きなためらいはあるけれども、あえて触れてみたいことは、『魏書』韓伝に述べられている辰韓の特殊な風俗である。すなわち、「辰韓は馬韓の東に位置する。その地の古老たちが代々いい伝えるところでは、自分たちには古の逃亡者の子孫で、秦の労役をのがれて韓の国へやって来たとき、馬韓がその東部の土地を割いて与えてくれたのだ、とのことである。その居住地のまわりには城壁や柵がめぐらされる。彼らの言葉は馬韓とは異なり、国のことを邦といい、弓のことを弧といい、賊のことを寇といい、行酒のことを行觴といい、互いに自分たちのことを徒と呼びあうなど、秦の人の言葉と似た点があって、燕や斉の地における物の呼び名と共通点があるだけに留まらない。（後略）」（今鷹真・小南一郎氏の訳による）(27)。

この史料に果たしてどの程度の信憑性をおいてよいか、判断の限りではない。とはいえ『三国志』またはその原史料となったものが、何かの情報に基づいて認めた事実の反映もあるのであろう。もし、この地と畿内との間に、日本海を通じた直接の結びつきがあったとするならば、古い中国の習俗が伝わって来た原因の一つをここに求めうるかも知れない。畿内を中心とする当時の文化圏のなかで、銅鐸や土器絵画にそれが示されていることについて

は、寺沢薫氏も指摘されている。(28)

この小文をまとめる上で、註に記した他に、佐原真氏、池上曾根遺跡の発掘調査に従事された各位、渡辺昌宏、森井貞雄の両氏から懇切な教示をいただいた。お礼申し上げたい。特に註記については、森井氏のご援助に感謝する。

［註］

（1）一九九六年六月現在、池上曾根遺跡発掘調査中、現地で、調査指導を担当しておられる広瀬雅信（大阪府技師）の教示による。すなわち、当時調査中であった、大型建物1の西に接した部分で、これと同時期の柱穴と認められる痕跡、さらにその南約二〇m余の地点でも同様の柱穴らしきものが見いだされているという。したがって、ここに南北に長い建物があった可能性がないわけではない。ただし、これはあくまで憶測に過ぎない。

（2）乾　哲也「池上曾根遺跡の変遷」『大阪府埋蔵文化財協会研究紀要』3、一九九五年、25～48頁

（3）註（2）と同じ。

（4）渋谷　格「鳥栖柚比本村遺跡の調査」『九州考古学』第67号、一九九四年、67～82頁、この報告では、柚比本村遺跡、佐賀県吉野ヶ里遺跡などで、それぞれ大型建物と甕棺墓地あるいは、墳丘墓が一条の軸線上に配置され、建物と墓の間に、同じ軸線に沿って別の掘立柱建物が設けられていることを指摘している。しかし私は直角方向にレイアウトされた例は知らない。現在知らないことをもって「ない」と断定すべきではないことは当然である。その例が示されたならばこの推定は撤回する。

（5）寺沢　薫・森井貞雄「河内地域」寺沢　薫・森岡秀人編『弥生土器の様式と編年』近畿篇Ⅰ、一九八九年、木耳社、99～105頁

（6）佐原　真「近畿地方」小林行雄・杉原荘介『弥生式土器集成』本篇2、一九六八年、東京堂、61～66頁、図版41～45

（7）森岡秀人「弥生時代暦年代論をめぐる近畿第Ⅴ様式の時間幅」『信濃』第38巻第4号、一九八五年243～261頁

（8）乾　哲也・虎間麻美「大型蛤刃石斧実測図」『史跡池上・曾根遺跡発掘調査成果発表会資料』一九九四年、9頁

（9）上林史郎・坂口昌男・乾　哲也「調査成果報告」史跡池上曾根遺跡整備委員会編『弥生王国の宮室―西暦1世紀へのタイムトラベル―』一九九五年、26頁

（10）上林史郎「池上曾根遺跡における中枢施設」大阪歴史学会『池上曾根の弥生遺跡と東アジア世界予備報告会資料』一九九六年、1頁
（11）Robert N. Bellah "Religious Evolution" *American Sociological Review*, Vol.29, No.3, 1964.
（12）Mircea Eliade "Patterns in Comparative Religion" New Yoek, 1985.
（13）ルシアン・レヴィーブリュル・古野清人訳『原始神話学』一九七〇年、弘文堂
（14）『詩経』生民
（15）鬼神が祖霊にあたるであろうという点については、金関　恕「呪術と祭」近藤義郎他編『岩波講座　日本考古学』4、一九八六年、岩波書店、287～288頁に述べた。
（16）James Hasteings ed. "Enciclopaedia of Religion and Ethics "Vol.Ⅲ, 1908, Edinburgh など。
（17）林巳奈夫氏の教示による。
（18）高島忠平「吉野ヶ里遺跡環濠集落の成立・発展・解体」佐賀県教育委員会編『吉野ヶ里』本文編、一九九四年、593～603頁
（19）高島忠平・渋谷　格「佐賀県柚比本村遺跡の調査」日本考古学協会編『日本考古学協会第61回総会研究発表要旨』一九九五年、47～50頁
渋谷　格「佐賀県鳥栖柚比本村遺跡」日本考古学協会編『日本考古学年報』47、一九九六年、616～619頁、註（4）文献
（20）七田忠昭「吉野ヶ里遺跡の規模と構造」佐賀県教育委員会編『吉野ヶ里遺跡と古代国家』一九九五年、吉川弘文館、121頁
（21）陝西省雍城考古隊「鳳翔馬家荘春秋秦一号建築遺址第一次発掘簡報」『考古与文物』第5期、一九八二年、12～20頁、この文献検索には秋山進午氏の教えを受けた。感謝したい。
（22）宇野隆夫「見えてきた倭国の中枢施設」史跡池上曾根遺跡整備委員会『弥生王国の宮室―西暦1世紀へのタイムトラベル―』一九九四年、10頁
（23）註（10）文献1頁
上林史郎氏も註（10）文献では同様の意見を披瀝しておられる。
（24）酒井龍一「拠点集落と弥生社会―拠点集落を基本要素とする社会構成の復元―」日本村落史講座編集委員会編『日本村落史講座』一九九〇年、雄山閣出版、65～83頁

(25) 森井貞雄「池上・曾根・四ツ池遺跡」、これは大阪府立弥生文化博物館が行っている共同研究会の発表のために作成されたものである。未発表の私的なメモを引用するのは心苦しいが、同氏のお許しを得て紹介したい。

(26) 岡田英弘『倭国の時代』一九七六年、文芸春秋社、281、287頁、これが東アジアの古代史世界にアンフィクティォニーの考え方をあてはめた最初の業績であることを大林太良氏の記述から学んだ。七世紀ごろの政体について考察された岡田氏に対して大林氏は三世紀の倭国のアンフィクティオニーについて明快な解釈を示された。

大林太良『邪馬台国―入墨とポンチョと卑弥呼―』一九七七年、中央公論社『中公文庫』466、180～193頁、私の念頭にあったのは古代イスラエルのアンフィクティオニーであったためにその例を考えたが、イスラエルについてこの考え方は、現在受け容れられていない。山我哲雄、月本昭男、小川英雄、Moche Kochavi の諸氏に教示を感謝したい。

(27) 今鷹　真・小南一郎『正史三国志』4、一九九三年、筑摩書房・467頁

辰韓・弁辰の特殊性については岡田英弘氏の考察がある。

岡田英弘『倭国―東アジアの世界の中で―』一九七七年、中央公論社　中公新書482、96～100頁

(28) 寺沢　薫「鷺と魚とシャーマンと―銅鐸の図像考（Ⅰ）―」森　浩一編『考古学と信仰』一九九四年、同志社大学考古学シリーズⅥ、284～312頁

寺沢　薫「狩る・採る・立てるのイディア―銅鐸の図像考（Ⅱ）―」川崎市市民ミュージアム編『弥生の食―卑弥呼たちの食べ物―』一九九五年、73～88頁

第IV部

古墳の始まりと中平銘鉄刀

第1章　前方後円墳の起源

一　はじめに

ここでとりあげる前方後円墳の起源とは、その墳丘平面形の起源の問題であって、それが象徴する古墳時代の起源や古墳文化の成立に関する一般的問題を論じようとするものではない。前方後円墳の墳形は、その立面形に特色がないわけではなく、また立面形の成立をもってこの特異な墳丘の形の起源を考察しようとした労作も出されている(1)。しかし筆者は、円形と方形を結合したように見えるその平面形に、より重要な意味があると考え、またその平面形と墳丘の位置する基底面の形状とによって立面形も導き出されると判断している。

二　研究史をひもとく

古墳は太古の時代より隆然たる形様を地表にとどめているために多くの人々の興味をかき立て、なかでも前方後円墳はその墳形が特異であることから、その起源を解き明かそうとした試みも少なくない。各地に遺されている前方後円墳の名称の、車塚、銚子塚、鑵子塚、鏡塚、茶臼塚、二子山、瓢簞山などは、単にそれらを器物の形になぞらえて名づけただけではなく、なかには起源を説明する意図をもって命名されたものもあったであろう。

蒲生秀実（君平）は、その著『山陵志』において、前方後円の語を用い、その形が古代の宮車の形に由来することを説き、後円部は蓋形を、前方部は車の轅とその横木の衡を象り、左右の造り出しが両輪を示しているとする。

また、後世の人々はそれと認識できなかったとはいえ、なお車塚と呼ぶものがあるのはこのゆえであると説明している。器物に墳形の起源を探ろうとする考えは、古墳に対する考古学的研究が進展した段階にあっても再び出されている。すなわち濱田耕作が、「特に前方部の形は、楯の形から発生したとは云い難いにせよ、意識的或いは無意識的に其の形が模倣せられ」たと論じた「楯模倣説」[2]や「円丘は勿論、前方後円墳も彼ら（古墳時代の人々）の家屋の形状に模倣した」とする原田淑人の「家屋模倣説」[3]、原田大六の「広口壺模倣説」[4]などである。

このような器物模倣説のほかに、前方後円墳をもって円墳と方墳の結合によって成立したものとするゴーランドの説[5]、あるいは、日本の民衆が中国に行われていた方墳と円墳の二つの外形を結びつけたとする梅原末治の見解[6]、また、前方後円墳の前方部にも埋葬施設のあるものが知られたことから、主墳である円丘と陪塚である方丘が結合して成立したとする清野謙治の考察など[7]、二つの墳形の結合説も提唱されたことがある。

一方、前方部は埋葬の行われた後円部に対する拝所として、あるいは祭壇として設けられたものであるという起源説は、まず喜田貞吉の「前方部宣命場説」[8]として提起され、ニュアンスに多少の違いはあるが梅原末治ほかの賛同をえた[9]。

前方後円の墳形が突如として成立したと見なされるところから、これを外来の影響を受けて創り出されたとする外来説も古くから唱導されている。最近では、古代中国の天円地方説に基づくとする考えや[10]、広く古代アジア世界における円と方の複合の意味を具現化したものであろうという考察も公にされた[11]。さらに、円丘に方丘状祭壇を付設する墳形の起源は、中国効壇にあるとする説も出され[12]、さきの「円墳・方墳結合説」や「前方部祭壇説」を思想史的、歴史的に追求した労作が見られる。これらとは別に、外蒙古ノイン＝ウラ遺跡で知られているような、漢代頃の北アジアの前方後円形の墳形が、日本海を経由して山陰地方に伝えられたとする説[13]、東北アジア地方で行われた、仰臥伸展の遺骸を砕石で覆う「人形砕石墳」とでもいうべきものに起源を求める考えも出されている[14]。

前方後円墳の墳形を編年的に考察した場合、その古い型式のものは丘陵上に営まれていることから、「丘陵の尾の上に円墳を築き、墳墓の境域線を尾端と反対の方向に画する時」にその形が自然に造り上げられるとする「丘尾切断説[15]」は濱田耕作によって唱えられ、従来の学説を整理紹介した網干善教も、前方後円墳の初現が土木工事の帰結として産みだされたものであろうと結論づけている。[16] 末永雅雄はこうした考察を認めながら、「中国墓制の影響を無視してならない」と説く。[17]

三 墳形と型式学的研究

以上に述べたように、前方後円墳の墳形については、墳形そのものが示すところから、あるいは墳形や立地の変遷を適じてその起源の問題が追究されて来た。そのあるものを除いて、これらの諸説のうち全く蓋然性がないと否定しうるものはないとしても、また決定的な定説として受け容れられているものもない。

一方では、墳形、立地のみならず、埋葬主体部の構造と個々の副葬品についての型式学的研究や、それらの組み合わせについての考察が、主として小林行雄らによって綿密に進められている。[18] このような、古墳に関する総合的編年研究の結果、今日のところ一応最古の前方後円墳と見倣されうる例として、京都府椿井大塚山古墳などがあげられるようになった。しかし、これらの古墳は古墳を構成する要素のほとんどを備え、墳形としてもその形成過程にあるものではない。小林行雄が「前期古墳の萌芽を弥生時代にたずね、それから前期古墳の様式の確立にいたる過程を遺跡によって跡づけるには証明の材料がない。わが国の前期の古墳は、大陸の墓制をそのまま移して成立したものではない。古墳を構成する要素のうちにはより古くからわが国に存在したもののあることを想像することも不可能でなく、将来の調査に期待せねばならない」と述べたのは一九六五年のことであった。[19]

その後、古墳発現の問題については、もっぱら、弥生時代の墓制の研究によって解決する方向で努力が傾けられて来た感がある。この研究を推し進めた近藤義郎は、弥生時代の墓制のうちでも、一般の土壙墓とも、また方形周溝墓や方形台状墓とも規模やその他の点で質的に違った、巨大な墳丘をもつ墓のあることを指摘し、墳丘墓の名称を与えた[20]。こうした弥生時代の墳丘墓は、多くの点で古墳に繋がる構成要素を備えている。なかでも、墳丘墓で突出部を造り出したものは、前方後円墳の原型として今日知られる限りではもっとも有力視されているものであろう。都出比呂志は、「これまで前方後円墳は、ある段階で突如として出現すると言われてまいりましたが、この十数年間の調査研究を経て、弥生時代終末期の墓制の中に前方後円墳を生み出す源流が指摘できるようになりました」と述べ、その繋がりの密なることを強調している[21]。

しかしなお、弥生時代終末期の墳丘墓と前方後円墳の間には超え難い溝のあることも事実である。筆者が特に疑問を感じるのは、このような突出部を備えた墳丘墓が、岡山県を中心とした山陽地方に、またほぼ同時期の別個な形式としての四隅突出墓が島根県から富山県にかけての地域に分布しているのに対して、古墳時代に中心的地位を占めた畿内の地でこのような墓が見いだされていないことである。もちろん、これをもって畿内における弥生時代終末期頃の墓制調査が不充分、不行届きであるせいに帰することもできるであろう。しかし今日の調査密度からいうならば、特に畿内の調査が疎であるとはいえないであろう。

畿内を中心と見て、その周辺との関係を一つの普遍的文化現象と考えるならば、何かの手懸りをえられないであろうか。その手懸りとして、ややためらいを感じながらもここに提起したいのは、一七世紀から一八世紀にかけて、アメリカ合衆国ニューイングランド地方で営まれていた墓地の調査の成果である[22]。文化的にもまた時代も全く隔たった、このような例をひくことを唐突と感じられるかも知れない。しかし文化の中心地と周辺における墓制の変容を考察する上に無視しえないと思うので、以下にその要点を述べる。

周知のように、その頃のニューイングランド地方の文化の中心地はボストンであった。ボストンは地方文化に大きな影響を与えるとともに、またその文化的原動力を英国からえていた。墓制においても同様である。当時の宗教運動は精神生活を規制し、墓のあり方をも左右する[23]。特に墓石に表わされた宗教的象徴である彫刻文様の変化に大きく反映する。その変化は、英国から新しい段階の時代精神に適合したものがまずボストンの上層階級の墓石にとりいれられ漸次地方に及ぶという経過をたどる。ボストンでは一方に保守的な下町の人々の生活があり、そこでは伝統的な旧い彫文が守られている。旧い彫文にはほとんど型式学的な変化がなく、また新しい彫文との交替に永い時間を要する。ボストンを離れた地方の町々では、新彫文の受容は、ボストンからの距離に比例して遅れるが、一旦受容が始まると旧彫文との交替は急速に行われる。興味をひく現象は、ボストンにおいて安定している旧い彫文の方が、地方の町々では徐々たる型式学的発展を遂げながら変化していることである。しかもその最後の段階には、新しい彫文と極めて近いデザインになってしまっている。すなわち、中心にあっては思想の入れ替わりによって新しい意匠が創出され、型式学的発展課程が断絶して新しい型式は出現する。一方、ゆるやかな型式変化を積み重ねて、新しい時代精神を具現したものが作り出されるところは、かえって中心地から遠ざかった地だと考えられる。ディーツらが二万五千点の資料を駆使した調査の結果は、畿内とその周辺における弥生時代から古墳時代への墓制の移り変わりを考える上にも示唆的であろう。

ニューイングランドとは違って、畿内では大陸の墓の形式が直接輸入されたわけではない。畿内でも新しい墳墓の形式を生み出すべき内的原動力が蓄積され高まっており、その弥生文化の伝統に保持されていたものから、突如として前方後円墳が創り出されたと考えねばならない。その保持されていたものとは、恒久的に姿をとどめるような――墳丘墓のような――施設ではなく、おそらくは地表に設けられ、時の流れとともに容易にその姿を失うようなものであったと想像される。こうした条件に合致するものとして、筆者は、それが弥生時代の祭場であったと臆測している。

四　古墳のまつり

弥生時代の祭場はどのような形につくられていたものであろうか。これを考える上にもっとも参考となる史料として、『三国志』の『魏書』東夷伝中の馬韓の条の一節がある。

常以五月下種、訖祭鬼神、羣聚歌舞、飲酒晝夜無休、其舞數十人、倶起相隨踏地低昂、手足相應、節奏有似鐸舞、十月農功畢、亦復如之、信鬼神、國邑各立一人主祭天神、名之天君、又諸國各有別邑、名之爲蘇塗、立大木、縣鈴鼓、事鬼神、諸亡逃至其中、皆不還之、好作賊、其立蘇塗之義、有似浮屠、而所業善惡有異

これについては別に考察[24]を試みたことがあるので、以下にその要点のみを記す。

この叙述は、前後二つの部分に分けうる。前段は農村における祭りである。三世紀に朝鮮半島西南部で行われていること、五月に種を播き十月に収穫すると解釈しうることから、稲作の祭りであることは認めてよい。祭られている鬼神は、祖霊神であり[25]、稲作文化とともに招来され、おそらくは個性を失って融合した霊であろう。馬韓のこの祭で人々は歌舞し飲酒する。その節奏が鐸舞に似ているとされている。鐸舞は『宋書』楽志[26]に鐸舞歌として記され、鞞舞歌、幡舞歌、鼓舞伎などとともに陰暦元日の朝会に際して演じられたものである。陳の釋智匠の撰になる『古今楽録』[27]にも鐸舞の由来の古いこと、鐸は舞人が持って舞うこと、魏の太和年間に行われていることなどが述べられている。小太鼓・幡などを持って舞うものがあるので鐸をふり鳴らした舞であろう。当時の鐸についても『宋書』楽志や『古今楽録』に分類と説明があり、旧来の通り有柄有舌のものであることが察せられる。したがって朝鮮半島に広く出土する、いわゆる朝鮮式小銅鐸とは同じではない。魏の鐸舞とその節奏が似ているだけで、馬韓で鐸をもった舞がおこなわれていたと解釈することはできない。

後段は蘇塗[28]について述べたものである。蘇塗は、おそらく鳥杆の音を表したものであろう。その原義は鳥形木製品を杆頭につけた杆である。しかしこの頃には、鳥杆を立て並べて区画した聖域も蘇塗の名で呼ばれた。蘇塗には

鈴や鼓が懸けられている。この鈴こそ朝鮮式小銅鐸(29)だと考えられる。鼓の遺存例はないが縣鼓の如きものだったであろう。この聖域にも鬼神が祭られている。その「事鬼神」という表現から、ここには鬼神像―おそらくは男女一対の祖霊像―が置かれていたと想像される。『周書』異域伝の高句麗の条も夫余神・登高神の名をもつ男女二対の木像が祭られていることを記している。鳥杆と男女一対の木偶または石偶の複合は現在にまでのこっており、(30)その分布は東北アジアからシベリアに及んでいる。(31)蘇塗は、この記述では聖庇所としての機能が強調されているので、その初現的な姿ではないであろう。蘇塗の原型を暗示するものは、忠清南道大田市付近出土と伝える青銅小板に鋳出された絵である。その一面には梢に集う鳥を、他の面には鍬を踏む人を表わす。人物の頭には尾羽根のようなものを着け鳥装の姿であろうと見られる。これらの表現から、この青銅小板の作られた前三世紀の頃、祭場は、聖浄な森の中の空地に設けられ、周囲の木々の梢には霊の化現と信じられていた鳥禽が集うところであったと想像される。聖所が画像に表現される例は少なくない。

五　祭場から墳墓へ

前五、六世紀頃朝鮮半島に稲作が伝えられて以後、その祭場には幾多の変遷があったであろうが、ある段階には日本列島にも伝えられた。蘇塗的祭場の構成要素が断片的にせよ、弥生時代の遺構から見いだされていることは、この伝来を証拠立てている。祖霊像と見られるものは、男女一対の軽石製の例が、鹿児島県山ノ口遺跡A地点で出土し、(32)木製の一対が滋賀県大中の湖南遺跡から発掘されている。(33)鳥形木製品は大阪府池上遺跡、(34)京都府深草遺跡などの出土例がある。銅鈴は大分県別府遺跡で(35)一例出土し、福岡県岡本遺跡で鋳型の出土(36)がある。こうしたものを祖型として、ある段階には銅鐸が創り出され、畿内を中心とした地方では鐸を用いた農耕の祭儀が盛行するようになる。おそらく蘇塗的祭場は、当初の間は朝鮮半島の南部と北九州では、ほぼ共通の形態のものであったが、弥生時

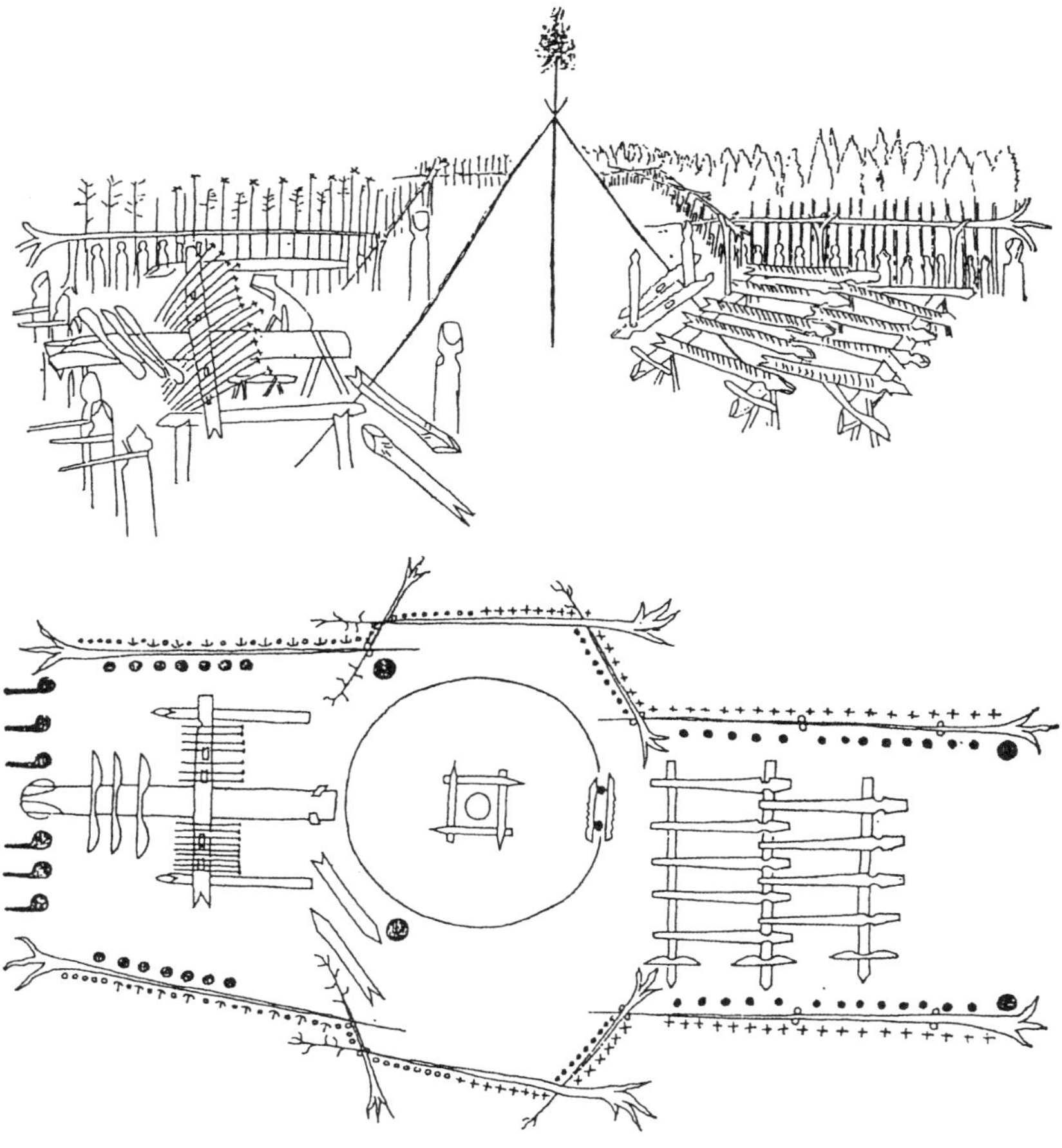

ポドカメナヤツングスカ盆地におけるシャマンテント
(A. F. アニシモフ原図による)

代前期末か中期の初め頃畿内にも伝えられたであろう。畿内では特に社会を統合する重要な祭儀の場として形成されるようになったと考えられる。

蘇塗的祭場は、銅鐸埋納地とそれ程隔たっていない場所に営まれたものであろう。平地を見下す丘陵地帯によっており、前期古墳の立地とも重なっている。しかしその外形を直接示す資料はない。さきに述べたように、蘇塗的祭場の構成要素は、祭場そのものは不明であるとしても、比較的最近まで朝鮮半島の各地に遺存していた。しかもその分布を辿るならば、中国東北地方のゴルジ、さらにはシベリアのドルガンなどアルタイ系諸族の間にも認められる。特にシベリアのエベンキ人達は、近代に至るまでこうした祭場を設け盛大な祭儀を営んでいた。祭場を囲繞する鳥形木製品をつけた杆の列、祖霊像、太鼓、鳥装のシャマン、そして鳥霊信仰などその構成要素はよく保存されている。その来源が馬韓の蘇塗に遡ることは充分に蓋然性がある。アニシモフが採集したポドカメナヤツングスカ盆地におけるエベンキ人の祭場は、図示するように、ブナの若木を中心に樹てた円形の天幕を設け、その左右に方形の区画が通廊として付く。位置は集落とは隔たり、規模は集落の全員を収容しうる程であるという。(37) 時に略式の祭場が集落内に設けられることもある。

時間も空間も全く隔離したエベンキ人の祭場の形が、例えその来源において無関係でないにしろ、畿内の弥生時代の祭場と同似のものだどいう証拠はない。しかしいずれにせよ、弥生時代の祭場でもその中心には祖神像を納めた聖祠があり、その一方または両方に通廊が付けられ、それらを繞って鳥杆が立ち並ぶという構成をとったであろう。中心の聖祠は、おそらく住居または高床倉庫と同様の構造のものであろう。土器や銅鐸に表わされた高床式建物の絵は、そうした聖祠を表現したのだと想像される。

このような祭場は弥生の村々に設けられていた。村々が国に統合される段階に祭場もまた国の祭場として統一され、同祖の意識が強化された。俗世の国々に連合的纏りがはかられた際、俗世の強い要請のもとに擁立された、鬼道を事とし従来の司祭とは隔絶した力の保持者である女王が聖の世界をも統合する。その統合は、個々の祖霊信仰を超えたものであり強い神秘性を備えたものであった。女王の死とともに祭るものは祭られるものとなり、祭場に土を盛って奥津城が築かれた。

右に述べた臆測を多少とも裏づけるのは、蘇塗的祭場の構成要素のあるものが古墳にとり容れられていることである。祭場を囲む鳥杆列は、古墳をも囲繞したと見られる。奈良県石見遺跡は、墳丘を失った古墳だと想定されるが、その周湟には多数の埴輪とともに、鳥形木製品とそれを支えた杆の木製礎板が埋没していた。(38) 同様の礎板は、京都府今里車塚の周湟[39]、奈良県埴口丘陵外堤樋間改修箇所（飯豊陵）でも出土し、応神天皇陵にもあったと伝える[40]。さらに、『日本書紀』推古天皇二十八年の条に記された大柱の直の挿話も、このような習俗の反映だと読みとってよいであろう。

聖所が王墓に転化しうるという可能性については、フランクフォートの業績のうちに示されている。フランクフォートは、エジプトの建造物の起源を考察した論文[41]で、エジプトのマスタバのプランと扶壁の手法のなかに、シュメールのジェムデト＝ナスル期の神殿の影響のあることを指摘し、その起源を神殿建築にもとめている。そして、「エジプトの王墓がメソポタミアの神殿から生じたとするならば、それは正にエジプト人とメソポタミア人の王権に対する考え方の相違による。すなわち、メソポタミアの支配者は、神意を代表するとはいえ、本質的には神意の代表者が神となった時、聖所は王墓に転化されうるのである。小野山節氏の教示によれば、このように偉大なる人物であった。これに対して、エジプトのファラオは自身が神であった」という注目すべき見解を示している。神意の代表者が神となった時、聖所は王墓に転化されうるのである。小野山節氏の教示によれば、このようにエジプトの初期文明がメソポタミアから強い影響を受けているとする、フランクフォートの所説に対して、反論がないわけではない。しかし、両文明を広く考察する立場では、フランクフォートの考え方が今も支持されているということである[42]。

祭場から墳墓への転化は、かく見るならば、王権思想における重要な転換であった。弥生時代の墳丘墓の発現に際して、あるいは歴史はこのような実験を試みたかも知れないが、それは以後の社会に定着して行くものではなかった[43]。弥生時代終末の頃、畿内周辺では、その地方首長の墓を特殊化するために、種々の努力が傾けられ、その墓制構成要素の多くは古墳にもとり容れられた。しかし、統合された祭場が王墓に転化する現象は、おそらく一回限り畿内に発現し、これが前方後円墳の隔絶性の基礎となっている。

［註］

(1) 松本清張『遊史疑考』一九七三年
(2) 濱田耕作「前方後円墳の諸問題」『考古學雜誌』第二六巻第九號 一九三六年
(3) 原田淑人「前方後円墳の起源」『聖心女子大学論叢』第六号 一九五五年
(4) 原田大六『日本古墳文化―奴国王の環境―』一九五四年 ここでは同氏の過去の思いつきとして述べられている。
(5) Gowland, W., The Dolmens and Burial Mounds in Japan, *Archaeologia* Vol.LV, Part 2, 1897.
(6) 梅原末治「前方後円墳に關する一考祭」『内藤博士還暦祝賀支那學論叢』一九二六年
(7) 清野謙治「主墳と陪塚との關係」『考古界』第五巻第七～一一號 一九〇六年
(8) 喜田貞吉「古墳墓年代の研究」『歴史地理』第二四巻第三號～第二五巻第六號 一九一四、一五年
喜田貞吉「前方後円墳の起源及沿革に關する臆説」『考古學雜誌』第二六巻第一一號 一九三六年
(9) 梅原末治『佐味田及新山古墳研究』一九二一年
梅原末治「前方後円墳に關する一考察―補記―」梅原末治『日本考古學論攷』一九四〇年
(10) 重松明久『古墳と古代宗教』一九七八年
(11) 山折哲雄「宗教史の立場からみた古代日本」『歴史公論』第八巻第九号 一九八二年
(12) 山尾幸久「日本古代王権の成立過程について（中）」『立命館文学』二九七号 一九七〇年
(13) 鈴木　治「蒙古ノイン・ウラ匈奴墳墓の墳形について」『朝鮮学報』第六六輯 一九七三年
(14) 河内良弘「前方後円墳の外形に関する研究」『江上波夫教授古稀記念論集』考古・美術篇 一九七六年
(15) 濱田耕作「日本の古境に就いて」『歴史と地理』第三巻二號 一九一九年
(16) 網干善教「前方後円墳起源論について」『龍谷史壇』第四五号 一九五九年
(17) 末永雅雄「日本古墳外形構造への観祭」『日本学士院紀要』第三五巻一号 一九七七年
(18) 小林行雄「前期古墳の副葬品にあらわれた文化の二相」『京都大学文学部五十周年記念論集』一九五六年
小林行雄「古墳文化の形成」小林行雄『古墳文化論考』一九七六年
(19) 小林行雄「古墳発生の歴史的意義」『史林』第三八巻一号 一九五五年

（20）近藤義郎「前方後円墳の成立と変遷」『考古学研究』第一五巻一号　一九六八年
近藤義郎「古墳以前の墳丘墓―楯築遺跡をめぐって―」『岡山大学法文学部学術紀要』第三七号《史学篇》　一九七七年
近藤義郎「前方後円墳の成立」『考古論集』　一九七七年

（21）都出比呂志「前方後円墳出現期の社会」『考古学研究』　第二六巻三号　一九七九年

（22）Dethefsen E.S. and Deetz, J.F., Death's Heads.Cherubs, and Willow Trees: Experimental Archaeology in Colonial Cemeteries *American Antiquity* Vol.31, No.4, 1966.
Deetz, J.F. and Dethlefsen, E.S., Death's Head, Cherub, Urn and Willow, *Natural History*, Vol.76, No.3, 1967.
後者にちては金関恕「精神生活」大塚初重他編『日本考古学を学ぶ』（2）に紹介した。

（23）Ludwig, A.L., *Graven Images: New England Stonecarving and its Symbols*, 1650~1966.
Stannard, D.E., *The Puritan Way of Death*, 1977.

（24）金関　恕「弥生時代の宗教」『宗教研究』　第四九巻三輯　一九七六年
金関　恕「神を招く鳥」『考古学論考　小林行雄博士古稀記念論文集』　一九八二年
金関　恕「祖霊信仰から首長霊信仰へ」『歴史公論』　第八巻第九号　一九八二年

（25）鬼神が祖霊神であったと考えられる証拠として、川副武胤氏は『三国志』の『魏書』高句麗伝を引き、高句麗では鬼神を祀りまた霊星と社稷を祠るとあり、その涓奴部では宗廟・霊星・社稷を祀るとあることから、鬼神の祀りは宗廟のそれと対応することを指摘している。
川副武胤「三世紀極東諸民の宗教と祭式」『日本歴史』第三七八号　一九七九年
『魏書』では、中国の観念に従い、稲作文化にともなって招来されたと見られる馬韓の祖霊をも鬼神として表現したのであろうが、それが宗廟に祠られる特定の祖霊神を意味しないことは本文に述べるが如くである。

（26）沈　約『宋書』巻十九　志第九　楽一

（27）輝　智　匠『古今楽録』十二巻　厳一萍選輯　藝文印書館印行　叢書集成続編

（28）蘇塗については、孫　普　泰「蘇塗考」『民俗學』　第四巻四號　一九三二年に詳しく考証されている。

（29）朝鮮式小銅鐸については、田村晃一、小田富士雄、高倉洋彰、尹　武　炳氏らの研究があり、最近では、宇野隆夫「銅鐸のはじまり」『考古学論考　小林行雄博士古稀記念論文集』一九八二年にそれらの成果をも纏められている。

(30) 赤松智城・秋葉　隆『朝鮮巫俗の研究』一九三八年
秋葉　隆『朝鮮巫俗の現地研究』一九五〇年
秋葉　隆『朝鮮民俗誌』一九五四年

(31) 凌　純　声『松花江下游的赫哲族』上冊　国立中央研究院歴史語言研究所単刊甲種之十四　一九三四年
ウノ・ハルヴァ著　田中克彦訳『シャマニズム―アルタイ系諸民族の世界像―』一九七一年
Uno Holmberg（Harva), Fino-Ugric, Siberian, The Mythology of All Races, IV, 1961.
M・エリアーデ著堀一郎訳『シャーマニズム』一九七四年

(32) 河口貞徳「山ノ口遺跡」『鹿児島県文化財調査報告書』第七集　一九六〇年
河口氏によれば、山ノ口遺跡出土の岩偶と同巧のものは、鹿児島県入来遺跡でも見いだされている由である。同氏は、これらが縄文時代の岩偶の系譜を引くものであろうことを述べている。ただし、山ノ口・入来両遺跡の岩偶が、縄文時代の例に比して著しく大型化していることも認められている。

河口貞徳「弥生時代の祭祀遺跡―大隅半島山ノ口遺跡―」『えとのす』第一〇号　一九七八年

(33) 滋賀県教育委員会『大中の湖南遺跡調査概要』一九六七年

(34) 江谷　寛「鳥形木彫」第二阪和国道内遺跡調査会『池上・四ツ池』一九七〇年
大阪文化財センター『池上遺跡』、第四分冊の二　木器編　一九七八年

(35) 宇佐市教育委員会『別府遺跡緊急発掘講査概報―朝鮮式小銅鐸出土遺跡の調査―』一九七七年

(36) 倭人伝への道研究会ほか編『邪馬台国への道』一九八〇年

(37) Anisimov, A.F., The Shaman's Tent of the Evenks and the Origin of the Shamanistic Rite, translated by Dr.and Mrs. Dunn, S.P., *Studies in Siberian Shamanism*, 1963.

(38) 森　浩一「形象埴輪の出土状態の再検討」『古代学研究』第二九号　一九六一年
森　浩一「奈良県磯城郡三宅村石見遺跡」『日本考古学年報』一九　一九六一年
この木製品については当初人形かと疑われていたが、石野博信氏らの再検討により、今日では鳥形と考えられるようになって

いる。

（39）高橋美久二「長岡京跡右京第二六次発掘調査概要」『埋蔵文化財発掘調査概報』一九八〇―二　一九八一年

（40）土生田純之「昭和五三年度陵墓関係調査概要」『書陵部紀要』第三一集　一九八〇年

（41）Frankfort, H., The Origin of Monumental Architecture in Egypt, *The American Journal of Semitic Languages and Literatures* Vol.LVIII, No.4, 1941. この問題は再び次の書物の付説にもとりあげられている。

Frankfort, H., *The Bieth of Civilization in the Near East*, 1951. これらについて小野山節氏の教示に深謝する。

（42）例えばフランクフォートの後継者カントールの論説など。

Kantor, H.J., The Relative Chronology of Egypt and its Foreign Correlations before the Late Bronze Age, *Chronologies in Old World Archaeology*, ed. by Ehrich, R.W., 1965.

（43）近藤義郎『楯築遺跡』一九八〇年

楯築遺跡の調査を通じて、巨大な墳丘墓の実態が解明された。ここで葬祭に用いたかと推定される人形土製品の発見されていることは特に興味深い。弥生祭場の墳墓への転換がここで行われたことを暗示するのであろうか。近藤義郎氏は同書で、「楯築墳丘墓が前方後円墳誕生の方向へ成長しつつあったことは疑いない。しかしなおそれは、吉備という地方性の内にとじこめられた成長であった」と述べている。

第2章　卑弥呼と東大寺山古墳

一　奈良盆地東辺の古墳群

古墳群の諸相　奈良盆地の周縁を画している山麓地帯の各所には、盆地に注ぐ大小の河川が丘陵を刻み遺している。古い前方後円墳の多くは平地に突き出たこのような丘陵の一部を削り、土を積み上げて造られたものである。したがって、地形のうえでは墳丘築造の条件に地域的な違いがあるわけではない。平地を見下すこうした丘陵は、いずれも前方後円墳を築くうえで好条件を備えていると見られるからである。にもかかわらず、大和にある雄大な前方後円墳の多くは一様に分布しているわけではなく、いくつかの群をなしている。

奈良盆地の東辺を例にとると、その南寄りには長さ三一〇mの景行陵、規模の点ではそれに次ぐ崇神陵が並列し、天神山古墳などとともに一三基の前方後円墳と一基の双方中円墳が群をなしている（柳本古墳群）。これより北、約数百mをへだてて、手白香《たしらか》皇女衾田《ふすまだ》陵と伝えられている西殿塚古墳を中心に約二〇基の前方後円墳、二基の前方後方墳が群をなす（萱生《かよう》古墳群）。ふたたび数百mをへだてた北には、鑵子山《かんすやま》・西山の二古墳を中心として五基の前方後円墳、一基の前方後方墳がまた一群をなして分布する（西山古墳群）。さらに北上すると、東大寺山・赤土山古墳など四基の前方後円墳、一基の前方後方墳が一群となっている（東大寺山古墳群）。しかし、これより北には、奈良盆地の北辺に位置する佐紀楯並《さきたてなみ》古墳群までの間、目立った前方後円墳は見られない。つまり、約四kmにわたる空白地帯がある。

今ここでは、前方後円墳や前方後方墳などよりなる古墳群のみを注目したが、これらの古墳群のなかには時期の遡ると見られる円墳も含まれており、また、横穴式石室を主体とする点であきらかに時期の下る前方後円墳もある。したがって、古墳群とはいっても、これだけでは比較的近接して営まれた墳墓の集団というだけのことにすぎない。各群を構成する個々の墳墓の築造時期の決定、つまり古墳群の形成過程の究明、またそれぞれの古墳群が群としてなんらかの特殊性をもっているかどうかについての検討、そうした問題は、大和政権の成立を論ずるうえに重要な手がかりを与えると見られるにもかかわらず、最近ようやくとりあげられ始めたばかりで、まだ十分な解答は出されていない[1]。

ただ大まかな見通しとして、これら奈良盆地の東辺に位置する諸古墳のうちでは、柳本古墳群の南に独立して営まれ、倭迹迹日百襲姫《やまとととひももそひめ》の墓に比定されている箸墓《はしはか》がもっとも古く、ついで柳本・萱生古墳群の形成が始まり、一段階おくれて西山・東大寺山古墳群が営まれ始めるということは、認めてよいであろう。しかし、これらの古墳のうちでも内部主体の構造や副葬品の調査された例はきわめて少ないので、その内容に立ち入って検討することは容易でない。柳本古墳群における櫛山古墳と天神山古墳、東大寺山古墳群における東大寺山古墳の三つが、発掘調査された貴重な例である。

天神山古墳の伝世鏡の謎　崇神陵の東に接して営まれた櫛山古墳は、前方後円の墳形に祭壇を付け加え、双方中円の形を備えた特異なものである。竪穴式石室に長持形石棺を納めた主体部は古く盗掘を受け、調査の際に見いだされた遺物の量は多くないが、それらのうちの石製品の型式を見ても、年代はおそらく四世紀の後半ごろと考えられ、この群中ではそれほど古く位置づけられない。

天神山古墳の発掘によって、ここには、二三面の鏡の埋納されていたことが知られた。そのうち一七面は中国からの舶来品である。しかも、それらのなかには、時代のさかのぼる古墳にしばしば副葬されている三角縁神獣鏡《さんかくえんしんじゅうきょう》が一面もなく、内行花文鏡《ないこうかもんきょう》・四神鏡《ししんきょう》・獣帯鏡《じゅうたいきょう》といった、後漢《ごかん》代の鏡が大半を占めている点で異例でもある。しかし、異例とはいっても、これが奈良盆地東辺の古墳群中で多数の鏡を副葬した唯一の発掘例であることをかえりみるならば、この古墳の属している柳本古墳群中の大陵墓には、さらに多数の伝世鏡が副葬されているのではないかという想像をかきたてる。ともかく、天神山古墳には、こうした伝世鏡《でんせいきょう》とともに、仿製鏡《ぼうせいきょう》もまた副葬されていることから見て、これが、その群中における最古の例と考えることはできないであろう。

　これらに対して、東大寺山古墳は、復原全長一四〇mを測り、前記の大陵に比べるならば、その規模の点では比較にならないほど見劣りはするが、しかし、同古墳の所属する群中では最大であり、また墳丘の型式や占地の条件から見ても、おそらく最古の古墳であると判断される。しかも、この古墳に副葬されていた一ふりの鉄刀の刀背《むね》に、金象嵌《きんぞうがん》の紀年銘が刻まれていることが、調査後の整理作業の段階で発見され、にわかに注目をあびるようになった。この紀年銘は、わが国で発見された最古の例であり、また、遺跡と結びついてその埋納状況がたしかめられた遺物として、まれな例の一つでもある。

　この東大寺山古墳は、どのようにして造られたものであろうか。ここでは、四世紀の古墳の一つの型としてこれをとりあげて考えてみたい。

二　東大寺山古墳の発掘

前方後円墳の形　天理市の北方にあたる櫟本《いちのもと》集落の東には、古くその寺領であったことから、東大寺山の名で呼ばれる低い丘陵が突き出ている。丘陵の各所には小規模な山麓崖が連なり、その西端部は、こうした山麓崖が入りこんでいるために、北に向かって伸びる尾根をもった地形になっている。東大寺山古墳はこの尾根の一部を削り、土を盛り上げて造った北向きの前方後円墳である（図1）。

　しかし、永い年月の間に、土盛りされた部分、とくに前方部の西斜面はかなり崩れ落ちて原状をのこしていない。墳丘をめぐってたてられた円筒埴輪列や、後円部の中心に設けられた粘土槨《ねんどかく》の方向をよりどころにして、その原形を復原するならば、全長一四〇m、後円部の直径八四m[2]、前方部の幅は五〇m内外であったと推定される。

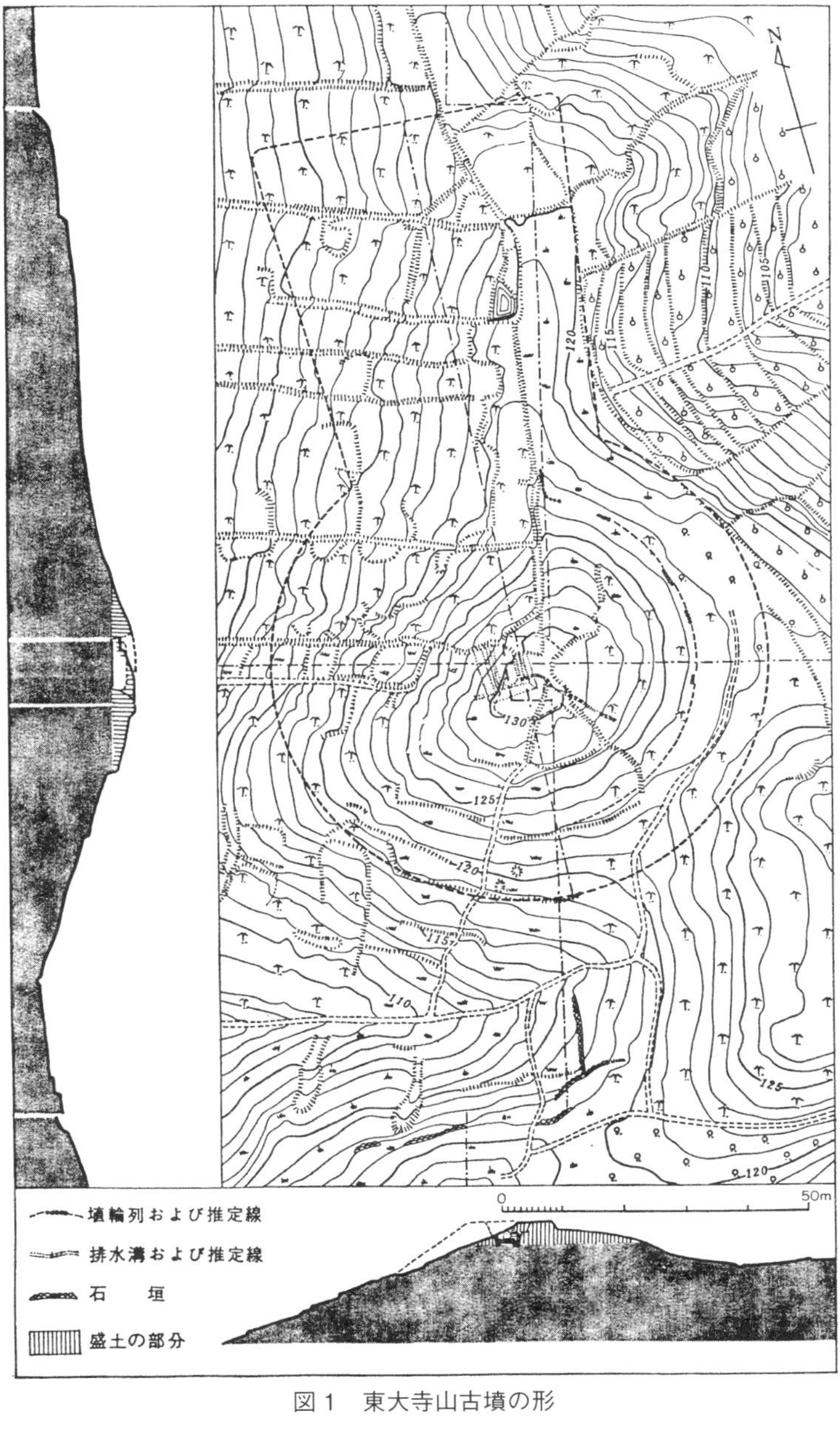

図１　東大寺山古墳の形

埋葬の第一段階　埋葬の執行に先立って、まず、高さ三・七mばかりの盛り土をしてつくられた後円丘の中央に、改めて墓壙が掘りこまれる（図２）。壙の大きさは、長さ一二m、幅は北が八m、南が六・五m。その底は盛り土の部分を掘り抜いて地山に達している。墓壙の壁は内側に傾斜して掘られており、その東西両壁には中途に壇を設けている。棺を搬入する際の足場として考慮されたものだろうか。古代中国の墓壙に、このような壇が設けられていることを想い出しても興味をそそる。このようにして掘りこまれた墓壙の底は、そのために、上面よりもずっと狭くなり、長さ九m、幅四m内外となる。壙底の四周には、幅四〇cmばかりの溝をさらに掘りめぐらす。溝を含めた壙底に玉砂利を敷きつめ、さらにその上に灰色の粘土を敷く。粘土は、中央付近にあつく敷かれ、かくて棺床が整えられたわけである。次の段階には、おそらく荘厳な儀式とともに、被葬者の遺骸と副葬の宝器を入れた木棺が、この棺床に安置される。

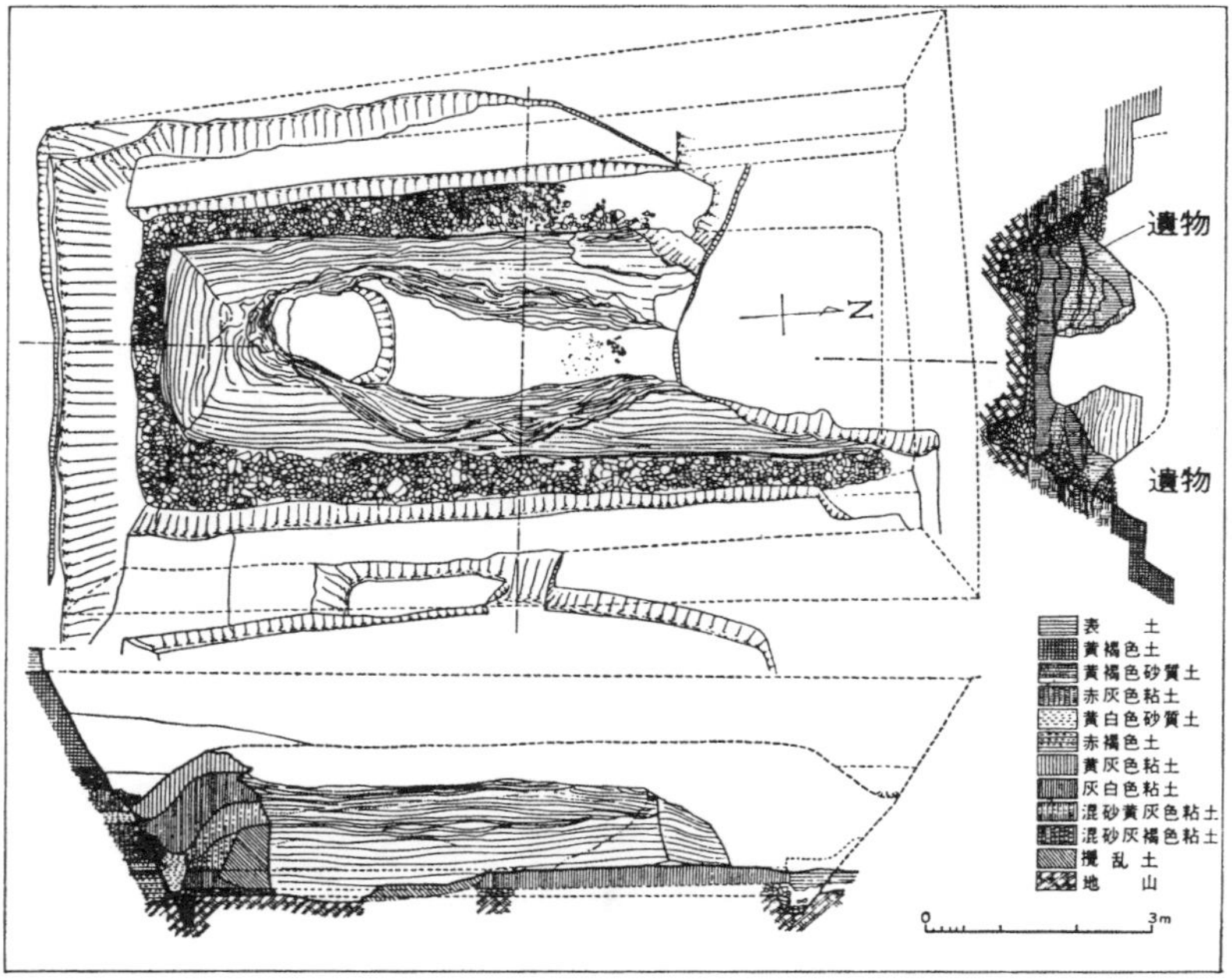

図２　東大寺山古墳の内部主体

隆然たる墳丘を備えた多くの古墳が、たいてい盗掘されているように、この古墳も、室町時代のころに最初の盗掘を受け、棺の南半にあたる部分はすっかり掘りあらされていた。また、北半にあたる部分も、調査に先立つ数ヵ月前に盗掘を受けたため、手つかずに遺っていたのは、中央でも北寄りのごく一部だけだった。幸い、この盗掘品はその後に提出されたので、調査の結果と合わせて、もともと、棺内にどのようなものが納められていたかを部分的に知ることができる（図3）。

棺は、箱形または割竹形の木棺で、長さは七・四m内外と推定される。棺底には色鮮かな水銀朱を塗抹し、北枕

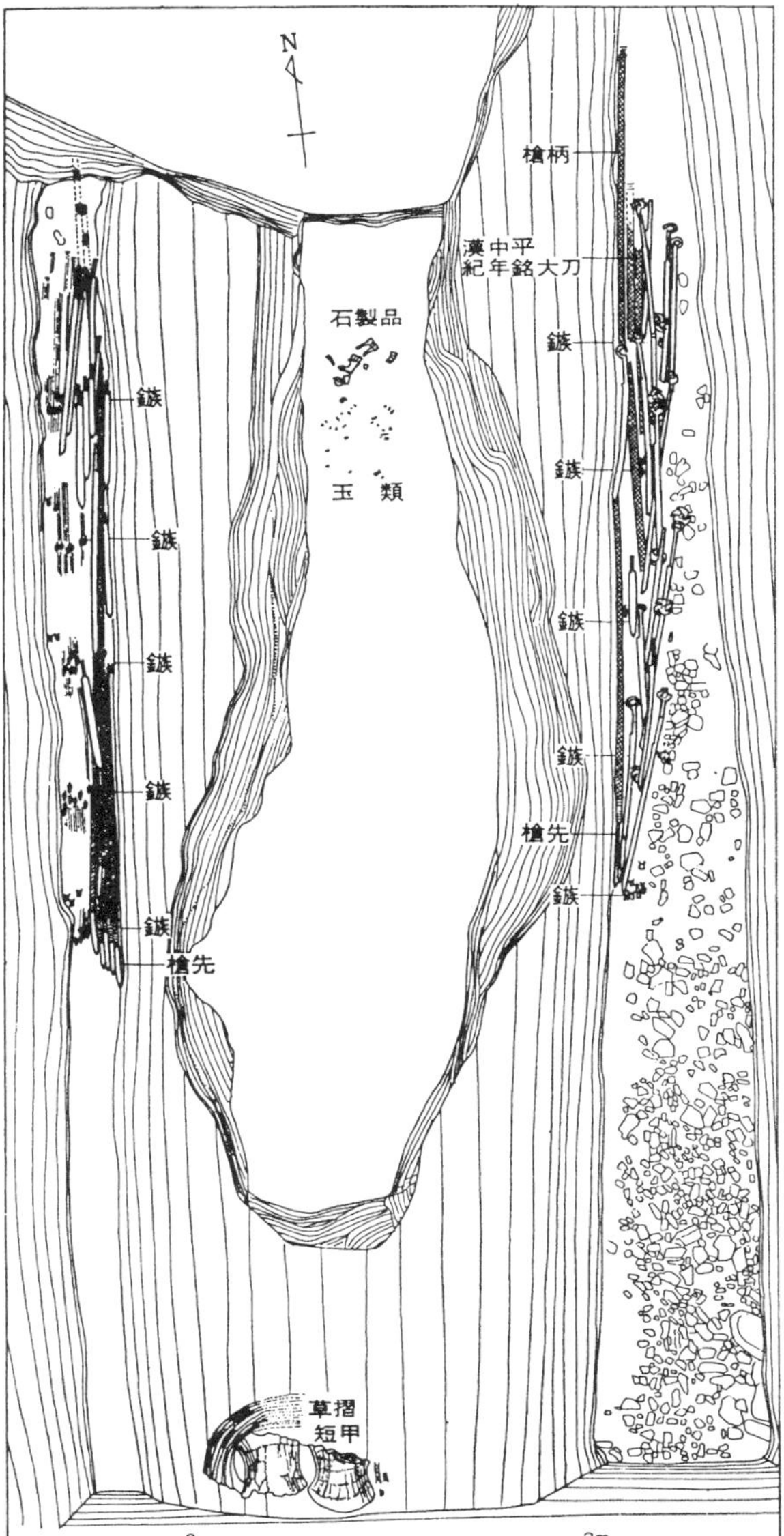

図3　東大寺山古墳の粘土槨と副葬品の出土状態

図4　東大寺山古墳の棺外粘土槨中の副葬品（東側）

に遺骸をおいた。遺骸の首には、硬玉の勾玉《まがたま》・棗玉《なつめだま》、碧玉の管玉《くだたま》などを連ねた首飾がかけられていたらしい。枕辺には、いわゆる碧玉でつくられた鍬形石《くわがたいし》二七、車輪石《しゃりんせき》二五、石釧《いしくしろ》二、筒形石製品《つつがたせきせいひん》一、鏃形《ぞくがた》石製品一〇以上、滑石でつくられた台付坩《だいつきつぼ》一、坩一一などがおかれた。遺骸のそばや足下にも副葬品がおかれたであろうが、古い盗掘坑から二六ばかりの碧玉でつくられた鏃が見いだされたほかはわからない。掘りあらされた盗掘坑の土を綿密に調べても、青くまたは赤く染まった銅や鉄の痕跡もないので、もともと、鏡や鉄製の武器は、納められなかったか、あるいは納められたとしてもわずかだったのであろう。

埋葬の第二段階　被葬者と副葬品を納めた木棺が棺床に安置され、埋葬の第一段階が終了すると、棺の外側に、それを包むように粘土が積み重ねられる。墓壙と棺側の粘土の間には玉砂利が入れられる。棺側の粘土がある程度積み上げられた段階で、棺にそった東と西の両側には、おびただしい量の武器や、短甲などの武具が並べられるのである。

東側では、まず北から、銅鏃や鉄鏃を着装した矢が五束、鏃を南に向け、鏃の上に次の束の矢羽根を重ねるようにして、おのおの七〇cmの間隔でおかれる（図4）。束ごとに鏃の種類や組合わせに多少の違いがある。次に、これらの矢の束の上に重ねて、木の柄を着けた長い鉄槍が三本並べられる。木の柄は糸で巻き漆《うるし》を塗ってあったが、漆の膜がのこっているので、その長さが四・二mもある長槍だったことがわかる。これらの長槍に沿って、一三ふりの鉄刀と二ふりの鉄剣、巴形銅器《ともえがたどうき》をつけた、おそらくは革製漆塗りの楯《たて》を重ね合わせながら並べて行く。鉄刀のう

図5　東大寺山古墳の棺外粘土槨中の副葬品（西側）

図６　東大寺山古墳の革製短甲と草摺

ち五ふりは銅製の環頭《かんとう》を着け、六ふりは素環頭《そかんとう》、二ふりは木製漆塗りの装具を備えたものである。銅製の環頭を着けた鉄刀の一ふりの刀背には、後に述べるように、金象嵌の銘文が施されていた。これらと相対した西側にも、同じように五束の矢（一束四〇本内外）、七本の鉄槍、七ふりの鉄刀と七ふりの鉄剣がおかれる（図５）。さらに、南側には、二領の革製漆塗りの短甲と草摺《くさずり》一がおかれ（図６）、北側にも若干の鉄剣類がおかれた。

　このような武器や武具が納められた後、棺の上面と棺外の副葬品を再び粘土で被覆する。棺が高いために、ちょうどカマボコのような形になる。壙壁沿いの低い四周には、玉砂利が入れられ、砂利づめの溝をめぐらしたようになる。このようにして、長さ九・四m、幅三m内外の巨大な粘土槨が完成し、埋葬の第二段階が終了する。

埴輪を立てて　次に、墓壙からの排水施設をつくる作業が始められる。墓壙の底でも、もっとも低くなっている東南の隅から、東南方向に長さ一八m余の溝を、築造した墳丘に切りこむ。溝底に砂利を入れ、砂利の空隙に土砂が混入しないように粘土を被せ、再び埋め戻すという入念なものである。排水の暗渠がつくられた後、墓壙を埋めて、ここに埋葬の全工程が終了するわけである。埋め戻した墓壙の周囲に、形象埴輪《けいしょうはにわ》の類がたて並べられたことは、他の古墳の調査例でも知られているが、東大寺山古墳でも、そうした楯形埴輪の断片が採集されているので、同様の区画の設けられていたことが想像される。

　一方、墳丘には、その裾まわりに一列と、中段に一列の円筒埴輪がめぐらされる。両円筒列とも予定線上に浅い溝を掘ってその中に円筒埴輪を相接してたて並べ、埴輪の基礎には礫をつめて根固めとする。こうしてたて並べられた円筒埴輪には、径二五cm内外の細いものと、四〇cm内外の太いものとがあり、細型三に対して太型一の割合になっている。これらのほとんどは、下端部がのこっているだけだが、なかには復原してもとの形のわかるものもある。太型には朝顔形の例も復原されている。ただ一点ながら、円筒埴輪の中側にこわれて落ちこんだ土器も見いだされた。これらは、この古墳の年代を考えるうえに貴重な資料となる。埴輪列については、部分的に調査したにすぎないが、墳丘の大きさと埴輪の密度から、ごく大まかに推算するならば、ほぼ千個ばかりがたて並べられたことになる。墳丘にはその全面に礫が葺かれ、緑の丘の上に白く輝く姿をきわだたせる。

このように、たとえ中級の規模の古墳であるとはいえ、その造営に、いかに多くの人手をかけ、周到な準備のもとに工程が進められていったかということには、あらためて驚かされるわけである。

三　漢の刀身に和製の把頭

金象嵌の紀年銘　東大寺山古墳に副葬されていた遺物のなかで、もっとも重要視されるのは、いうまでもなく、紀年銘を象嵌した鉄刀である。さきに触れたように、この鉄刀は、棺外の東側に沿って、他の同じような刀とともに納められてはいるが、その遺物群中ではもっとも北端に、他の刀の上におかれ、納めるにあたって、いささか特別扱いの配慮があったようにも見うけられる。全長一一〇cmの長刀で、刀身はいちじるしく内反りしている。この大刀を持ち帰って後、調査員の一人であった白木原和美氏が、銹をとり除いていたとき、この刀の刀背に金色の輝きを認め、丹念に磨いた結果、二四字からなる銘文をあらわすことに成功した。銘文は切先《きっさき》のほうからはじまり、関《まち》までの七五・五cmの間に金象嵌で表わされていて、

中平□年年五月丙午造作支刀百練清剛上応星宿下辟不祥[3]

と読むことができる（図7）。

中平の次の二字分に相当する箇所が不明だが、何年という年を記したことは疑いない。後漢末の中平の年の五月

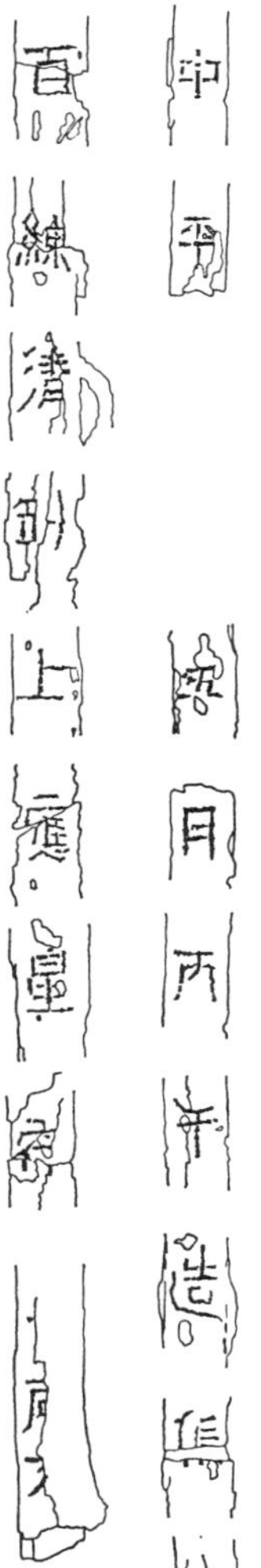

図７　漢中平紀年銘大刀の銘文

丙午の日に、この刀が造られたことを意味している。

『三正綜覧』によれば、中平年中で、五月に丙午の日があるのは、元年五月二日、四年五月二十日、五年五月二十六日になるが、古くからいわれているように、五月丙午の日は、鋳造の吉日とされ、漢・三国《さんごく》時代の遺物には、往々にして、実際その年の五月に丙午の日がなくても、五月丙午に造ったことを記した例があるので、これをもって年を知ることはできない。しかし、とにかく、この刀が二世紀のごく末（一八四〜一八九年）に造られたことは明らかである。

漢代の刀の紀年銘としては、古くから元嘉《げんか》（一五一〜一五二年）の例が知られており、四川《しせん》省《しょう》成都《せいと》廻天山《かいてんざん》の崖墓でも、「光和《こうわ》七年（一八四年）広漢工官□□□服者尊長保子孫宜侯王□宜□」の銘文を象嵌した素環頭の小鉄刀が出土している。この小刀の銘は刀身に刻まれている点で東大寺山古墳の例とは違っているが、漢・三国時代の鏡の銘文との共通性を指摘することができる。もっとも、東大寺山古墳出土の鉄刀は、後に日本で造られ、古い中国の銘文を入れたのではないかと疑う説も出されている。だが、整った銘文の字体から見ても後漢の作であることはたしかで、そうした可能性はまず認められない。したがって、この鉄刀こそは、日本で発見された紀年銘のある最古の遺物であり、確実な暦年代を示す点では、福岡県糟屋郡志賀島出土の金印につぐものだということができる。

環頭の装飾　この大刀の把頭には、銅製の環頭がつけられている（図8）。銅製の環頭は他にも四個を数える。すべて環体の中に三葉をあらわした、いわゆる三葉環の類だが、環体につけ加えられた意匠の違いによって二種類に分けられる。第一類に属する三つは、環体に直弧文《ちょっこもん》風の文様、または竜文《りゅうもん》のくずれた幾何学文風の文様をあらわし、環体の上に半花形をおき、その左右に角状の突起を出し、さらに一対の鳥首形をつけている。第二類は、環体に直弧文風の文様をあらわし、上に家屋形の飾をおき、左右から耳状の突起を出す。家屋形の表現は、有名な奈良県北葛城郡佐味田宝塚《さみだたからづか》古墳出土の家屋文鏡《かおくもんきょう》の家屋形の意匠の一つに酷似している。こうした銅製の環頭は、もともと、中国で戦国時代末から漢代にかけて造られた銅刀の環頭形式を襲《おそ》ったもの（図9）で、洛陽焼溝《らくようしょうこう》漢墓からも後漢末ころの年代を与えられた、三葉環の祖形をなす例が出土している。このような中国製の銅刀が日本にももたらされ、これをまねて、独特の飾をつけたのが、これら東大寺山古墳出土の諸例だと考えられよう。ともかく、東大寺山古墳の銅製環頭が日本製であることは、その付加飾の手法から見ても疑いない。中国からの渡来品であろうとする解説も見うけるが、その可能性もまた認められない。

　前記の紀年大刀には、ここで第一類とした鳥首飾の環頭が装着されている。その装着状況を少しくわしく見るならば、鉄刀の茎端の部分を一段薄くして、環頭の柄の端の一段薄くした部分と重ね合わせ、両者ともに貫通する小孔を二ヵ所穿ち、銅の目釘でとめつけている。また、鉄刀のほうの茎の先端は、折損したような状況をとどめている。このことから、紀年大刀のもとの把頭の折損に際して、新たに銅製の環頭をつくり、これをつけ

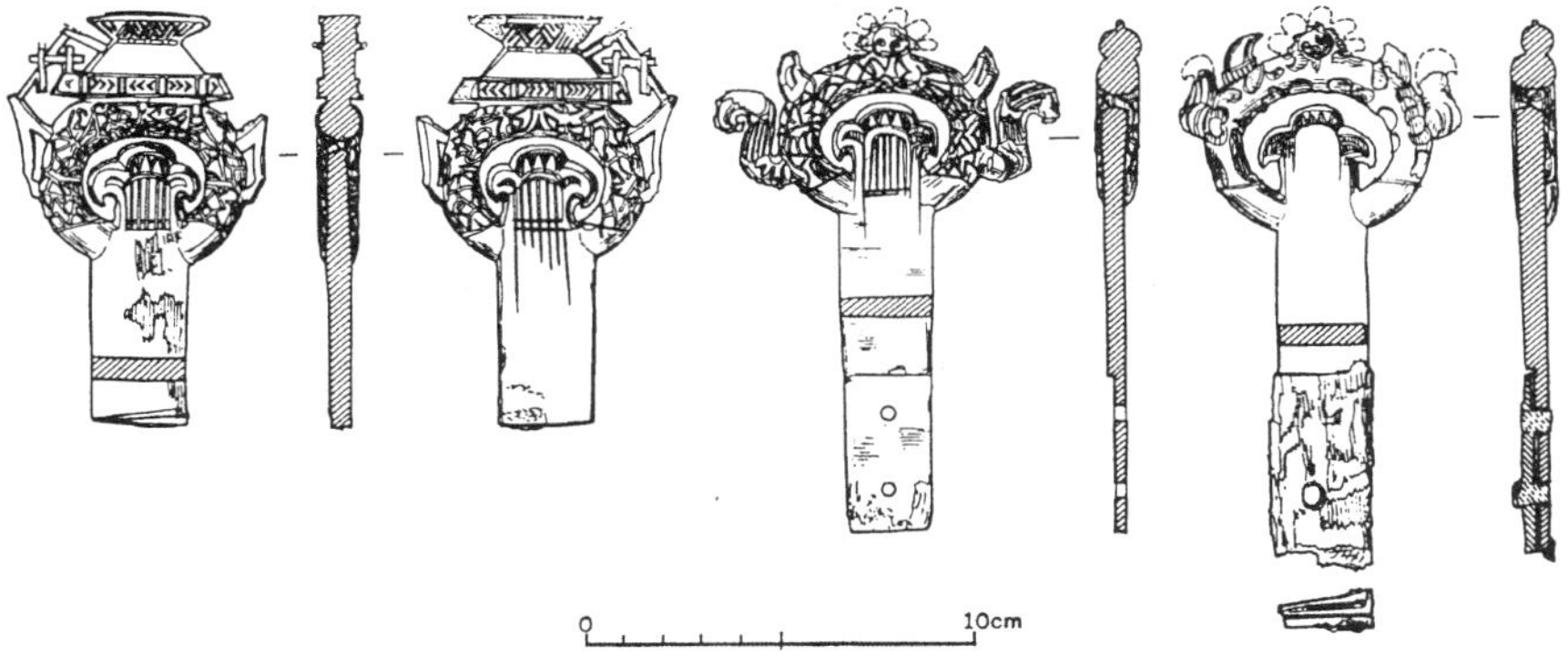

図8　東大寺山古墳出土の環頭

合わせたと考えられよう。紀年大刀のもとの環頭がどのようなものであったか、今では知る由もないが、漢代の鉄刀は、普通、素環頭の形であり、洛陽焼溝漢墓群で出土した一一六ふりの鉄刀も、禹県白沙《うけんはくさ》漢墓群出土の三三ふりの鉄刀も、ほとんどすべてが素環頭であることをかえりみるならば、東大寺山古墳出土の紀年大刀のもとの形が素環頭であったという可能性はきわめて大きい。

大量の鍬形石　遺物として、なおとりあげるべきものは、二七を数える鍬形石であろう。一つの棺に副葬されていた鍬形石の数量として、これは、三重県上野市石山古墳の西棺の一〇個をしのぐ最も多い例である。また、鍬形石を含めた、碧玉製腕飾の総数が五四個に達することも、岐阜県大垣市長塚古墳B木棺の七〇個や、石山古墳の六七個につぐ量である。しかも、東大寺山古墳の場合、棺の南半部が古く盗掘されていることから、かりに、遺骸の脚もとにこうした碧玉製品がおかれていたとするならば、さらにこれを上まわる数量であったと想像されよう。

鍬形石については、かつて小林行雄氏が型式分類を試みられ、A～Eの基本的な五期分類が立てられている。それをあてはめるならば、東大寺山古墳の例は、そのB・Cに属している。中に、奈良市大和田町富雄丸山古墳、奈良県北葛城郡巣山古墳、石山古墳、京都府綴喜郡八幡西車塚古墳、岐阜県可児郡陵山白山社古墳、山口県厚狭郡長光寺山古墳などの出土例と似通ったものがあり、とくに、西車塚古墳の例とは、同じ工人が同時につくったのではないかと考えられるほど酷似している。こうした碧玉製腕飾類は、同笵鏡やある種の仿製鏡

図９　獣首飾り付き把頭

図10　滑石製の台付坩（高さ9.9cm）

と同じように、大和政権の内部でつくられ配布されたのであろうと考えられているが、そうした考えを裏づけるものがある。

棺内の副葬品として、多数の滑石製の坩や碧玉製の鏃もまた注意をひく遺物である（図10）。とくに台付坩の一例は、入念に造られ、工芸品としても価値が高い。坩の型式は、新旧の二つに大別されるが、その新しい型式は、布留《ふる》式土器の坩の型式と共通し、平城宮第二次朝堂院東朝集殿の下で確認された溝の下層で見いだされた類[4]よりは、少し時期が下ると見られる。

四　古墳に埋められた歴史

築造年代　この東大寺山古墳に対して、いかなる年代が与えられるであろうか。墳丘の立地・型式、内部主体の構造、さらに副葬品の種類やその型式によって推定する従来の年代観からすれば四世紀後半に属する。しかしさらに厳密な年代を与えようとするならば、墳丘の築造とほぼ同時期に焼かれたと見られる埴輪や土器をかえりみる必要がある。これらについて精密な観察を進めている置田雅昭氏によれば、埴輪のうち朝顔形のものは、最上段の凸帯間の幅が狭いことが特色で、従来知られている朝顔形埴輪のあいだではもっとも初現的なものであり、おそらくは石山古墳の例よりも古いと見てよい。同時に見いだされた壺形土器は、京都府向日《むこう》市元稲荷古墳の石室内から出土した例と比べるならば、口縁部のつくりに小差があり、それよりもややおくれるものだと見られる。おそらく、東大寺山古墳は、粘土槨を主体とする古墳として、もっとも古い年代を与えうる一つであろう。ただし、その暦年代については、四世紀後半と推定する以上に細かいことはいえない。

紀年大刀の運命　二世紀末ころに造られた紀年大刀は、この古墳に副葬されるまで、ほぼ二百年のあいだ、地上の世界にあったことになる。その間、この刀が、どのような運命をたどったのであろうか。可能性としては、一、中国で製作されて以後永くかの地にあって、四世紀になってから日本にもたらされた。

図11　東大寺山古墳出土の巴形銅器

二、製作後しばらくの間、かの地にあって、邪馬台国《やまたいこく》の遣使などの際、日本に伝えられた。

三、製作直後に日本にもたらされ、伝世された。

といったことが考えられよう。二、三の場合は、国内における移動も考えられることである。以上の可能性のうち、その把頭がつけかえられていることなどをかえりみても、一の場合は、まず蓋然性に乏しい。

ともかく、こうした問題をも含めて大刀の意味を検討するために、今一度その出土状況をふり返って見よう。この紀年大刀をはじめ、鉄刀類はすべて棺の東西両側におかれていた。そのうちでも、六ふりの素環頭の大刀はすべて東側にあって、西側にはない。しかも東側の鉄刀には、紀年大刀のほか、銅製環頭をつけた四例も含まれているが、これらがもともと素環頭の大刀であったとするならば、東西の刀の性質の違いはいっそう際立つ。他の古墳でも、多くの鏡が副葬されている場合、なかでも伝世鏡を特別に扱った形跡は、すでに気づかれている。東大寺山古墳の場合にも、あるいは伝世の鉄刀を棺の東側に、新たに造られたものを西側においたと解釈することは十分に可能であろう。鉄刀の長さについていえば、東側の最大のものは一二八cm、最小のものが八二cm余。一方、西側で最大が一一三cm、最小で五六cmとなって、総じて東側のほうが長い。素環頭の大刀を副葬した古墳は少なくないが、多くとも一被葬者に対して三、四ふりにすぎない。またその長さもほぼ七〇~九〇cmで、一mをこえる例はまれである。したがって東大寺山古墳の場合、その数量、長さから見ても、まさに類を絶している。

卑弥呼のもらった素環頭大刀　素環頭の大刀はすでに弥生時代にもあり、一二例の出土品が数えられている。もっとも、弥生時代には、鉄戈《てつか》など、すでに日本で造られたと見られる鉄製の武器もあるので、それらの鉄刀のすべてを舶載品とするわけにはゆかない。ただし、環頭のつくり方の違いなどから、東大寺山古墳の例と似ている福岡県糸島郡前原上町《まえばるかみまち》支石墓《しせきぼ》出土品（長さ一一八・九cm）・佐賀県神埼郡三津永田出土品（長さ五〇cm）など、長手のものは舶載品と考えてよい。[5] 北九州を中心とする一帯では、おそらく、弥生時代を通じて個人の手に入った鏡や刀などは、その墓に副葬される風習があったのに対して、大和を中心とする一帯は、同じころ、そうした風習がなく、伝世されていたのだと考えられるならば、東大寺山古墳の船載の武器も早くこの地にもたらされたと解釈しうる。『魏志』「東夷伝倭人」に、卑弥呼への下賜品の一つとして、五尺刀があげられている。それが鉄製素環頭大刀ではなかっただろうかという推定は、すでに小林行雄氏によって出されている。[6]五尺という長さの点で、東大寺山古墳出土品中にも合致する刀がある。しかもこの五尺刀は、百面の鏡・金・真珠・鉛丹《えんたん》・錦《にしき》・白絹などとともに、いわば卑弥呼の王権を保証する機会に与えられたものである。大和政権が地方の豪族にその首長権を保証するに際して、鏡や碧玉製腕飾類を与えたこともまた、小林氏によって想定されているが、[7]おそらく同時に、魏の下賜品の品目の例にならって、素環頭の大刀もその一つに加えられていたのではないだろうか。四、五世紀の古墳で、素環頭の大刀を副葬した京都府相楽郡椿井大塚山、綴喜郡八幡西車塚、福岡県京都郡石塚山、糸島郡一貴山銚子塚などの諸古墳が、また同笵鏡の分有関係に連なっていることは、そうした推定を裏づけていると見られる。三種の神器に象徴される鏡と剣と玉は、また当時の王権の象徴でもあったのだろう。

柳本古墳群中の天神山古墳に多数の伝世鏡が埋納されていたこと、東大寺山古墳に伝世の武器、碧玉製腕飾、とくに鍬形石が多数副葬されていたこと、さらに石上神宮《いそのかみじんぐう》における七支刀の伝世などをかえりみても、奈良盆地東辺の四世紀の諸古墳は、おそらく、とくに多数の伝世品を中心とした遺物を副葬していて、他とは違った特殊な古墳群であると考えたい。

［註］

（1）白石太一郎「畿内における大型古墳群の消長」『考古学研究』一六—一　一九六九年
置田雅昭「大和の前方後方墳」『考古学雑誌』五九—四　一九七四年

（2）かつてこの古墳の調査概報「大和櫟本東大寺山古墳の調査」『大和文化研究』七—一一　一九六二年で、後円径を七六m内外としたが、その後の円筒埴輪列の調査によって八四mと改めるべきことが明らかになったので、訂正しておきたい。

（3）□は字が欠けている部分、支刀などは判読と推測による部分。

（4）『奈良国立文化財研究所年報』一九六九年

（5）川越哲志「金属器の製作と技術」『古代史発掘』４　一九七五年

（6）小林行雄『福岡県糸島郡一貴山村銚子塚古墳の研究』便利堂　一九五二年

（7）小林行雄『古墳時代の研究』青木書店　一九六一年

第3章　後漢中平紀年銘鉄刀再論

一　はじめに

私が保管している、奈良県天理市東大寺山古墳の発掘状況を記録したカラースライドの一葉に、粘土槨の外側で掘り出された遺物を仔細に観察しておられる有光教一先生のお姿の写っているものがある。この発掘調査は天理大学附属天理参考館が一九六一年の秋から翌年の冬にかけて行ったものである。粘土槨外側で夥しい遺物が見出されたのは、調査の終わりに近い段階のことだから、先生が現地にお見えになったのは一九六二年の一月中ごろではないかと思う。その折にいろいろとご指導を受け、感想をうかがった記憶がある。とはいえ、発掘調査にまつわるさまざまな思い出も、四〇数年の歳月のうちに写真同様、色あせてしまった。

私はこの古墳の調査概要の報告を、『大和文化研究』第7巻11号（一九六二年刊）に投稿し、その後、小野山節氏が編集された「古墳と古代国家の成立ち」（『古代史発掘』6　講談社一九七五年刊）にも「新技術の摂取をめざして」と題した解説の中で、この発掘調査の成果を拠り所にして論じたことがあった。しかし本格的な報告書の作成作業は、いくつかの理由により遅々として捗らなかった。現在は天理参考館学芸員諸氏の力添えによって徐々に編集作業が進捗し始めている。筆者にとってこの調査は、現場を任された本格的な前期古墳の発掘であり、いくつかの場面は辛うじて脳裏にとどまっている。そうした記憶や当時の筆録に基づいて、ことあるごとにさまざまな仮説を立案し提示してきた。今年、有光教一先生が白寿をお迎えになるにあたり、お教えを受けた生徒の一人として東大寺山古墳に関する拙文をお捧げしたい。以下に記す小論は、東大寺山古墳の副葬品のうちで多数を占める鉄製武器、特に中平紀年銘鉄刀の出土状態と銘文について考察するものである。遺構・遺物の詳細については概報と準備中の報告書にゆずりたい。

二　東大寺山古墳の位置と環境

東大寺山古墳は奈良県天理市櫟本町に所在する前方後円墳である。櫟本町の東は奈良盆地東辺の山地に続く丘陵地帯となっている。この丘陵は古くから南都東大寺の寺領であったため、東大寺山と呼ばれてきた。丘陵の北側は東から流下する和爾川の河谷によって、また南側は高瀬川の河谷によって削られ、さらに数条の必従谷と適従谷が刻まれているために複雑な地形を呈している。これらの谷の刻み遺した尾根の部分には、弥生時代後期のころ高地性集落が営まれていた。その後、丘頂と裾の一帯に数基の前方後円墳が築かれた。これらは南の大和古墳群と区別する場合、東大寺山古墳群と呼ばれることもある。東大寺山古墳の立地する丘の南裾には赤土山古墳が、西裾には和爾下神社古墳と墓山古墳がある。いずれも四世紀から五世紀前半期に属するものである。おそらく、この付近に居住していた古代豪族の墳墓だったのであろう。最近、赤土山古墳の発掘調査を行っておられる天理市教育委員会文化財課の松本洋明氏のご教示によれば、出土した円筒埴輪や石製品の品目と型式などを比較したところ、東大寺山古墳は赤土山古墳よりも古く、この丘陵周辺の前方後円墳のうちでは最古のものだと考えられる由である。丘陵の北部には和爾集落が現存している。かつて岸俊男先生が古代豪族、ワニ（和珥）氏の本貫に比定された地である（岸俊男『日本古代政治史研究』塙書房一九六六年刊）。東大寺山古墳とその周辺の前方後円墳はワニ氏の遠祖の墓として築かれた墳墓であろう。

東大寺山古墳が位置を占めている丘頂付近には断層崖が入り込み、南北向きに連続する低い尾根となっている。古墳は標高一三〇m、平地との比高七〇m余の丘頂を中心に尾根の東寄りの一部を削って基礎とし、盆地に向かって傾斜する西寄りに土を盛って墳丘を造成したものである。前方部は北を向いている。全長は一四〇m。後円部の直径は八四m。前方部の幅は約五〇m。

後円部の中心には長方形の墓坑が掘られ、坑内には巨大な粘土槨が設けられている。二段に築成された墳丘の裾周りと、中段にそれぞれ一周の円筒埴輪列がめぐらされている。中段の埴輪列は直径約五六mの円弧に沿って並べられている。墳頂にも器材埴輪が並べられていた形跡がある。墳丘上面を葺石が覆う。墳丘は、大型古墳の多い大和にあっては中型の規模だが、築造当時に平地から見上げるならば堂々たる姿を示していたと想像される。しかし、発掘調査当時は墳丘の西半部、すなわち盛り土した部分は崩落し竹林に覆われ原状をとどめていなかった。前記の赤土山でも地震によると見られる地滑りの痕が観察されている。近隣を襲った同じ地震が原因だったかも知れない。

三　年代と遺物

最近の古墳研究の進展と自然科学的測定方法の適用によって古墳時代の年代観は変わってきた。とはいえ、多くの古墳研究者が一致した見解を持っているわけではない。この古墳の築造の暦年代についても研究者によって違いがある。しかし出土した朝顔形埴輪や土師器の型式を比較して相対年代を吟味するならば、東大寺山古墳は三重県の石山古墳よりはやや古く京都府の元稲荷山古墳よりは新しいと考えてよい。私は暦年代として四世紀中葉ごろだと判断している。

この古墳の粘土槨中央部は、室町時代のころに盗掘をうけ、棺底には鍬形石一点と六〇点の硬玉・碧玉（緑色凝灰岩）製装身具がとり残されているだけであった。しかし槨の北辺部分はこの盗掘の災を免れ、鍬形石二七点、車輪石二三点、釧二点など、多数の碧玉製腕飾り類や、滑石製の坩一四点と、数点の鉄剣がおかれていた。もっとも、これら北辺の遺物は一九六一年の調査に先立って竹林の手入れの際に掘り出されたため、正確な位置や埋納状況は明らかでない。発掘調査時に見出されたものは夥しい量の武器・武具である。武器・武具は墓坑内に設けられた粘土槨の外側、すなわち、東西の墓坑壁と槨の間の狭い空間に並べ置かれたものである。

東側では銅鏃や鉄鏃を着装した一束四〇本内外の五束の矢束を、矢先を南に向け、北から順次に並べ置かれる。その際、一束の鏃の上に次の束の矢羽根を重ねるように配置している。各束の鏃の間隔は七〇cmであり、当時の矢の長さがわかる。この矢束に重ねて三本の槍が置かれている。槍の柄には斜め格子目が表現できるように糸が巻かれ漆が塗られていた。柄の木部は腐朽して痕跡をとどめていないが、漆膜だけが遺存している。その漆膜により、槍は長さ四・三mの長槍であったことがわかる。これらの長槍に沿って一三口の鉄刀、二口の鉄剣が並べられ、刀剣の列に沿って巴形銅器が点々と見られる。巴形銅器はおそらく漆塗りの革盾に着けられていたものであろう。着装を示す紐も裏面の桿に銹着している。槍、刀・剣のすべては先端を南に向けている。鉄刀のうちの五口には青銅製の環頭が装着され、七口は素環頭、二口は漆塗りの木製装具を備えている。後述する金象嵌の紀年銘をもつものは、これらの鉄刀のうちで最北端にあったものである。

槨の西側の武器類の配列も東側とほぼ同様である。ただし、矢束のなかで銅鏃が多く、碧玉製の鑿形鏃もまじえているなど東側の矢束といくらか違いがある。槍は七本を数え、鉄刀、鉄剣とも各七口である。刀に素環頭のものはみられない。これらとは別に粘土槨の南寄り上面に革製漆塗りの短甲が草摺と組み合わせて置かれ、埋葬の最終段階になって粘土槨の上面も両脇の武器類の上も灰白色の粘土で覆って、武器・武具類を封じこめたようになっている。

四　中平紀年銘の鉄刀

これらの武器の内もっとも重要だと思われるのは紀年銘のある鉄刀である。出土した鉄刀はすべて長刀であり環刀は町田氏の分類でI型とされたものに属する（町田章「環刀の系譜」奈良文化財研究所一九七六年刊）。直刀と内反りのものが相半ばする。すべて中国から輸入されたものであろう。紀年銘のある鉄刀は長さ一一〇cm。内反りが目立つ。把頭として鳥首飾りのある青銅製三葉環頭を装着している。この環頭はあきらかに日本製である。もともとの素環頭の部分を断ち切り、茎の部分を削って一段薄くし、同様に薄くした青銅の環頭の柄の末端部と重ね合わせて両者を貫通する孔を二箇所穿ち銅の目釘で留めつけている。

発掘調査終了後、調査員の一人であった白木原和美氏が細心の注意を払って刀の錆を除去中、刀背に金象嵌の銘文のあることを発見した。銘文は切っ先のほうから始まり、ほぼ等間隔に刻まれているが、末尾の四文字の間隔はつまっている。銘は、「中平□年　五月丙午　造作文刀　百練清剛　上応星宿　下辟不祥」と読まれるが、第三字目は判読であり、最後の四文字は完全に読み取れたわけでない。中平は後漢霊帝の最後の年号である。『後漢書』の孝霊帝紀や年表には一八四年から中平が始まったようになっているが、実際に光和から中平に改元されたのは一八四年すなわち光和七年の一二月中である。したがって中平元年は一ヶ月に満たない。また中平の末年は一八九年とされているが、この年の年号の移り変わりはめまぐるしい。『後漢書』によれば、中平六年、すなわち一八九年四月丙辰の日に霊帝が崩じ、皇子の辯が帝位につく。しかし何皇太后が臨朝して政務を執り、年号を光熹と改元し、八月には光熹を改め昭寧とした。九月には勢力のある董卓が帝を廃して弘農王とし、その幼い弟の陳留王の協を帝位につけた。孝献帝である。即位とともに年号を永漢とした。董卓は皇太后何氏を殺し、一一月には董卓が相国となり年号を復して中平六年とした。翌年の一九〇年のうちに初平と改元されたので、一九〇年中にも中平七年が続いていた可能性があるかもしれない。

銘文の五月丙午は鋳造の日を示す。『三正綜覧』によれば中平年間で五月に丙午の日のある年は、四年と五年のみである（前述のように元年に五月はない）。また古く清の桂馥（一七三六―一八〇五）が『札璞』のなかで考証しているように後漢・三国のころ「五月丙午」は鋳造の吉日として暦の実際と合わなくても銘文として表されているから、年を知る手がかりにならない。銘文の第八字目からの四文字は、梅原末治先生の読みに従って、私も最初のうち「造作支刀」と読んでいた。しかしその後の文字の観察により、また福山敏男先生のご教示も受け「造作文刀」と読む考えに変わった（福山敏男「金石文」『中国建築と金石文の研究』所収一九七五年）。文刀といえば唐の韓愈の「雪を詠じて張籍に贈る」という詩に「雕刻したる文刀は利《するど》し」とあるのを見つけたので、そのような利器があるのかと思い、引用したことがあった（金関　恕「中国と弥生文化」『弥生文化の研究』9雄山閣出版一九八六年）。しかし韓愈の詩の文刀については、後に佐伯有清先生が指摘していられるように、「智綱」の対句として弟子の張籍の文才を称えるために用いた比喩に過ぎないのであろう（佐伯有清『魏志倭人伝を読む』下　吉川弘文館二〇〇〇年刊）。唐代のころそうした実用の刀があったかどうかわからない。『後漢書』酷吏伝の李章の条には、李章の催す宴に招かれた清河の豪族の趙綱（剛）が「文剣を帯び、羽衣を被し、百余人の士を率いてやってきた。」と記されている。文剣の語句は、梁の江淹が蕭譲に提出した表にも雕舃（装飾のある履物）と並べて書かれている。文剣は美しく飾った剣であろう。文車（『戦国策』斉策）、文軒（『墨子』公輸）も美々しい車であり、文竿（『文選』西都賦）や文鼎（『漢書』武帝紀顔師古の注）も、あるいは翠羽で飾り、あるいは文様をちりばめて飾った器物である。おそらく東大寺山出土の文刀も柄や鞘に装飾を施した刀だと考えられる。ただし、王簡栖の『頭陀寺碑文』のなかには「既に文を鐘鼎に鏤す。時を言い代を称し、亦碑を宗廟に樹つ。」とあり、また曹植の鞞舞歌の聖皇篇のなかの一句、「文銭百億万」の文銭について、注は「銭は文字有り故に文銭と称す」としているので、文刀も銘文を刻した刀だといえるかもしれない。可能性を保留したい。刀の銘文の最後の四文字はよく残っていない。四字中の上の三字は左旁の一部が窺われ、「下辟不」として矛盾はない。最下の一字は象嵌が欠落している。しかし、永安四年（二六一年）

の重列神獣鏡の銘文の「造作明竟　幽湅三商　上応列宿　下辟不祥」、また呉の天紀元年（二七七年）鏡の「上応□宿　下辟不羊」の対句などを参照して、「祥」とすることに誤りはないであろう。

五　中平紀年銘鉄刀の類例

盗掘によって棺内の副葬品のほとんどが失われていたが、遺骸の枕辺に納められていた石製品の数々、わけても鍬形石の数量は群を抜いている。また棺外の武器・武具類の数量、特に長刀の数は非常に多い。前述のように粘土槨東側では矢束の上にまず刀が置かれている。位置関係から推測するならば、中平銘の刀が最初に置かれたと見られる。葬送の際、この刀の重要性が認識されていたのであろうか。

この刀は、中平年間、すなわち二世紀の終わり近いころに作られ、四世紀中ごろの古墳に副葬されるまで、およそ一六〇年間は地上にあったと考えねばならない。この発掘調査を行ったころ、中国の鉄刀で紀年銘を表したものは、古くから知られているものに宋の王厚之の『鐘鼎款識』や馮雲鵬の『金石索』金索（道光元年、一八二一年）などが収載している例がある。銘は「元嘉三年五月丙午日造此□官刀長四尺二□□□宜矦王大吉羊」。元嘉三年は一五三年である。馮は、「王厚之は触れてないが、銘が入れられているのは刀背であろう。」と述べている。この原物は失われ拓本のみが記録されている。その後、四川省成都廻天山の崖墓で、刀身の一面に「光和七年広漢工官□□□服者尊長保子孫宜矦王□宜□」の銘文を施し、他面には金錯で流麗な鳳凰を表した素環頭の鉄小刀が出土している。環の部分は鍍金されている。光和七年は一八四年である。しかしこの資料は書刀であって武器ではない（劉志遠「成都廻天山崖墓清理記」『考古学報』一九五八年の一）。また江蘇省徐州銅山県潘塘で見出された小型の磚室墓副葬の鉄剣に銘文のあることが報告されている。銘文は金象嵌で剣把の一面に一行で表され「建初二年蜀郡西工官王愔《いん》造五十湅□□□孫剣□」と読まれている。建初二年は七七年に当たる（徐州博物館「徐州発現東漢建初二年五十湅鋼剣」『文物』一九七九年の七)。なお、この剣の鞘金具の内側には「直千五百」の刻銘がある。

その後、山東省蒼山県の卞《べん》荘で水利工事中、一口の紀年銘鉄刀が出土した(陳自経・劉心健「山東省蒼山発現東漢永初紀年鉄刀」『文物』一九七四年の一二)。報告によれば、素環頭の大刀である。長さは一一一・五cm、幅三cm、刀背幅一cm。わずかに内反りしている。刀背には切っ先のほうから火焔紋と一五字よりなる次の銘文が金象嵌で表されている。「永初六年五月丙午造卅湅大刀吉羊」。永初六年は一一二年に当たり中平よりは七〇年以上古い。字体は中平刀のやや硬化したのに比べると、極めて流麗であり象嵌技術の冴えを感じさせる。時代のせいであろうか、制作工房の違いなのであろうか。

六　中平紀年銘大刀伝来の意義

東大寺山古墳発掘調査の直後のころ、この古墳は、古墳時代における政治的な中心地の奈良盆地にあっては中型の規模のものであることから、今後各所で発掘調査が広くおこなわれるならば、銘文を刻んだ中国製の鉄刀は数多く出土するであろうと考えていた。ところが紀年銘をいれた漢刀の例はない。また中国でも漢墓の発掘調査は盛んに行われ、出土した漢代の鉄刀の数は夥しいと思われる。そのなかには紀年銘を刻んだものも少なくないであろうと予想していた。しかし中国で出土したと報告されている紀年銘鉄刀は、山東省蒼山県卞荘出土の永初刀一口のみであり、徐州の潘塘出土の剣と記録のみがある元嘉刀を加えても三点に過ぎない。東大寺山の中平刀がいかに稀な貴重な資料であり何かの歴史を語るものではないかと考えられる。金象嵌の銘を入れた武器は何を目的として作られたのであろうか。一つの想定は皇帝からの下賜である。『三国志』魏書倭人の条には、景初二年(正しくは三年—二三九年)魏の皇帝が倭の女王に賜った品目として織物の次に「金八両、五尺の刀二口、銅鏡百枚、……」があり、また翌年の正始元年(二四〇年)に、帯方郡の太守弓遵が建忠校尉梯儁らを遣わして、皇帝の詔書と女王卑弥呼に賜った印綬をもたらしたとき、金、帛、錦、罽などとともに刀を賜与している。漢代、異民族に対する刀剣の賜与の例は少ないといわれるが、『漢書』匈奴伝に玉具の剣や佩刀を賜った例があり、『後漢書』南匈奴伝には玉剣（玉具の剣）四具を賜った例もある。すべての下賜の刀に紀年銘があったとは限らないとしても、銘をいれたものは下賜品であった蓋然性が大きいと思う。

東大寺山出土の刀銘の年代は一八四〜九〇年を示している。魏書東夷伝倭人の条には「其の国、本亦男子を以って王と為す。住まること七、八十年、倭国乱れ、相攻伐すること歴年、乃ち一女子を共立して王と為す。名は卑弥呼と曰う。」と書かれている。倭国戦乱の年代については各説がある。『後漢書』倭伝と『隋書』倭国伝は桓霊の間（一四六〜一八九年）、『梁書』倭伝と『北史』倭国伝は光和年中（一七八〜一八四年）、『太平御覧』四夷部の倭の条も同じく霊帝の光和中としている。これらのうち『太平御覧』引用の記事の史料的な価値の高さを評価された末松保和先生に従うならば、戦乱期の暦年代は光和年間と想定してよいのではないだろうか。そうだとするならば、戦乱後の中平年中に卑弥呼が共立されたと推測しうる。魏書東夷伝の倭人の条で、その後に卑弥呼の事績として伝えられているのは景初二年（三年）の遣使である。共立後、遣使までの間は平穏な時期であったかと想像される。私は共立のころ、卑弥呼あるいはその政権は漢に使いを派遣し、中平紀年銘の鉄刀を授けられたのではないかという憶測を述べたことがある（金関恕、前掲書）。最近、佐伯有清先生もこの刀について「前略　中平紀年銘の鉄刀は『倭国の乱』となんらかの関係があったと思われる。後漢の皇帝である霊帝は、当時、使者を遣わし通交してきた倭王に、この中平紀年銘の鉄刀を下賜したのではないかという推測もできないことはない。」と述べていられる（佐伯有清前掲書）。

卑弥呼の政権はこの刀の象徴する漢帝国の威光により、乱世を鎮めたであろう。しかしたちまちにして後漢は滅び、公孫康が帯方郡を建ててから倭と韓は帯方に属するようになった（『三国志』魏書東夷伝韓の条）。倭と中国中原の間は公孫氏が隔てるようになったのである。その後、魏は兵を出して景初二年（二三八年）に帯方の公孫淵を斬り、翌年には卑弥呼の使いを迎えた。王朝の移り変わりとともに、中平銘の鉄刀の象徴的な威力も衰えていったであろう。時を経て、この刀は、武力によって初期のヤマト政権を支えたとみられるワニ氏の手にわたったと考えうる。東大寺山古墳副葬の二〇口の鉄刀もすべてワニ氏の管掌するものであり、中平紀年銘鉄刀と同じように、もとは弥生時代の終わりに近いころ、漢から運ばれて海を渡りヤマトの地で伝世されていたものであろう。その入手の経路について、私は野島永氏を初めとする最近の丹後地方の研究成果（野島永「弥生時代の対外貿易と流通―弥生墳墓の副葬鉄器を通じて―」廣瀬和雄編『丹後の弥生王墓と巨大古墳』雄山閣出版二〇〇〇年）に触発され、弥生時代後期のころから日本海沿岸地方を媒介とする直接的な関係を想定している。

[初出一覧]

第Ⅰ部　日本と世界の考古学

第1章　「「遺物の考古学」・「遺跡の考古学」」『同朋』一九八五－一、同朋社、No.89、一九八五年

第2章　「世界の考古学と日本の考古学」『岩波講座 日本考古学』第一巻、岩波書店、一九八五年

第3章　「精神生活」『日本考古学を学ぶ』二 原始・古代の生産と生活、有斐閣、一九七九年

第Ⅱ部　考古学と精神文化

第1章　「呪術と祭」『岩波講座 日本考古学』第四巻、岩波書店、一九八六年

第2章　「神を招く鳥」『考古学論考 小林行雄博士古稀記念論文集』平凡社、一九八二年

第3章　「祖霊信仰から首長霊信仰へ」『歴史公論』第八巻第九号、雄山閣、一九八二年

第4章　「考古学から観た古事記の歌謡」『天理大学学報』第一四五集、一九八五年

第5章　「高荘墓出土の画像紋について」『論苑考古学』、天山舎、一九九三年

第Ⅲ部　アジアの中の弥生時代

第1章　「東アジアの青銅器文化」『アジアレビュー』第三六号、朝日新聞社、一九七八年

第2章　「『魏書』東夷伝沃沮の鏨と青森県今津遺跡出土の鬲形土製品」『古墳文化とその伝統』、勉誠社、一九九五年

第3章　「弥生土器絵画における家屋の表現」『国立歴史民俗博物館研究報告』第七集、一九八五年

第4章　「池上曽根遺跡で見いだされた大型建物の宗教的性格について」『ヒストリア』第一五二号、大阪歴史学会、一九九六年

第Ⅳ部　古墳の始まりと中平銘鉄刀

第1章　「前方後円墳の起源」『展望アジアの考古学』、新潮社、一九八三年

第2章　「卑弥呼と東大寺山古墳」『古代史発掘 六 古墳と国家の成り立ち』講談社、一九七五年

第3章　「後漢中平紀年念銘鉄刀再論」『高麗美術館紀要』第五号、財団法人高麗美術館、二〇〇六年

あとがき

戦後を代表する考古学者の一人として知られる金関恕先生は、本年、一一月一九日、満九〇歳の誕生日を迎えられました。現在の学界では、ほぼ最長老の碩学で、先生の存在感はますます重みを増しています。四年前に体調を崩し、遠方への外出を控えられるようになりましたが、頭脳は変わらず明晰で、奥様の文子さんと多くの書籍、音楽に囲まれて、天理市内のご自宅で毎日を過ごしておられます。読書の時間が増え、考古学や歴史学の最新の研究にも通じておられるばかりでなく、カズオ・イシグロの小説など、話題の書物もしっかり読破しておられるのには驚かされます。お尋ねすると、東京の出版社に勤務するご長女のふき子さんから、先生の好みに合いそうな本が定期便で次々と届けられるのだそうです。ときには、ワインを片手に、ご長男の環さんの奏でるバイオリンの音色に目を細める時間を過ごされることも変わらずです。

一九二七年、京都にお生まれになった金関先生は、人類学者の金関丈夫氏を父として、幼少時代を台湾で過ごし、旧制の松江高等学校を経て、戦後、新制の京都大学で考古学を学ばれました。梅原末治、小林行雄両先生の教えを受け、遺物の観察、実測、製図、写真撮影といった技術を厳しくたたき込まれた先生は、三重の石山古墳、山口県の土井ヶ浜遺跡をはじめ、学生時代から数々の遺跡調査で経験を積まれました。京都大学を卒業後は、坪井清足氏が率いる奈良国立文化財研究所に職を得て、飛鳥寺の発掘調査に従事されました。

一九五九年、縁あって天理大学に赴任された先生は、その後も、種子島の広田遺跡、天理市内の東大寺山古墳といった著名な遺跡の発掘調査が続き、綾羅木・郷など山口県下の諸遺跡、池上・曽根遺跡、吉野ヶ里遺跡といった、数多くの遺跡の調査と保存に尽力されました。国外においても、早く一九六〇年代に、イスラエルのテル・

ゼロール遺跡の発掘調査に加わり、同地における組織的な発掘調査の方法と体制を学んで、日本の考古学に部分的に導入されました。すなわち、大阪府池上遺跡の発掘調査に際して、「イスラエル方式」を部分的に採用し、それが、七〇年代の高度成長期における初期の行政調査の体制を整えるのに大きな貢献をしたのでした。そうした貴重な体験の数々は、先生の半生記『考古学は謎解きだ』（東京新聞出版局、一九九九年）において、自ら記しておられるところです。

金関先生は、実に三八年の永きにわたって天理大学の教壇に立ち、考古学、博物館学の講義を通して、あるいは学生が組織したクラブ「歴史研究会」の顧問として、そして最後の五年間は、ご自身が設立された考古学専攻の研究室において、人材の育成と考古学の発展と普及に尽くされました。また、先生は、『弥生時代の研究』といった書物の編者として、あるいは、各地のシンポジウムでの講師やコーディネーターとしても活躍され、先生ならではの巧みな文章と話術で多くの人を魅了されました。

一方、一九九七年に天理大学を退職された後も、先生は、大阪府立弥生文化博物館の館長を務める傍ら、旺盛な研究活動を継続し、懸案だった広田遺跡、東大寺山古墳、土井ヶ浜遺跡の発掘調査報告書を次々と刊行され、長年の肩の荷を下ろされました。先生のお話によれば、広田遺跡の大量の貝製品、東大寺山遺跡の中平銘鉄刀は、発見当時は、また別の遺跡で同様のものが見つかるだろうと思っていたそうですが、どちらもその後、後に続く例がありません。報告書の出版を受けて、広田遺跡の出土資料は重要文化財、東大寺山古墳の出土資料は国宝に指定されることになりました。

残念なのは、先生が天理大学在職中、とくに一九七〇～九〇年代にかけて、意欲的に執筆された代表的な論考の数々がこれまで一冊の書物にまとまっていなかったことでした。そこで今般、先生が卒寿を迎えられるにあたり、先生の薫陶を受け、導いていただいた有志一同（金関恕先生の卒寿をお祝いする会）が協議を行い、著作集の出版を企画しましたところ、幸い、雄山閣の尽力により、『考古学と精神文化』と題した本書の形で実現することになりました。

本書の第Ⅰ部「日本と世界の考古学」では、戦後まもなくの京都大学考古学教室に学んだ経験、天理大学在職中に交換教授としてインディアナ大学で教鞭を執られた経験、イスラエル、テル・ゼロールの発掘調査に従事した経験などを活かし、日本の考古学と世界の考古学を比較検討しながら、考古学という学問の歴史や実践について考察と展望を行った論考が収録されています。

第Ⅱ部「考古学と精神文化」では、金関先生が、天理大学在職中に、宗教学や国文学との出会いの中から、精神文化に対する考古学的なアプローチの方法を模索し、古代の習俗や宗教について理解を深められた論考が収められています。幅広い学識を活かしたこうした方面の研究成果は、今なお、他の追随を許すものではなく、まさに白眉と言えましょう。

第Ⅲ部「アジアの中の弥生文化」では、古代中国の青銅器の研究から研究活動を開始され、土井ヶ浜遺跡、池上遺跡など、日本を代表する弥生時代の遺跡調査に従事された経験を踏まえ、日本の弥生時代とその社会をアジア的視点から見つめる論考が並びます。

そして、第Ⅳ部「古墳の始まりと中平銘鉄刀」では、古墳時代前期の古墳が集中する天理市に居住・在職され、また、ご自身、「中平」銘文鉄刀が出土したことで知られる東大寺山古墳の発掘調査に従事した経験を踏まえ、古墳の築造、王権の成立、東アジア世界との関連などが、縦横に論じられています。

このように、本書を通読すると、ご自身の実体験と幅広い学識を踏まえて、その折々に先生が思索を重ね、洞察を深められた経緯がよくわかります。時代を経ても色あせることなく、多くの示唆や含蓄に富んだ本書を通して、金関先生の学問＝「金関考古学」のエッセンスが新たな多くの読者に伝わることを願ってやみません。先生の学問的足跡は、考古学という学問を通した社会に対する知的貢献といってよく、また、ある意味、戦後日本社会の一断面をも伝えているからです。

末尾になりましたが、本書の刊行に際しては多くの関係者の助力を得ましたが、とくに先生の論考のコピーを提供いただだいた竹谷俊夫氏、イスラエルのテル・レヘシュ発掘調査の現地宿舎で原稿の校正作業に当たっていただいた山内紀嗣氏と平川敬康氏のお名前を特記するとともに、雄山閣編集部の児玉有平氏の尽力がなければ出版に至らなかったことを忘れずに記しておきたいと思います。また、本書の出版には、天理大学学術図書出版助成の補助を得ることができました。関係各位に改めて御礼を申し上げます。

二〇一七年一一月

金関恕先生の卒寿をお祝いする会を代表して

桑原　久男

■著者紹介

金関　恕（かなせき ひろし　Kanaseki Hiroshi）

1927年京都市に生まれる。

1953年京都大学文学部（考古学専攻）卒業。1959年京都大学大学院修了。

奈良国立文化財研究所臨時筆生、天理大学教授、大阪府立弥生文化博物館館長を経て、現在、天理大学名誉教授・大阪府立弥生文化博物館名誉館長。

《主要著書》
『邪馬台国と吉野ケ里』（共著）学生社1997年、『考古学は謎解きだ』東京新聞出版局1999年、『弥生の習俗と宗教』学生社2004年、『東大寺山古墳と謎の鉄刀』（共著）雄山閣2010年　など

■編者紹介

桑原　久男（くわばら ひさお　Kuwabara Hisao）

1963年奈良県に生まれる。

1985年京都大学文学部（考古学専攻）卒業。1991年京都大学大学院修了。

現在、天理大学文学部教授。

《主要著書》
『倭王と古墳の謎』（共著）学生社1994年、『東大寺山古墳と謎の鉄刀』（共著）雄山閣2010年　など

2017年11月30日　初版発行　《検印省略》

考古学《こうこがく》と精神文化《せいしんぶんか》

著　者　金関　恕
編　者　桑原久男
発行者　宮田哲男
発行所　株式会社 雄山閣
東京都千代田区富士見2-6-9
ＴＥＬ　03-3262-3231 / ＦＡＸ　03-3262-6938
ＵＲＬ　http://www.yuzankaku.co.jp
e-mail　info@yuzankaku.co.jp
振　替：00130-5-1685

印刷・製本　株式会社ティーケー出版印刷

ISBN978-4-639-02541-2 C0021
N.D.C.210　280p　22cm